한국의 정당정치와 대통령제 민주주의

한국의 정당정치와 대통령제 민주주의

정정민 지음

인간사랑

저자 서문

이 책은 유권자들의 교육수준 및 가치정향의 변화, 매체환경의 변화 등 우리 정당을 둘러싸고 있는 제반 환경적인 요인들과 우리가 갖고 있는 대통령제라는 정부형태의 틀 속에서 작동 가능한 정당제도를 모색하는 것을 목적으로 하고 있다. 정당과 같은 정치제도에 관한 논의에서 무엇보다 중요한 것은 제도의 작동 가능성이다. 이는 제도 자체가 현실의 문제들을 해결하는 것은 아닐지 몰라도 제대로 작동되지 않는 제도를 갖고서는 문제 해결은 더욱 어려워지고 지체될 수밖에 없기 때문이다.

2001년에 U.C. 버클리 대학에서 안식년을 보내고 온 이후 저자의 주 관심은 우리 정당정치의 변화에 집중되어 있었고 정당정치 변화에 관한 여러 편의 논문들을 발표한 바 있다. 이 책은 지난 수년간 한국정당학회보, 의정연구, 국가전략, 계간사상 등에 게재되었던 정당정치 관련 논문들을 다시 한번 다듬어 만들어졌다. 이처럼 정당정치 변화에 많은 관심을 갖게 된 데에는 민주주의 정치과정의 핵심 제도인 정당이 바뀌지 않고서는 많은 사람들이 바라는 우리 정치의 질적인 변화는 기대하기 어렵겠다는 생각에서였다.

지난 수년간 이루어졌던 정당개혁의 출발점이 되었던 2002년 주요 정당들이 대통령 후보 선출을 위한 국민경선을 실시하고 정당 운영의 민주화가 시도되면서 그동안 불가능한 것처럼 보였던 정당의 변화가 이제는 이루어질 수 있을거라는 희망을 가질 수 있었다. 하지만 정당과 정치인들의 정당정치 발전에 대한 의지가 부족한데다 단기적인 정치적 이해관계에 과도하게 집착하게 되면서 최근 들어 더 이상 정당의 개혁이 진전되지 못하고 있을 뿐 아니라 부분적으로는 그나마 이루어졌던 일련의 개혁들도 퇴행되어 가는 실망스러운 모습을 보여 주고 있다.

정당개혁, 정치개혁과 관련하여 개혁이 시작되었던 초기에는 이구동성으로 개혁이 이루어져야 된다고 말하던 정치인들이 시간이 지나면서 침묵하거나 이런 저런 이유들 들면서 과거의 관행으로 뒷걸음치는 것을 보면서 한국에서 정당정치의 변화가 과연 가능한 것인가에 대한 근본적인 회의가 들기도 하였다. 특히 유감인 것은 많은 정치인들이 우리의 정치 발전을 위해 무엇을 해야 하는지에 관한 고민보다는 단기적인 정치적 이해관계에 함몰되어 있는 경우가 자주 있다는 점이다. 가끔씩 정치발전에 대한 기본적인 개념도 갖고 있지 못한 정치인들을 접할 때에는 도대체 이 분들이 무슨 생각으로 정치를 하는 것인지 답답했던 적도 있었다.

사실 이러한 답답함은 정당이나 정치인들에 국한된 문제는 아니었다. 정치적 이해관계를 떠나서 좀더 객관적인 위치에 있을 수 있는 학계나 언론계의 인사들까지도 그때 그때의 시류에 편승하여 쉽게 입장을 바꾸는 모습들을 보여주는 경우도 적지 않게 볼 수 있었다. 이러한 현상은 근본적으로 우리에게 바람직한 정당정치에 대한 비전이 분명하게 설정되어 있지 않고 이를 실현시키려는 의지가 부족한 데에서부터 비롯되고 있다고 본다. 이처럼 정당정치 발전에 대한 정치권 안팎의 의지가 부족한 가운데에서도 여야의 몇 분 정치인들이 일관되게 강한 의지와 소신을 갖고 정당개혁, 정치개혁을 실천에 옮기고자 하는 모습을 보여 주고 있는 것은 그나마 다행이라고 생각한다.

최근 들어 정당의 개혁이 더 이상 진전되지 못하고 있는 상황에서 그동안 시도되었던 제도개혁에 대한 비판들이 제기되고 있다.

또한 제도개혁의 방향을 어떻게 설정할 것인지에 대하여 기존의 방향과는 다른 방향으로 정당이 변화되어야 한다는 의견도 제시된 바 있다. 이러한 비판과 문제 제기는 그동안 시도되었던 제도개혁을 통해 정치발전이 어떻게 이루어질 수 있는 것인지에 대하여 충분히 설명되지 못한 데에 일정 부분 기인하고 있다고 본다. 하지만 보다 중요하게는 우리 정치를 둘러싸고 있는 환경에 어떠한 변화들이 일어나고 있는지에 대한 정확한 인식이 선행될 필요가 있다. 이는 아무리 이상적으로 훌륭한 대안이라 해도 우리 정치 현실에 대한 정확한 이해 없이는 실제로 적용하여 기대했던 효과를 보기가 용이하지 않기 때문이다. 특히 대안을 제시함에 있어 현재 우리의 정부형태인 대통령제 하에서 실제로 어떻게 작동될 수 있을 것인지에 관한 면밀한 검토가 이루어지고 있지 않은 것은 아쉬운 점이다. 또한 최근에 제기되고 있는 제도개혁에 대한 비판에 있어 비판의 대상이 되고 있는 제안들을 대체할 대안이 좀더 구체적인 형태로 제시되고 있지 않은 것도 아쉬운 점이다.

사실 어떤 개혁방안도 처음부터 완벽할 수는 없기에 일정 기간

시행착오 과정을 거칠 수밖에 없다고 본다. 따라서 새로운 제도의 문제점이 나타났을 때 끊임없이 이를 보완하기 위한 노력을 기울일 필요가 있다. 문제를 보완하기 위한 진지한 노력을 제대로 해보지도 않고 쉽게 부정적인 결론을 내리는 조급성은 우리 모두가 함께 극복해야 할 과제인 것 같다. 아무쪼록 이 책이 우리 정치의 질적인 변화를 위하여 바람직한 방향으로 정당의 발전이 이루어지는 데 조금이라도 도움이 되었으면 하는 바람이다. 여러 가지로 어려운 여건 속에서도 이 책의 출판을 기꺼이 맡아주신 인간사랑의 여국동 사장님을 비롯한 직원 여러분께 깊이 감사드린다.

2008년 2월

정 진 민

차례

1장 _ 서론

1. 이 책의 문제의식과 유권자정당 그리고 원내정당

이 책의 첫 번째 문제의식은 민주화가 이루어진 지 20여 년이라는 짧지 않은 시간이 지났음에도 불구하고 우리 정당들이 유권자들로부터 더욱 더 외면받고 있다는 현실에서부터 비롯되고 있다. 정당들이 이처럼 유권자들로부터 외면받고 있는 현실은 최근 들어 주민투표, 주민소환 등 직접민주주의적인 제도들이 부분적으로 도입되고 있지만 우리의 민주주의는 아직도 대의민주주의(representative democracy)가 근간을 이루고 있다는 점에서 문제는 더욱 심각하다. 이는 정당이 의회, 선거 등과 함께 대의민주주의의 성패를 좌우하는 핵심 제도이기 때문이다.

우리의 정당정치가 유권자들로부터 외면받고 있는 현실을 타개하기 위하여 여러 가지 방안들이 강구될 수 있겠으나 결국 문제는 유권자들이 관심을 갖고 참여가 이루어지는 정당을 어떻게 만들어낼 것인가로 귀결될 수 있을 것이다. 이와 관련하여 정당의 규율이 강한 당원중심 조직중심의 대중정당을 건설해야 된다는 주장이 있지만 이 책은 당원중심 조직중심의 대중정당 모델이 탈산업사회화, 정보사회화 시대에 유권자들의 개인주의적 성향이 강해지고 유동성(volatility)이 커지고 있는 환경에서 현실적인 대안이 될 수 있는가에 대한 의문에서부터 비롯되고 있다. 당원중심 조직중심의 대중정당 모델이 변화된 환경에서도 유권자들의 참여를 이끌어내는 현실적인 정당형태로 기능할 수 있다면 다른 대안 모색은 필요하지 않을 것이다. 하지만 우리 정당정치가 처해 있는 현실은 전통적인 대중정당 모델이 작동될 수 있었던 산업화 시대와는 이미 많이 달라져 있다는 점을 직시하지 않을 수 없다.

이 책에서는 변화된 환경에서 유권자들의 참여를 실질적으로 이끌어낼 수 있는 정당 모델로 정당을 지지하는 유권자 중심의 개방된 유권자정당을 제시하고 있다. 물론 유권자정당이라 하여 모든 유권자들을 대표하는 정당을 의미하는 것은 아니다. 여기에서 말하는 유권자정당은 전통적인 당원중심 정당의 대안으로 당원뿐 아니라 정당을 지지하거나 지지할 가능성이 있는 유권자들과도 보다 직접적인 소통이 원활하게 이루어지는 정당을 의미한다. 따라서 유권자정당에서는 당원 이외에 정당을 지지하는 일반 유권자들도 정당의 정책결정이나 후보 선출과 같은 정당의 중요한 의사결정에 참여할 수 있는 통로나 제도적 장치들을 만들어 가고, 유권자들이 정당의 당원으로 입당하여 활동하지 않더라도 정치자금 후원, 자원봉사, 정책지지, 경선투표 등 다양한 형태의 정당정치 참여가 이루어질 수 있다. 궁극적으로 유권자정당은 조직중심의 이념정당보다는 유권자들이 매일 매일의 생활에서 직면하고 있는 실생활의 문제들로부터 도출된 구체적인 대안들에 바탕을 두고 있는 현실적인 정책정당을 지향하고 있다.

유권자정당과 관련하여 먼저 이 책의 4장에서는 정당민주화를 위한 상향식 후보 선출의 중요성을 설명하고 상향식 후보 선출의 구체적 방안으로 당원이 아닌 정당을 지지하는 일반 유권자도 참여하는 국민경선제에 관한 논의를 하고 있다. 5장에서는 수직적 정당조직의 정점에 위치하고 있던 중앙당을 축소·경량화하면서 정당을 지지하는 유권자들의 실질적인 정당정치 참여의 장이 되는 지역정당조직들의 자율성을 보장하는 연합조직의 형태로 바꾸어 나갈 필요가 있음을 설명하고 있다. 또한 위원장 중심의 사조직화되었던 지역의 정당조직을 지역의 당원뿐 아니라 지지자나 자원봉사자 등 정당을 지지하는 일반 유권자들도 참여하는 유연한 연결망 형태로 만들어 나갈 것을 제안하고 있다. 6장에서는 유권자들의 자발적인 정당정치 참여를 늘려 나가기 위해서는 지구당 폐지 이후 정당의 새로운 기초조직으로 등장한 당원협의회가 민주적으로 운영되는 것이 중요하며, 정당의 후보 선출뿐 아니라 정책결정 과정에도 유권자들의 참여를 활성화할 필요가 있음을 강조하고 있다.

이 책의 두 번째 문제의식은 대의민주주의가 근간을 이루고 있는 우리의 정치과정에서 정당, 의회와 같은 대의민주주의와 관련된 핵심 제도들이 아직도 제대로 작동되고 있지 못하는 현실과 관련되어 있다. 특히 우리의 정부형태인 대통령제 민주주의가 원활하게 작동하기 위해서는 정당의 주 활동무대인 의회가 제 역할을 수행하는 것이 매우 중요한데 현실은 그러하지 못하며, 이러한 현실이 국민들의 정치불신을 심화시키는 주요인이 되고 있다. 이처럼 의회가 제 역할을 수행하지 못하고 있는 것은 우리 정당의 조직이나 운영상의 문제와도 관련되어 있기 때문에 두 번째 문제의식은 첫 번째 문제의식과도 연계되어 있다. 결국 두 번째 문제의식은 대통령제 민주주의 국가에서 의회가 제 역할을 수행하는 데 도움이 되는 정당 모델을 모색하는 데 있어서도 정당의 규율이 강한 당원중심 조직중심의 대중정당 모델이 현실적인 대안이 될 수 있는가에 대한 의문에서부터 비롯되고 있다.

정당조직은 의회 밖의 원외정당과 의회 안의 원내정당의 두 부분으로 나누어 볼 수 있는데, 당원중심 조직중심의 대중정당은 정당의 의사결정과 운영을 원외정당이 주도하는 원외정당적 성격이 강한 모델이라고도 할 수 있다. 이 책에서는 이러한 대중정당 모델의 대안으로 의원들이 원외정당으로부터 상당 수준의 자율성을 확보하고 있는 원내정당 모델을 제시하고 있다. 여기에서 대중정당 모델의 대안으로 제시하고 있는 원내정당 모델은 원외정당으로부터 자율성을 확보하여 소통의 범위를 당원으로 국한하지 않고 일반 유권자들에까지 확장함으로써 대중과의 소통이 보다 폭넓게 이루어지는 정당을 지향하고 있다. 나아가 원내정당은 대중과의 확장된 소통을 통하여 이념보다는 유권자들의 실생활과 밀착된 현실적인 정책 생산을 목표로 하고 있다. 이처럼 원내정당이 유권자들과의 폭넓은 소통을 중시한다는 점에서 앞서 제시한 유권자정당과 친화성을 갖고 있는 정당 모델이라고 할 수 있다.

원내정당과 관련하여 4장에서는 정당민주화가 본격적으로 이루어지기 이전의 상황에서 정책정당 실현을 위한 정당민주화의 일환으로 원내정당을 다루고 있다. 즉 정책정당을 실현하기 위해서는 무엇보다도 1987년 민주화 이후 오랫동안 지속되었던 강력한 총재 중심의 원외정당 구조의 변화가 필요하다고 보았던 것이다. 4장에서는 당총재가 공천권을 무기로 정당을 좌지우지하여 오면서 의원들이 정당지도자 중심으로 결정된 당론을 지나치게 추종하여 오던 위축된 원내활동 행태에서 탈피하여 의원들이 원외정당으로부터 자율성을 갖는 원내정당으로 전환되고 유권자들과의 원활한 소통이 가능한 보다 개방적인 정당구조를 갖게 될 때 정당지도자보다는 유권자를 의식한 정책개발 및 입법활동이 활발하게 이루어질 수 있음을 설명하고 있다.

당 총재직 폐지, 당정분리, 상향식 후보 선출 등의 정당개혁으로 정당민주화가 어느 정도 이루어진 상황에서 원내정당을 다루고 있는 8장에서는 정당의 이념과 정책에 동조하여 자발적으로 참여한 진성당원이 부족한 현실과 우리가 채택하고 있는 정부형태인 대통령제의 원활한 작동에 초점을 맞추어 원내정당의 필요성을 논의하고 있다. 바람직한 정당형태를 모색하는 데 있어 우선 고려해야 할 것은 정당민주화가 이루어진 이후에도 여전히 진성당원이 충분히 확보되어 있지 않은 우리 정당정치 현실에서 원외정당은 사실상 정당활동가(party activist)라 할 수 있는 소수의 열성적 당원을 중심으로 하여 운영될 가능성이 크다는 점이다.

이러한 상황에서 원외정당적 성격이 지나치게 강해질 경우 이들 소수의 정당활동가들에 의해 정당이 사실상 포획되는 결과를 가져옴으로써 정당을 지지하는 보다 많은 유권자들의 선호나 요구와는 거리가 있는 정당의 의사결정이 이루어질 가능성이 많다. 따라서 의원들이 원외정당으로부터 자율성을 갖고 정책개발 및 입법활동 등 원내활동을 할 수 있을 때 정당을 지지하는 많은 유권자들의 선호와 요구를 제대로 반영할 수 있으며, 이를 위하여 정당의 구조도 반응성을 강화시키는 방향으로 변화될 필요가 있다고 보는 것이다. 또한 소수의 활동가들이 주도하는 강성의 원외정당적 정당구조는 우리의 대통령제와는 조응성이 떨어지는 보다 대립적인 경합장형 의회 운영으로 귀결될 소지가 많아서 공전 등 파행적 국회운영을 초래할 가능성이 높다. 특히 8장에서는 대통령제 하에서 원내정당의 적실성에 초점을 맞추어 원내정당과 의원들의 자율성이 커진 원내정당화를 통하여 어떻게 일하는 의회, 협력적인 대통령-의회관계, 의회의 대행정부 견제 등의 실현 가능성을 높임으로써 우리의 대통령제 민주주의가 원활하게 작동되는 데 기여할 수 있는지를 설명하고 있다.

원내정당에 관한 두 종류의 논의가 정당민주화가 이루어지기 이전과 이후라는 상황의 차이가 있기는 하지만 두 경우 모두 원외정당으로부터의 의원들의 자율성 확보를 중시한다는 점과 당원을 포함한 보다 많은 수의 정당을 지지하는 유권자들의 선호를 반영한 정책개발과 입법활동을 강조하고 있다는 점에서는 공통점이 있다고 하겠다. 또한 정당의 의사결정이 중앙당에 집중된 수직적 정당구조에서 탈피하여 지역의 당원이나 정당을 지지하는 유권자들이 자발적으로 참여하여 결정하는 수평적 연결망 조직을 지향하고 있다는 공통점도 가지고 있다.

결국 동전의 앞뒤면과도 같다고 할 수 있는 유권자정당과 원내정당이 지향하고 있는 정당형태는 유권자들과의 폭넓은 소통이 원활하게 이루어지는 개방적인 정당, 당원을 포함한 보다 많은 유권자들의 요구에 대한 반응성이 강화된 정당, 유권자들의 실생활에 밀착된 현실적인 정책생산 역량이 강화된 정당, 원외정당으로부터 의원들의 자율성이 확보된 정당, 그리고 분권화된 수평적 연결망 형태의 정당 등으로 요약될 수 있다.

2. 이 책의 구성

이 책은 크게 3부로 구성되어 있다. 유권자 변화와 정당정치를 다루고 있는 1부는 우리 정당을 둘러싸고 있는 환경의 변화와 관련된 내용으로, 특히 1987년 민주화 이후 어떠한 변화들이 일어나고 있는지를 살펴보고 있다. 이러한 정당 환경의 변화를 다루는 데 있어 사회경제적인 변화도 보지만 정당정치에 더욱 직접적인 영향을 주고 있는 유권자들의 의식, 가치정향, 인식능력 등의 변화에 초점을 맞추고 있다.

유권자들의 의식변화와 관련하여 1부의 2장에서는 사회 내 균열구조를 반영함으로써 정당 지지기반 형성의 큰 틀을 정해주는 유권자들의 이념성향이 어떠한 구조를 가지고 있으며 그동안 어떻게 변화되어 왔는지를 살펴보고 있다. 또한 2장에서는 유권자들의 달라진 이념성향 구조가 민주화 이후 구축되었던 지역주의 정당체계의 변화 가능성과 관련하여 어떠한 함의를 가질 수 있는지를 다루고 있다. 이어 1부의 3장에서는 이러한 이념성향의 변화에 영향을 주는 여러 요인들 중 빠른 속도의 사회변화로 인한 성장경험의 차이가 뚜렷해지면서 점차 비중이 커지고 있는 세대요인에 주목하고 있다. 특히 3장에서는 이처럼 중요해지고 있는 세대 간의 이념성향이나 가치정향 등 정치적 태도에 있어 어떠한 차이가 있으며, 이러한 세대 간 차이가 유권자들의 세대교체가 진행되면서 우리의 정당정치에 어떻게 영향을 줄 수 있는지 등을 논의하고 있다.

정당의 조직과 운영을 다루고 있는 2부에서는 정당을 둘러싸고 있는 환경의 변화에 적응해 감으로써 유권자들의 정당정치에 대한 관심과 참여를 이끌어내기 위해서는 기존의 정당조직 및 운영방식이 크게 달라질 필요가 있다고 보고 이를 위한 구체적인 대안들을 제시하고 있다. 유권자들의 관심과 참여를 이끌어내기 위해서는 민주화 이후 오랫동안 지속되어 왔고 아직도 잔존하고 있는 인물중심의 정당조직과 운영으로부터 탈피하는 것만으로는 부족하다. 즉 과거의 정당조직과 운영을 대체해내면서도 유권자들이 관심을 갖고 실질적으로 참여할 수 있는 새로운 통로들이 마련될 필요가 있다. 2부에서는 정당과 유권자 간의 원활한 소통을 촉진할 수 있는 새로운 형태의 정당조직과 운영방식을 모색하고 있다.

정책정당과 정당민주화를 다루고 있는 2부의 4장에서는 주요 정당들이 2002년 대통령 후보 선출을 위한 국민경선제를 채택하게 되면서 본격적으로 정당민주화를 위한 일련의 개혁들을 시작하기 직전의 상황에서 왜 정당의 민주화가 우리 정당정치의 주요 목표로 많이 거론되는 정책정당으로 발전되어 나가기 위해서도 필요한 것인지를 논의하고 있다. 특히 4장에서는 정당민주화를 위한 구체적 방안으로 후보 선출 제도의 민주화와 원내정당화에 집중하여 논의를 전개하고 있다.

국민경선제 채택 이후의 정당조직의 변화를 다루고 있는 2부의 5장은 2002년 주요 정당들에 의해 국민경선제가 채택되고 일련의 정당개혁들이 진전된 상황에서 유권자들의 관심과 참여를 이끌어내기 위해서는 우리의 정당조직과 운영방식이 어떠한 방향으로 개혁될 필요가 있는지를 논의하고 있다. 구체적인 정당개혁과 관련하여 5장에서는 중앙당뿐 아니라 지구당과 같은 기초조직 차원에서도 조직형태와 운영방식이 크게 달라질 필요가 있다고 보고 이를 위한 방안들을 제시하고 있다.

지구당이 폐지된 이후의 정당조직과 당원의 역할을 다루고 있는 2부의 6장은 기존의 정당 기초조직이었던 지구당이 폐지되고 이를 대체하는 새로운 기초조직인 당원협의회가 신설된 이후에 기초조직을 비롯한 정당의 조직이 유권자들의 자발적인 참여를 늘려나가기 위해서는 어떻게 운영될 필요가 있는지를 논의하고 있다. 또한 6장에서는 당원들로 구성된 안정적인 정당 토대의 구축을 위한 방안 모색과 함께 당원중심의 정당운영이 어떠한 한계를 가질 수 있고 어떻게 보완될 필요가 있는지도 검토하고 있다.

대통령제 민주주의와 정당을 다루고 있는 3부에서는 우리가 채택하고 있는 정부형태인 대통령제 민주주의라는 큰 틀 속에서 국회가 생산적으로 운영되고 국회와 대통령의 관계가 협력적인 국정의 동반자 관계로 발전되어 나가기 위해서 정당은 어떠한 구조를 가지고 운영되는 것이 바람직한지를 주로 논의하고 있다. 달리 말하여 우리와 같은 대통령제 정부형태에서 정당이 어떠한 구조와 운영방식을 갖고 있을 때 작동 가능한 민주주의(workable democracy)를 이루어낼 수 있을 것인가에 초점을 맞추고 있는 것이다. 특히 대통령제 민주주의에서는 의회가 실질적으로 일을 함으로써 유권자들의 요구에 부응하는 정책 생산을 통하여 사회갈등을 해소하고 사회통합을 이루어내는 기능을 제대로 수행할 필요가 있다. 그리고 의회가 이처럼 기능하는 데 있어 의회 내 주요 행위자인 정당의 역할은 매우 중요하다. 이와 관련하여 3부에서는 현재 우리의 정당들이 이러한 일하는 의회를 만들어내는 데 기여하고 있는 것인지, 만약 그렇지 못하다면 바람직한 정당의 구조와 운영방식은 무엇인지 등을 모색하고 있다.

한 나라의 정부형태는 정당이나 의회와 같은 정치제도의 구조와 작동방식의 기본적인 틀을 결정짓는다는 점에서 중요하다. 정부형태와 정치제도를 다루고 있는 3부의 7장은 우리의 대통령제 민주주의가 갖고 있는 특징과 문제점들을 대통령제의 대안이라고 할 수 있는 내각제 및 이원집정부제와 비교하여 검토하고, 우리의 대통령제 민주주의가 제대로 작동되기 위해서는 정당이나 의회와 같은 정치제도들이 어떻게 변화되어 나갈 필요가 있는지를 논의하고 있다.

민주화 이후의 바람직한 정치제도를 보다 구체적으로 다루고 있는 3부의 8장에서는 이미 앞서 2부에서 정당의 민주화를 위해 거론되었던 원내정당화의 필요성에 대하여 정당의 민주화보다는 주로 진성당원이 부족한 우리 정당들의 현실과 관련하여 설명하고 있다. 또한 8장에서는 우리의 대통령제 민주주의가 원활하게 작동하는 것과 관련하여 원내정당화가 갖고 있는 의미 및 원내정당의 필요성에 대하여 강한 원외정당 모델이라 할 수 있는 대중정당 모델과의 비교를 통하여 논의하고 있다.

민주화 이후 짧지 않은 시간이 지났음에도 우리 정치가 소모적이고 적대적인 형태로 이루어지고 있는 것은 교착과 파행이 반복되는 국회운영과 밀접한 관련이 있다고 보고, 3부의 9장에서는 생산적 국회운영을 위한 방안을 모색하고 있다. 9장에서는 특히 생산적인 국회운영을 위해서는 무엇보다도 집권당의 대통령에 대한 종속적인 관계를 청산하는 방향으로 제도와 관행이 변화되어야 하고 국회 내 집권당과 반대당 간에 협력적인 관계가 형성될 필요가 있다는 데에 초점을 맞추어 논의하고 있으며, 이를 실현하기 위한 구체적 방안들을 제시하고 있다.

정리하자면 유권자정당과 원내정당을 논의하는 데 있어 정당의 조직과 운영을 다루고 있는 2부에서는 논의의 초점이 정당의 민주화와 유권자들의 자발적인 참여를 유도해내는 데 맞추어져 있다. 반면에 대통령제 민주주의와 정당을 다루고 있는 3부에서는 우리의 정부형태인 대통령제 하에서 민주주의의 핵심 제도라 할 수 있는 정당과 의회의 원활한 작동과 생산적인 운영에 논의가 집중되고 있다. 따라서 2부와 3부에서 정당의 개혁방안으로 제시되고 있는 상향식 후보 선출, 당정분리, 원내정당 등도 2부에서는 이러한 개혁방안들이 정당민주화나 자발적인 유권자들의 참여를 늘리는 데에 미치는 효과에 관심의 초점이 맞추어져 있다. 반면에 3부에서는 동일한 개혁방안들이 우리의 정당과 의회가 본연의 역할을 제대로 수

행해내는 데 어떻게 기여할 수 있는지에 관심이 집중되고 있다. 특히 3부에서는 행정부와 입법부의 역할 수행에 있어 나타나고 있는 심한 불균형 문제를 극복하는 것이 우리의 민주주의가 공고화되기 위해 가장 시급하게 해결되어야 할 과제라고 보고, 이와 관련하여 원내정당의 강화된 자율성과 정책역량이 행정부와 비교하여 현저하게 불균형 상태에 있는 입법부의 역할 강화에 어떻게 기여할 수 있는지를 중점적으로 다루고 있다.

3. 정당정치의 제도화와 정당 간 정책경쟁

유권자정당과 원내정당을 통하여 정당의 민주화, 유권자들의 자발적인 정당정치 참여, 생산적인 국회운영 등이 이루어지게 되면 보다 장기적으로는 우리 정치의 과제로 흔히 지적되는 정당정치의 제도화와 정당 간 정책경쟁을 이루어내는 데에도 기여할 수 있다고 본다. 따라서 정당정치의 제도화와 정당 간 정책 경쟁은 유권자정당 과 원내정당이 실현하고자 하는 보다 궁극적인 목표라고도 할 수 있다. 먼저 정당의 제도화와 관련하여 보자면, 우리 정당들은 아직도 주요 선거를 전후하여 정치인들의 이해관계에 따라 분열과 창당, 합당을 반복하고 있는데, 이는 우리 정당정치의 낮은 제도화 수준을 잘 보여주고 있는 것이다. 이처럼 정당정치가 제도화되지 못한 데에는 민주화 이후 오랫동안 대부분 정당들의 중앙조직과 기초조직 모두 인물 중심 구조 하에서 비민주적인 방식으로 운영되어 오면서 유권자들의 자발적인 참여가 이루어지지 못하고, 이에 따라 정당의 안정적인 토대가 지속적으로 구축될 수 없었던 데에서 기인하는 바가 크다.

정당정치의 제도화를 가로막는 가장 큰 장애물이 유권자들의 자발적인 참여 부족으로 인한 안정적인 정당토대의 결여라고 본다면, 유권자정당의 실현을 통해 정당정치에 관심을 갖고 자발적으로 참여하는 유권자들이 늘어나게 될 때 정당의 안정적인 기반이 마련될 수 있는 가능성을 높임으로써 정당정치의 제도화에도 긍정적인 변화가 일어날 수 있을 것이다. 그리고 정당정치에 자발적으로 참여하는 유권자들이 늘게 되면 사회 내 이익의 표명 및 집약과 정책대안 제시 등 정당의 주요 기능들도 제대로 수행되면서 정당 간 정책 경쟁의 활성화도 촉진될 수 있을 것이다.

정당 간 정책 경쟁의 활성화란 측면에서는 원내정당화의 취지도 크게 다르지 않다. 이는 원내정당과 원내정당의 구성원인 의원들이 원외정당으로부터 자율성을 확보하여 의회 내 정당 간, 그리고 의원 사이에 대화와 설득을 통한 절충과 타협이 원활하게 이루어져 생산적으로 국회를 운영하고자 하는 것도 궁극적으로는 정당의 지지자를 포함한 보다 많은 유권자들의 선호를 반영한 구체적인 정책 경쟁을 활성화시키려는 의도에서 비롯된 것이기 때문이다. 또한 민주화 이후 교착과 파행이 반복되어 온 국회가 생산적으로 운영되도록 하는 것을 중요한 목표로 하고 있는 원내정당은 정당정치의 제도화에도 기여할 수 있다고 본다. 이는 정당정치가 제도화되기 위해서는 민주적인 정치과정에서 정당의 역할 수행이 반복적으로 이루어지면서 이러한 역할에 대한 유권자들의 긍정적인 평가가 축적되어 나갈 필요가 있는데, 특히 선거과정 이외의 정치과정에서 정당이 역할을 수행하는 주무대는 국회이기 때문이다.

유권자정당, 원내정당과 관련된 이 책에서의 논의들은 궁극적으로는 우리 정당들이 인물 중심으로 이합집산을 거듭하는 불안정한 정당구조를 탈피하여 정당정치의 제도화를 이루어내는 것을 중요한 목표로 하고 있다. 제도화된 안정적인 정당구조를 만들어내는 것 이외에 유권자정당과 원내정당의 또 다른 중요한 목표는 정당들이 정책을 중심으로 경쟁하는 구조를 만들어내는 일이라고 할 수 있다. 결국 유권자정당 및 원내정당과 관련된 이 책에서의 여러 논의들은 우리 정당들이 지역적인 기반에 의존하여 특정 인물 중심으로 운영되는 것에서 벗어나 제도화된 안정적인 정당구조와 보다 많은 유권자들이 체감할 수 있는 정책을 생산해 내고 이를 중심으로 경쟁하는 정당구조를 만들어내기 위한 것이라고 정리될 수 있을 것이다.

I부 | 유권자 변화와 정당정치

2장 _ 유권자 이념성향 변화와 정당정치

1987년 민주화 직후 치러진 두 차례의 선거, 즉 1987년 대통령 선거 및 1988년 국회의원 선거는 민주화 이전 30여 년 이상 지속되어 오던 민주 대 반민주 대립에 기초한 정당체계를 지역주의 정당체계로 변화시킨 일종의 중대 선거(critical election)였다.[1] 특히 1987년 대통령 선거에 임박해서 김영삼 · 김대중 양김(兩金) 씨에 의해서 제1야당이 분열된 이후 정당지도자들이 선거과정에서 주로는 지역적인 경쟁이나 대립에 기초한 지역주의를 지속적으로 활용하고 유권자들이 지역주의에 기초한 정당 간 경쟁구도에 의해 구조화된 정

1_ 정당체계의 심대한 변화를 가져오는 중대 선거의 개념에 대하여는 Key(1955)를 참조할 것.

치적 선택에 익숙해짐에 따라 민주화 이후 정당 간의 끊임없는 이합집산에도 불구하고 지역주의 정당체계는 비교적 안정적으로 유지되어 왔다.[2]

하지만 최근 들어오면서 민주화 이후 비교적 안정적으로 유지되어 오던 지역주의 정당체계가 점차 약화되는 징후들이 나타나고 있으며, 특히 그동안 지역주의 정당체계의 사실상 핵심을 형성하였던 양김(兩金) 씨의 퇴장에 따라 정치적 영향력이 크게 감소되면서 지역주의 정당체계가 변화될 가능성이 커지고 있다.[3] 약화되는 징후들을 보여주고 있는 현재의 지역주의 정당체계가 새로운 정당체계로 변화되는 데 있어 한국 사회의 이념성향은 어떠한 정당체계의 출현이 가능할 수 있는지를 가늠해 보는 데 시사를 줄 수 있다는 점에서 의미를 가질 수 있다. 이는 한 사회의 이념성향은 흔히 사회 내 균열구조를 반영하고 있고 사회 내 균열구조(cleavage structure)는 곧

2_ 민주화 이후 지역주의 정당체계의 갑작스러운 등장과 관련하여서 주로 거론되고 있는 요인들은 첫째, 1987년 민주화를 통해 오랫동안 지속되어 온 민주 대 반민주의 정치적 균열이 빠르게 자취를 감추어 정치적인 진공상태가 생겨나면서 새로운 정치적 균열이 등장할 수 있는 토대가 마련되었고, 둘째, 민주화 이전의 권위주의 정권 하에서 주로 지역 간의 불균등한 사회경제 개발과 권위주의 정권을 이끌었던 정치지도자들의 출신 지역에 편향되었던 엘리트 충원 때문에 오랜 기간에 걸쳐 지역적 반감이 축적되어 왔으며, 셋째, 권위주의 정권 하에서 계급이나 종교 같은 대안적인 사회적 균열의 발달이 불충분했거나 억제되어 왔다는 점 등이다. 지역주의의 원인과 개선방안에 대한 다양한 시각의 연구는 김만흠(1997), 이갑윤(1999), 조기숙(2000), 최영진(2001), 박상훈(2001) 등을 참고할 것.

3_ 지역주의 정당체계의 약화를 촉진할 수 있는 요인들 및 약화를 시사하는 징후들에 대한 보다 상세한 설명은 정진민(2001, 210-213)을 참조할 것.

정당 지지기반의 토대를 이룰 수 있기 때문이다. 따라서 한 사회의 이념성향이 어떻게 되어 있느냐 하는 것은 그 사회에 어떠한 정당체계의 출현이 가능한지, 즉 출현 가능한 정당체계의 범위를 정해줄 수 있다는 점에서 중요하다고 본다. 이러한 맥락에서 이 장의 목적은 한국 사회의 이념성향에 대한 분석을 통하여 과연 지금의 지역주의 정당체계가 변화될 가능성이 있는지, 또 변화된다면 어떠한 정당체계의 출현이 가능한지 등을 모색하여 보는 데 있다. 이에 앞서 먼저 한국 사회의 이념성향이란 어떠한 의미를 가질 수 있으며, 그동안 어떻게 변화되어 왔는지에 대한 논의부터 시작하고자 한다.

1. 한국 사회의 이념성향

이념성향과 관련하여 흔히 사용되는 전통적인 진보-보수 차원은 주로 경제적 쟁점들에 대한 입장에 기초하여 개념화된다. 여기에서 주로 거론되는 경제적 쟁점들은 정부의 시장개입 정도, 부나 소득의 재분배, 국가의 생산수단 소유, 정부의 복지부문 지출 확대 문제 등이 있다. 그리고 이와 같은 진보-보수 차원은 주로는 그동안 구미의 선진 민주국가에서 정당체계의 중요한 토대를 이루어 왔던 계급적 균열구조를 반영하여 왔다.

하지만 1960, 70년대 이후 구미 선진 민주국가의 산업화가 고도화됨에 따라 새로운 사회적 문제들과 환경문제와 같은 삶의 질(quality of life)에 관련된 문제들을 포함하는 비경제적인 쟁점들이 등장하게 되면서 전통적인 경제문제를 둘러싼 기존의 균열구조가 교란되고 있다. 즉 선진 민주국가들이 탈산업사회에 진입하게 되면서 이들 사회의 균열구조는 계급 등 사회집단에 기초한 균열구조에 추가하여 가치정향의 변화에 따른 다양한 쟁점들에 기초하는 새로운 균열구조들이 교차되면서 보다 복합적인 균열구조로 바뀌고 있는 것이다. 이에 따라 대부분의 선진 민주국가에서 진보-보수 차원도 더 이상 주로 계급에 기초한 비교적 단순한 단일 차원이 아니며, 계급균열(class cleavage)에 새로운 가치균열(value cleavage)이 가로지르면서 훨씬 더 복잡해지고 있고 다차원적으로 변화되고 있다.[4]

그동안 많은 표본조사에서 한국 유권자들의 진보-보수의 이념성향에 대한 질문을 해왔지만 응답자들이 진보-보수 차원을 얼마나 이해하고 있으며 정당, 정치인, 정책 등을 인식하고 평가하는 데 있어 얼마나 정확하게 이와 같은 이념적 차원을 사용하고 있는지 하는 문제가 있다. 한국 사회의 이념성향과 관련하여 진보-보수 차원을 사용하게 될 경우 몇 가지 고려하여야 할 사항들이 있다고 본다.

우선 고려되어야 할 사항은 한국에서의 진보-보수 차원은 분단이라는 특수한 상황에서 반공 이데올로기가 지배하는 권위주의 정치체제의 장기간 지속으로 인하여 진보적인 이념성향이 오랫동안 억제되어 옴에 따라 좌우 대칭적인 전통적 진보-보수 차원으로 균형있는 발전이 이루어지지 못하였다는 점이다. 따라서 한국 사회에

4_ 선진 산업사회에서 진보-보수 이념의 다차원적 구조에 대한 상세한 분석은 Inglehart(1990, 289-300)를 참조할 것.

서의 진보-보수 차원은 구미 사회에서와 같이 경제적 쟁점들에 기초한 진보-보수처럼 구체성을 띠고 있기보다는 단순히 현상(status quo)의 변화를 추구하려는 성향과 현상을 유지하려는 성향을 반영하고 있을 가능성이 있다. 또한 구체성을 띠고 있는 경우라 해도 진보-보수 성향에 반영되고 있는 쟁점의 내용에 있어서 경제적인 것 이외에 장기간 권위주의 정치체제를 가졌던 데에서 연유하는 정치적인 것이거나 분단상황과 관련된 것일 가능성도 있다.

정치적인 내용의 진보-보수로는 민주화 이전에는 주로 민주주의(민주화) 대 권위주의(산업화)의 소위 민주 대 반민주 대립구도, 그리고 민주화 이후에는 지역적 균열이 핵심적인 정치적 균열로 등장하게 되면서 집권하고 있는 지역과 집권하지 못하고 있는 지역 간의 대립구도 또는 지역주의 정당체계에 기초한 정치적 경쟁구도 자체의 변화와 관련된 정향을 생각하여 볼 수 있다. 즉 민주화 이전에 보수적 성향이란 권위주의적 정치체제의 유지를 원하는 정치적인 보수를, 그리고 진보적 성향은 정치체제의 민주화를 지향하는 정치적인 진보를 각각 반영하고 있었고, 민주화 이후에 진보-보수 성향은 정치권력을 오랫동안 장악하여 온 지역의 계속적인 집권을 원하는 정치적인 보수와 정치권력을 장악하지 못하였던 지역의 집권을 원하는 정치적인 진보로 나누어지거나 지역주의에 기초한 정치적 경쟁구도 자체의 변화를 원하는지 여부와 관련되어 있다고 보는 것이다. 그리고 1997년 대통령 선거를 통하여 정권교체가 이루어진 이후에는 지역에 기초한 정치적 경쟁구도 자체를 거부하고 이러한 경쟁구도의 변화를 원하는 성향이 정치적인 진보성향에 보다 더 반영되어 있을 가능성도 있다고 본다.

이러한 가능성들은 한국 사회의 이념성향에 관한 그동안의 경험적 연구에서 진보-보수 성향이 단순히 변화에 대한 정향을 측정하는 지표가 될 수 있는 변화-안정 항목 및 정치적 진보-보수의 측정 지표가 될 수 있는 여야성향 항목과 유의미한 상관관계를 갖는 것으로 나타나고 있는 데에서도 확인할 수 있다(이숙종 1996 ; 강원택 1998). 다만 여야성향의 경우에는 1990년 3당 합당 이후 과거의 여야를 뛰어넘는 정치적 이합집산 등으로 인하여 그 적실성이 떨어져 왔으며,[5] 특히 1997년 정권교체 이후에는 여야성향보다는 오히려 지역주의 정치 자체의 변화와 관련된 성향이 정치적 진보-보수 성향에 반영되어 있을 가능성이 있다고 본다. 실제로 정권교체 이후 실시된 1998년 지방선거에서 이념성향은 여야성향과 상관관계가 없는 것으로 나타나고 있다(김재한 1999).

진보-보수의 이념적 스펙트럼 상에 응답자 스스로 위치설정(self-placement)을 하도록 한 많은 표본조사의 결과를 보게 되면 소득수준과 이념성향의 상관관계는 별로 나타나지 않는 반면, 고학력, 젊은 유권자들에서 진보적 성향이 나타나고 있는데, 이는 한국 사회에서의 진보-보수 차원이 적어도 주로 경제적인 쟁점들에 기초한 구미 사회의 전통적인 진보-보수 차원과는 상당한 거리가 있음을 보여주는 것이라 할 수 있다. 물론 경제적 쟁점들에 기초한 계급균열이 산업화된 한국 사회 내 주요 균열 중의 하나로 이념성향

5_ 1990년 3당합당 이후 여야성향의 적실성에 대한 논의는 정진민 · 황아란(1999, 124-127)을 참조할 것.

에 반영되어 나타날 가능성도 적지 않지만, 앞서 논의한 것처럼 현상변화나 현상유지 성향과 관련된 단순히 변화에 대한 정향을 반영하거나 또는 민주화 이전에는 민주 대 반민주의 대립구도를, 민주화 이후에는 집권하고 있는 지역과 집권하지 못하고 있는 지역 간의 대립구도를, 그리고 보다 최근 들어서는 지역주의에 기초한 정치적 경쟁구도의 변화에 대한 정향을 반영해 왔을 가능성도 있다고 보는 것이다.

한국에서의 진보-보수 성향에 반영될 가능성이 있는 또 다른 구체적인 쟁점으로는 분단상황의 극복과 관련된 대북 · 안보 문제 및 대북 · 안보 문제와도 긴밀히 연계되어 있는 대미 외교안보 관계와 관련된 문제들을 들 수 있다. 특히 김대중 정부 출범 이후 대북 포용정책이 본격적으로 시도되면서 대북지원 문제를 둘러싼 사회 내 균열이 뚜렷해짐에 따라 대북 · 안보 문제 및 대미관계 등에 대한 입장이 진보-보수 성향에 반영되어 있을 가능성은 더욱 커지고 있다고 본다.

진보-보수 성향과 관련하여 또 하나 고려할 수 있는 가능성은 이미 한국 사회가 부분적으로는 탈산업사회화 단계에 진입하고 있다는 점과 관련되어 있다. 즉 한국 사회의 이념성향에서도 구미 사회의 계급에 기초한 전통적인 균열구조를 약화시키면서 진보-보수 차원을 다차원적으로 변화시키고 있는 탈산업사회화에 따라 등장한 쟁점들에 기초하는, 주로는 가치 균열구조를 반영하는 새로운 또는 소위 '신정치(New Politics)' 진보-보수 차원을 반영하고 있을 가능성이 있다고 보는 것이다. 그리고 이러한 가능성은 선진 산업사회의 가치균열이 성장시기를 달리하는 세대 간의 교체가 이루어지면서 뚜렷해지고 있듯이 우리의 경우에도 세대변수와 밀접한 관련을 가지리라 본다.

정리하자면 한국 사회의 이념성향과 관련하여 진보-보수 차원을 사용할 경우 우선적으로 고려될 수 있는 것은 경제적 쟁점들에 기초한 전통적인 진보-보수 차원을 반영하고 있을 가능성[6]이다. 하지만 이밖에도 첫째 단순히 현상의 변화에 대한 정향을 반영하고 있을 가능성, 둘째 민주 대 반민주 대립구도, 지역 간 대립구도, 지역에 기초한 정치적 경쟁구도의 변화에 대한 정향 등으로 바뀌어 온 주로 정치적인 내용의 진보-보수 성향을 반영하고 있을 가능성, 셋째 대북 · 안보 문제를 둘러싼 사회균열을 반영하고 있을 가능성, 넷째 새로운 비경제적인 쟁점들을 둘러싼 가치균열 등을 반영하고 있을 가능성 등도 고려할 필요가 있다고 본다. 그리고 여기에서 정치적 내용의 진보-보수 성향은 주로 지역주의 정당체계의 변화 가능성과 관련되어 있는 반면 경제적 쟁점, 대북 · 안보 문제와 관련된 쟁점, 새로운 비경제적인 쟁점 등에 대한 입장을 반영하고 있는 진보-보수 성향은 기존의 정당체계가 변화될 경우 출현할 가능성이 있는 정당체계와 주로 관련될 수 있을 것이다.

6_ 이러한 가능성은 1997년 외환위기 이후 사회적 양극화가 심화되면서 더욱 커지고 있다고 본다.

2. 정당체계의 재편성

한국 사회의 이념성향에 대한 분석을 통하여 현재의 지역주의 정당체계가 변화될 가능성 및 출현 가능한 정당체계를 모색하는 데 있어 이 장에서의 논의는 정당체계의 재편성 이론[7]에 기초하고 있다. 따라서 지역주의 정당체계의 변화 및 새로운 정당체계의 출현 가능성에 대하여 구체적으로 살펴보기에 앞서서 먼저 간략하게 정당체계의 재편성 이론에 기초하여 정당체계의 변화에 대한 보다 일반적인 논의를 하고자 한다.

정당체계의 재편성 이론에 따르면, 정당체계의 변화는 세 단계에 걸쳐서 진행될 수 있다. 첫 번째 단계는 선거가 일상적으로 치러지면서 기존에 형성된 정당체계가 안정적으로 유지되는 정당체계의 안정적인 편성단계(stable alignment of party system)이다. 이 단계에서는 유권자들의 정당 지지와 관련하여 정당 간의 힘의 균형이 유

7_ 정당체계의 재편성 이론은 미국의 정당정치 변화를 설명하기 위해 시작되었지만(Key 1955; Burnham 1970, 1996; Clubb et al. 1980; Petrocik 1981; Sundquist 1983; Brady 1988; Tuchfarber et al. 1995; Aldrich and Niemi 1996; Reichley 1999), 장기간에 걸쳐 이루어지는 정당 지지기반의 변화라는 관점에서 정당정치의 역동적인 측면을 다루는 데 유용하다고 판단된다. 정당체계의 재편성 이론으로 영국 정당체계의 변화를 설명하려는 시도에 대해서는 Evans와 Norris(1999)를 참고하고, 특히 Evans와 Norris 책의 4장 Ivor Crewe와 Katarina Thomson의 "Party Loyalties: Dealignment or Realignment"를 볼 것.

지되며, 다양한 사회집단들의 정당 지지는 일관성과 안정성을 보이게 된다. 또한 유권자들은 강한 정당충성심(party loyalty)이나 정당일체감(party identification)을 갖게 된다.

하지만 시간이 지나면서 사회적 균열과 정치적 균열 사이의 격차가 커지게 되면 이러한 정당체계의 안정적 편성이 동요 내지 해체되는 두 번째 단계로 들어서게 된다. 이와 같은 정당편성의 해체(partisan dealignment) 단계에서는, 선거마다 각 정당의 득표율에 있어서 기복이 심해지는 소위 선거유동성(electoral volatility)이 크게 증가하게 되고, 부동표(浮動票)와 무당파(無黨派) 유권자들이 증가하게 되며, 정당체계의 파편화(fragmentation)와 아울러 유권자들의 선거참여 감소로 인한 투표율의 하락현상 등이 나타나게 된다. 이러한 현상들은 결국 정당체계의 안정적인 편성이 붕괴되면서 나타난다고 볼 수 있다.

마지막 단계인 정당체계의 재편성(partisan realignment) 단계에서는 정당을 지지하는 사회집단들의 구성에 현저한 변화가 일어날 뿐만 아니라 주요 정당별 정당일체감 및 유권자 지지의 분포에 있어서도 뚜렷한 변화를 볼 수 있다. 사회적 균열과 정치적 균열 사이의 불일치는 새로운 정당체계의 등장으로 다시 크게 줄어들면서 지금까지 정당에 소속감을 갖고 있지 않았던 많은 유권자들이 정당에 대한 유대감을 갖게 된다.

이러한 정당체계의 재편성은 대개는 정당을 둘러싼 환경이 변화함에 따라 많은 사람들이 관심을 갖게 되는 새로운 쟁점들의 등장으로 기존의 사회적 균열을 가로지르거나 약화시키는 새로운 사회적 균열이 출현하고, 이에 따라 사회적 균열구조가 변화되면서 시작되는 경우가 많다. 이러한 사회적 균열구조의 변화는 정치 엘리트들과 정당들이 새로운 사회적 균열을 야기시키는 쟁점들에 대하여 뚜렷한 차별성을 갖는 입장을 취하거나 대안을 제시함에 따라 정당의 지지기반에 변화를 가져오게 된다. 결국 새로운 정당 간 경쟁구도 또는 정당체계가 등장하게 되면서 새로운 사회적 균열구조의 등장은 새로운 정치적 균열구조의 출현 또는 정당체계의 재편성으로 이어질 수 있다. 사회적 균열구조와 무관하게 단순히 정당이나 정치인들 간의 이합집산만으로는 정당체계의 재편성이 이루어지기 어려우며, 설사 이루어진다 하여도 오랜 기간 지속되기는 어려울 것이다.

이와 같은 정당체계의 재편성은 드물긴 하지만 키(Key 1955)가 말하는 중대 선거 또는 캠벨 등(Campbell et al. 1960)이 말하는 재편성 선거(realigning election)라 불리는 한두 차례의 선거를 통하여 급격하게 이루어질 수 있다. 정당체계의 재편성은 또한 상당한 기간에 걸쳐 서서히 이루어질 수도 있는데, 키(Key 1959)는 이처럼 서서히 이루어지는 정당체계의 재편성을 중대 선거를 통한 급격한 재편성(critical realignment)과 구별하여 점진적 재편성(secular realignment)이라고 부르고 있다. 정당체계의 재편성이 이루어진다 하여도 실제 정당정치에서 급격한 재편성은 드물며, 대개는 서서히 이루어지는 점진적 재편성인 경우가 대부분이다.

정당체계의 재편성은 단순히 집권 정당의 실적에 대한 평가에서 기인하는 특정 선거에서의 결과 이상의 의미를 갖는 보다 근본적인 정치적 지각변동이라 할 수 있을 것이다. 예를 들어, 미국의 경제 대공황 당시 이의 극복을 둘러싸고 정부의 적극적인 개입을 주장했던 루즈벨트(Franklin Roosevelt)의 민주당이 노동자계급, 가톨릭 교도, 남부지역 유권자, 유대교도, 흑인 유권자 집단 등 많은 사회집단들의 지지를 묶어서 '뉴딜연합(New Deal Coalition)'이라 불리는 다수연합을 구축하여 1932년 대통령 선거에서 승리함으로써 민주당 우위 정당체계가 등장하게 된 것이라든지, 미국 남부지역에서 오랫동안 유지되었던 민주당 우위 정당체계가 최근 공화당 우위 정당체계로 바뀐 것 등이 이에 해당될 수 있을 것이다.[8]

위에 언급한 두 개의 정당체계 재편성 사례 중 전자는 경제 대공황이라는 위기상황에서 한두 차례의 중대 선거를 통해서 이루어진 급격한 재편성의 예이고, 후자는 상당 기간에 걸쳐 서서히 이루어진 점진적 재편성의 좋은 예라 할 수 있다. 그리고 이와 같은 점진적 재편성의 경우에는 급격한 재편성에서처럼 유권자 동원(mobilization)이나 전환(conversion)보다는[9] 대개 세대교체(generational replacement)가 재편성의 주요 기제로서 작용하게 되고, 최근 미국 남부지역의 정당체계 재편성도 예외가 아니다.[10]

정당체계의 재편성과 관련하여 특히 정당 지지집단의 변화가 중요한 것은 이러한 변화가 정당이 추구하는 정강이나 정책의 변화

8_ 뉴딜연합의 약화 및 미국 정당의 지지기반 변화에 관한 보다 상세한 설명은 정진민(1996, 1999)을 참조할 것.

9_ 여기에서 동원이란 주로 정당과 유대를 갖고 있지 않던 유권자들의 지지를 새롭게 끌어내는 경우를, 그리고 전환이란 이미 특정 정당과 유대를 갖고 있던 유권자들의 지지가 다른 정당에 대한 지지로 바뀌는 경우를 의미한다.

10_ 미국 남부지역의 정당체계 재편성에 관한 보다 상세한 경험적 분석은 정진민(2000)을 참조할 것.

와 관련되어 있기 때문이다. 따라서 정당체계의 재편성이 이루어지는 경우에는 단순히 유권자들의 투표행태만이 바뀌는 것이 아니라 사회 내 이해관계 간에 또는 사회집단 간에 힘의 균형이 변화하는 것이며, 유권자들이 가지고 있는 정치적 정향의 변화를 동반하는 경우가 많다. 또한 일단 정당체계의 재편성이 이루어지게 되면 재편성된 정당체계는 상당히 장기간 동안 안정적으로 유지되는데, 이는 유권자들의 정당에 대한 새로운 지지가 단순히 일시적인 정당지지(party support) 수준에 머무르지 않고 시간이 지나면서 그 정당에 대한 애착을 포함하는 정당충성심 또는 정당일체감이라 일컬어지는 보다 심리적이고 정서적인 지지로 발전되어 나가기 때문이다.

3. 지역주의 정당체계의 재편성 가능성과 이념성향 분석

1987년 민주화 이후 등장한 지역주의 정당체계가 그동안 비교적 안정적으로 유지되어 온 것은 사실이다. 하지만 민주화 이후 빠른 속도로 우리 정당을 둘러싼 환경이 변화함에 따라 최근 들어오면서 지역주의 정당체계가 점차 해체되는 징후들이 나타나기 시작했던 것 또한 사실이다. 이러한 징후들은 대체로 1990년대 중반 이후 유권자들의 정당정치에 대한 무관심과 불신이 확산되면서 투표율이 뚜렷하게 하락하기 시작했을 뿐만 아니라, 선거에서 지지정당이 없는 무당파 및 선거 직전까지도 어느 정당에 투표할지 결정하지 못하는 부동층 유권자들이 현저하게 증가되고 있는 데에 잘 반영되고 있다고 본다.

그리고 바로 이러한 지역주의 정당체계의 해체 징후들은 사회경제적 요인으로 볼 때 무엇보다도 세대요인과 밀접하게 관련되어 있다. 즉 이러한 해체 징후들은 대체로 1960년대 이후 출생하여 고교 평준화가 이루어진 이후 중등교육을 받았으며, 대학교육이 급격하게 증가하고 물질적으로 풍요로워진 탈냉전 시기에 성장하였고, 보다 최근 들어서는 빠르게 발전하고 있는 정보통신기술의 사용에 익숙해져 있는 새로운 세대 유권자들에서 보다 뚜렷하게 나타나고 있다. 이러한 성장환경의 차이로 인하여 이들 새로운 세대 유권자들은 1960년대 이전에 출생한 기성세대 유권자들과 비교하여 볼 때 지역주의의 영향을 상대적으로 적게 받고 자신들의 일상생활에 직접적으로 영향을 미치는 실질적인 쟁점과 삶의 질을 중시하는 탈물질주의(postmaterialist) 성격의 문제들에 더욱 많은 관심을 가질 가능성이 크다.[11] 따라서 정당을 둘러싼 환경변화 중에서도 특히 유권자들의 세대교체로 인한 세대별 구성비율이 변화함에 따라 정당체계의 재편성 가능성이 점차 커지고 있다고 볼 수 있다.

또한 기성세대 유권자들과 비교하여 새로운 세대 유권자들의 정치적 정향이 이처럼 달라짐에 따라 지역주의에 기초한 기존 정당

11_ 젊은 유권자들의 달라진 정치적 정향에 대한 보다 상세한 설명은 정진민(2001, 213-216)을 참조하고, 탈물질주의 성향에 대한 상세한 설명 및 특히 한국에서 탈물질주의 가치의 세대 간 차이가 가치변화에 관한 조사가 행해진 43개국 중 가장 크게 나타나고 있는 것에 대하여는 Inglehart(1997, 143-149)를 볼 것.

들은 출신 지역에만 기초하여 정당에 대한 지지를 결정하려는 동기부여가 상대적으로 약한 새로운 세대 유권자들의 지지를 동원해내는 데 어려움을 겪고 있다. 이는 최근 일련의 선거에서의 투표율에 있어 기성세대 유권자들의 투표율에 비하여 현저하게 낮은 새로운 세대 유권자들의 투표율에도 잘 반영되고 있다.

달리 말하여, 새로운 세대 유권자들에 관한 한 그동안 지역주의로 인해 크게 좁아졌던 또는 제한되어 왔던 유권자들의 표를 얻기 위한 시장, 즉 선거시장(electoral market)이[12] 이제 다시 개방되고 있다고 보는 것이다. 그리고 정당들이 새로운 세대 유권자들이 관심을 가질 수 있고 최근 들어 그 비중이 커지고 있는 사회적 균열과 관련성이 있는 쟁점들을 정치적으로 부각시키고 이러한 쟁점에 대한 정책적 입장에 있어 정당 간의 뚜렷한 차별성을 보여줄 수 있다고 하면 기존의 지역주의 정당체계를 대체할 수 있는 새로운 정당체계로의 재편성도 가능해질 수 있을 것이다.

한국 사회의 이념성향에 관한 분석을 위하여 여기에서 사용하고 있는 조사자료는 한국정당학회와 중앙일보가 공동으로 2002년 1월 전국적으로 실시한 조사자료로 표본 수는 1,063명이다. 기존의 유사한 조사자료와 비교하여 볼 때, 이 자료의 특징은 응답자들의 사회경제적 배경 변수와 주관적인 이념성향 이외에도 대북 · 안보 문제를 포함한 모두 10개의 주요 쟁점들에 기초한 이념성향을 측정하기 위한 다수의 항목을 갖고 있을 뿐만 아니라, 경제적인 쟁점

12_ 선거시장 개념에 대한 상세한 설명은 Mair (1991, 119-122)를 참조할 것.

들에 기초한 전통적인 진보-보수 차원과 사회적 또는 탈물질주의적 성격을 갖는 비경제적인 쟁점들에 기초한 새로운 진보-보수 차원을 구별하여 볼 수 있는 항목들까지도 포함하고 있어 보다 다양한 차원의 이념성향 분석이 가능하다는 점이다.[13]

한국 사회의 이념성향에 관한 한국정당학회-중앙일보 조사자료를 분석하는 데 있어 앞서 논의한 것처럼 전통적인 진보-보수 차원 이외에도 정치적인 진보-보수 차원, 대북 · 안보 문제 및 새로운 쟁점들과 관련된 진보-보수 차원들을 아울러 고려하게 될 것이다. 먼저 조사 응답자 스스로의 이념적 평가 또는 위치설정에 기초한 주관적인 이념성향이 열 개의 쟁점별 입장과 어떠한 상관관계를 갖고 있는지를 볼 것이다. 만약 주관적인 이념성향과 쟁점별 입장 간의 상관관계가 높지 않다면 주관적인 이념성향과 지역주의 정당체계라는 정치적 현상(status quo)의 변화에 대한 정향을 반영하는 하나의 지표로 볼 수 있는 지역주의 투표행태와의 상관관계는 어떻게 나타나는지를 살펴볼 것이다.

다음으로 주관적인 이념성향이 주요 사회경제적 요인별로, 즉 세대별, 소득수준별, 교육수준별로 어떠한 차이를 보여주는지를 보게 될 것이다. 그리고 사회경제적 요인 중 특히 정당체계의 재편성과 밀접한 관련을 가질 수 있는 세대변수에 초점을 맞추어 정치적

13_ 이념성향 조사자료에 포함되어 있는 10개의 주요 쟁점들은 대북지원, 국가보안법 개정, 호주제도 폐지, 사형제도 폐지, 재벌개혁, 소액주주 권익보호, 복지예산, 환경보호, 고교 평준화, 미국 중심의 외교안보 정책 등이다.

인 변화에 대한 정향을 반영하는 지표로 사용되고 있는 지역주의 투표행태에 있어서 세대 간에 어떠한 차이가 있는지, 그리고 투표율 하락, 무당파층의 증가, 부동표의 증가 등 대표적인 지역주의 정당체계의 해체 징후들이 세대별로 어떻게 다른지를 살펴볼 것이다.

마지막으로 열 개의 쟁점별 입장에 있어서 세대 간에 어떠한 차이가 나는지, 그리고 대북 · 안보 문제와 관련된 진보-보수, 전통적인 진보-보수, 새로운 진보-보수 등 세 종류의 진보-보수 차원으로 열 개의 쟁점들을 묶었을 때[14] 각각의 이념적 차원별로 세대 간에 어떠한 차이가 나는지를 보게 될 것이다. 만약 젊은 유권자들에서 지역주의 정당체계의 해체 징후가 뚜렷하게 나타나고 세 종류 진보-보수 차원들 전부 또는 일부에서 진보적 성향이 강화되고 있다면 해당되는 차원에서 이전보다 세대 간 균열이 심화되고 있는 것으로 해석할 수 있을 것이다. 나아가 정당정치의 변화와 관련하여 더욱 중요한 것은 기성세대와 새로운 세대 간의 세대교체가 이루어지면서 진보적 성향의 유권자 집단이 보수적 성향의 유권자 집단과 어느 정도 균형을 이루게 됨에 따라 이러한 차원과 관련된 문제가 중요한 정치적 쟁점이 되었을 때 이에 기초한 정치적 균열의 출현 또는 정당체계의 재편성으로 이어질 가능성이 있다는 점이다.

14_ 10개의 쟁점 항목들 중 재벌개혁, 소액주주 권익보호, 복지예산, 고교 평준화 등은 전통적인 진보-보수 차원과, 대북지원, 국가보안법 개정, 미국 중심의 외교안보 정책 등은 대북 · 안보와 관련된 진보-보수 차원과, 호주제도 폐지, 사형제도 폐지, 환경보호 등은 비경제적인 진보-보수 차원과 각각 관련되어 있는 항목들로 구분할 수 있다.

0(가장 진보)에서 10(가장 보수)까지 응답자 스스로 이념적 위치 설정을 한 것을 0에서 4까지를 진보적, 6에서 10까지를 보수적, 그리고 5를 중도적 이념성향을 가진 자로 세 집단으로 나누었을 때 전체 응답자 중 진보적 성향은 21.4%, 중도적 성향은 49.2% 그리고 보수적 성향은 29.4%를 각각 차지하고 있다. 이처럼 세 집단으로 나눈 주관적 이념성향과 10개 쟁점별 교차분석을 통한 상관관계를 보았을 때 이념성향은 대북지원, 국가보안법 개정, 호주제도 폐지, 사형제도 폐지 등 4개 쟁점에 대한 입장과만 유의미한 상관관계를 갖고 있는 것으로 나타났다.[15] 반면에 재벌개혁, 소액주주의 권익보호, 복지예산, 환경보호, 고교 평준화, 미국 중심의 외교안보 정책 등 나머지 6개 쟁점에 대한 입장과 주관적 이념성향은 유의미한 상관관계가 없는 것으로 나타났다. 10개 쟁점에 대한 입장을 각각 종속변수로 하는 회귀분석에서도[16] 이념성향은 교차분석에서와 마찬가지로 대북지원, 국가보안법 개정, 호주제도 폐지, 사형제도 폐지 등 4개 쟁점에 대한 입장에 대해서만 유의미한 영향력을 미치는 것으

15_ 대북지원, 국가보안법 개정, 사형제도 폐지는 유의수준 0.05에서, 호주제도 폐지는 유의수준 0.01에서 각각 이념성향과 의미 있는 상관관계를 갖고 있는 것으로 나타나고 있다.

16_ 회귀분석에서 각 쟁점에 대한 입장을 설명하기 위한 독립변수로는 이념성향, 거주지 규모, 성별, 세대, 소득수준, 교육수준 등을 사용하였다. 여기에서 거주지 규모는 대도시, 중소도시, 읍 · 면 · 동으로, 세대는 1960년대 이전에 출생한 기성세대와 1960년대 이후에 출생한 새로운 세대로, 소득은 월소득 100만 원 이하 101–200만 원, 201–300만 원, 301만 원 이상의 네 집단으로, 그리고 교육수준은 중졸 이하, 고졸, 대재 이상의 세 집단으로 각각 구분하였다.

로 나타나고 있다. 이와 같은 교차분석과 회귀분석의 결과들을 볼 때 한국 사회에서의 주관적인 진보-보수의 이념성향은 정부의 시장개입 및 부나 소득의 재분배와 같은 경제적인 쟁점에 기초한 구미 선진 산업사회의 전통적인 진보-보수 차원뿐 아니라 환경보호와 같은 쟁점에 기초한 새로운 진보-보수 차원과도 거리가 있음을 보여주고 있다.

주관적인 이념성향이 전통적인 또는 새로운 진보-보수 차원과는 상당한 거리가 있는 것과는 대조적으로 정치적인 변화와 관련된 진보-보수 차원과는 밀접하게 관련되어 있음을 확인할 수 있었다. 1997년 15대 대통령 선거 당시 지역주의 투표행태를 보인 응답자와 그렇지 않은 응답자로 나누어 보았을 때[17] 주관적으로 보수적인 성향을 갖고 있다고 응답한 집단에서 지역주의 투표행태를 보이는 응답자 비율이 진보적 성향을 갖고 있다고 응답한 집단보다 1.7배 정도 높았고, 주관적 이념성향과 지역주의 투표행태 간에는 유의수준 0.05에서 의미 있는 상관관계가 있는 것으로 나타났다. 즉 우리가 지역주의 투표행태를 지역주의 정당체계에 기초한 정치적 현상의 변화에 대한 정향을 반영하는 지표로 볼 때 보수적인 성향을 갖고 있는 응답자가 진보적인 성향을 갖고 있는 응답자보다 정치적인 변화에 매우 소극적이라고 해석할 수 있다.

17_ 여기에서 지역주의 투표행태를 보인 응답자란 한나라당 이회창 후보를 지지한 영남지역 응답자와 국민회의 김대중 후보를 지지한 호남지역 응답자를 포함한다.

주관적인 이념성향과 세대, 소득, 교육수준별 교차분석을 통한 상관관계를 보았을 때, 세대와 교육수준은 유의수준 0.01에서 이념성향과 의미 있는 상관관계를 갖고 있는 반면 소득과 이념성향은 유의미한 상관관계가 없는 것으로 나타났다. 특히 기성세대의 경우 보수적 성향 비율이 진보적 성향 비율보다 1.8배 가량 높은 반면, 새로운 세대의 경우에는 두 성향 모두 22% 전후의 비슷한 비율을 점하고 있어 이념성향의 분포에 있어서 세대 간 차이가 뚜렷한 것으로 나타나고 있다. 교차분석에서와 마찬가지로 이념성향을 종속변수로 하는 회귀분석에서도[18] 세대와 교육수준만이 유의미한 영향력을 미치는 것으로 나타났다.[19]

사회경제적 요인 중 세대변수는 민주화 이후의 이념적 성향에 반영되어 있을 가능성이 높다고 보는 정치적인 변화에 대한 정향의 지표로 사용하고 있는 지역주의 투표행태에 중요하게 영향을 미치고 있는 것을 확인할 수 있었다. 1997년 15대 대통령 선거의 경우 기성세대 응답자 집단에서 지역주의 투표행태를 보인 응답자 비율이 새로운 세대 응답자 집단보다 1.7배 정도 높았다. 또한 지역주의 정당체계의 해체 징후의 하나로 볼 수 있는 투표율 하락과 관련해

18_ 이념성향을 설명하기 위한 독립변수로는 세대와 교육수준 이외에 거주지 규모, 성별, 소득수준 등을 사용하였다.

19_ 1998년 지방선거 조사자료를 사용한 회귀분석에서 김재한(1999)은 지역을 빼고 이념성향의 차이를 보여주는 변수는 세대변수뿐이고 교육수준에 따른 이념성향의 차이는 연령과 교육수준의 밀접한 관계에서 비롯되고 있다고 보고 있다.

서도 15대 대통령 선거의 경우 새로운 세대 응답자 집단에서 기권한 응답자 비율이 기성세대 응답자 집단보다 2.7배 가량 많았다. 이러한 세대 간의 투표율 차이는 표본조사에서뿐 아니라 3장에서 보여주고 있는 것처럼 실제로도 뚜렷하게 나타나고 있다. 이 장에서 사용되고 있는 조사자료에는 포함되어 있지 않지만 지역주의 정당체계 해체의 또 다른 징후인 무당파와 부동층 유권자의 증가에 있어서도 1990년대 중반 이후 전반적으로 증가하는 추세에 있지만, 특히 새로운 세대 유권자들에 있어 그 증가는 보다 뚜렷하게 나타나고 있다.[20]

정당체계의 재편성, 특히 점진적 재편성과 밀접한 관련을 갖고 있는 세대변수는 주관적 이념성향과 상관관계가 있었을 뿐만 아니라 실제로 지역주의 정치의 변화에 대한 정향과도 상관관계가 있었다. 이러한 세대변수에 초점을 맞추어 세대와 10개 쟁점에 대한 입장 간의 상관관계를 보았을 때 유의수준 0.01에서 의미 있는 상관관계를 보이는 쟁점들은 대북지원, 국가보안법 개정, 미국 중심의 안보외교정책, 재벌개혁, 복지예산 증액, 환경보호, 호주제도 폐지, 사형제도 폐지 문제 등 8개이다.

먼저 국가보안법 개정과 관련해서 전면 폐지 내지 인권침해와 법규 남용을 줄이는 방향으로 개정하자는 의견에 새로운 세대 응답자의 57.8%가 동조한 것과는 대조적으로 기성세대 응답자의 경우

20_ 무당파와 부동층 유권자의 세대 간 차이에 대하여는 진영재(1998), 이현출(2000), 정진민(2001) 등을 참조할 것.

는 38.7%에 불과하였다. 또한 미국 중심의 외교안보 정책과 관련하여 전면 재검토 내지 다변화하는 방향으로 전환해야 된다는 의견에 새로운 세대 응답자의 경우 70.7%가 동조하고 있는 반면, 이처럼 미국 중심의 외교안보 정책으로부터 탈피해야 된다는 의견을 갖고 있는 기성세대 응답자는 50.0%로 나타나고 있어 역시 세대 간의 뚜렷한 차이를 보여주고 있다. 대북지원 문제에 있어서는 북한의 개혁·개방을 유도하고 민족의 동질성 회복과 대단결에 도움이 되므로 대북지원을 더욱 확대 내지는 현 수준 정도에서 유지해야 한다는 의견을 갖고 있는 응답자가 새로운 세대의 경우 44.8%인 데 반하여 기성세대의 경우에는 36.2%로 나타나고 있다. 앞의 두 문제에 있어서보다 그 차이가 줄어들고 있지만 역시 상당한 세대 간의 입장 차이가 나고 있다.

경제적 쟁점들에 있어서는 복지정책과 재벌개혁 문제에 있어서만 세대 간의 유의미한 차이가 나고 있는데, 먼저 복지정책과 관련해서는 현행 복지수준이 미흡하므로 다른 분야의 예산을 줄이거나 세금을 높여서라도 증액해야 한다는 의견을 갖고 있는 응답자가 새로운 세대의 경우 80.1%인 데 반하여 기성세대의 경우에는 73.4%로 나타나고 있어 새로운 세대가 보다 더 진보적인 입장을 갖고 있다고 할 수 있다. 하지만 재벌개혁과 관련해서는 새로운 세대 응답자의 경우에는 재벌에 대한 규제를 완화 내지 전면적으로 풀어야 된다는 의견이 51.0%로 기성세대 응답자의 44.6%보다 6.4% 많은 것으로 나타나 새로운 세대가 기성세대보다 오히려 보수적인 것으로 나타나고 있다. 경제적 쟁점들에 있어 세대 간 입장 차이는 의미 있는 상관관계가 없거나 상관관계를 갖고 있는 경우라 하여도 다른 비경제적인 쟁점들과 비교하여 상대적으로 입장 차이가 작은 것으로 나타나고 있다.

응답자들의 탈물질주의적 성향을 측정해 볼 수 있는 환경보호 문제에 있어 경제성장과 환경보호 중 환경보호에 우선 순위를 두어야 된다는 의견을 갖고 있는 응답자의 비율이 새로운 세대의 경우 66.7%인 데 반하여 기성세대의 경우에는 49.5%로 나타나고 있어 새로운 세대의 친환경적인 탈물질주의적 입장을 뚜렷하게 보여주고 있다. 다음으로 여성의 지위 향상과 관련된 호주제도 문제에 있어 여성이 재혼시 자녀가 새 아버지의 성을 따르는 것을 허용하거나 호주제도를 완전 폐지해야 된다는 의견을 갖고 있는 응답자가 새로운 세대의 경우 50.3%인 데 반하여 기성세대의 경우에는 20.8%에 불과한 것으로 나타나고 있다. 사형제도와 관련해서도 사형제도를 전면적으로 폐지하거나 반인륜적 범죄를 제외하고는 폐지해야 된다는 의견을 갖고 있는 응답자가 새로운 세대의 경우 64.8%로 절대 다수인 데 비하여 기성세대의 경우 41.4%에 불과하여 역시 큰 차이를 보여주고 있다.

지금까지 살펴본 세대와 10개 쟁점에 대한 입장 간의 교차분석 결과들을 세 종류의 이념적 차원별로 정리하자면, 우선 대북지원 및 미국 중심의 외교안보 정책에 있어 북한의 개혁 · 개방 유도 및 민족화해를 위해 대북지원을 지속 내지는 확대해야 된다는 입장과 미국 중심의 외교안보 정책을 전면 재검토 내지 다변화하는 방향으로 전환해야 된다는 입장을 취할 경우 진보적인 성향을 갖고 있다고 볼 때, 기성세대 응답자와 비교하여 새로운 세대 응답자들은 뚜렷하게 진보적인 성향을 일관되게 보여주고 있다.

전통적인 진보-보수 성향의 기초가 되는 경제적인 문제의 경우, 재벌개혁과 관련해서는 재벌개혁을 시장기능에 맡기기보다는 현재 정부규제의 골격을 유지하거나 지금보다 규제를 더욱 강화해야 한다는 입장을, 그리고 복지정책과 관련해서는 현행 복지수준이 미흡하므로 정부의 복지예산을 증액해야 한다는 입장을 각각 진보적 입장이라 보았을 때, 기성세대 응답자와 비교하여 새로운 세대 응답자의 경우 복지정책과 관련해서는 진보적이지만 재벌개혁과 관련해서는 오히려 약간 더 보수적인 것으로 나타나고 있다.

환경보호, 인권문제, 여성의 지위 향상, 그리고 이번에 사용된 설문조사에서는 포함되지 않았지만 소비자 보호, 낙태, 이혼 문제 등은 경제적인 성격보다는 탈물질주의적 · 사회적 · 도덕적 성격의 새로운 쟁점들로 분류될 수 있다. 이러한 새로운 쟁점들과 관련하여 양적인 성장, 사회질서, 준법정신, 가족의 가치, 도덕성 등을 중요시하는 보수적 성향과 양적인 성장보다는 삶의 질을, 질서보다는 자유를 더욱 중시하고 사회적 쟁점들에 있어서 보다 관용적인(tolerant) 입장을 취하는 진보적 성향은 전통적인 진보-보수 차원과는 크게 다른 새로운 진보-보수 차원을 형성하고 있다.[21] 앞서 경제적

21_ 경제적인 문제와 사회적 또는 탈물질주의적 성격의 새로운 비경제적인 문제에 대한 진보-보수 입장은 흔히 진보-보수 성향을 나누는 준거가 되는 정부의 개입이나 규제와 관련해서도 다른 특성을 갖고 있다. 즉 경제적인 문제에 있어 진보적인 입장은 예외없이 정부의 적극적인 개입이나 규제를 지지하지만, 비경제적인 문제에 있어서는 진보적인 입장이라 해서 정부의 개입이나 규제를 모두 지지하는 것은 아니고 사안에 따라서는 오히려 강력하게 반대하는 경우도 있다. 예를 들어 환경보호, 소비자 보호 등의 문제에

인 성격의 쟁점에서는 세대요인은 유의미한 상관관계가 없거나 있는 경우에도 새로운 세대의 성향이 쟁점에 따라 상대적으로 진보적이기도 하고 보수적이기도 했지만, 비경제적인 성격의 새로운 쟁점들과 관련해서는 모두 유의미한 상관관계가 있을 뿐만 아니라 새로운 세대의 성향이 기성세대와 비교하여 일관되게 상대적으로 진보적인 입장을 나타내고 있어 뚜렷하게 대비되는 모습을 보여주고 있다.

4. 요약 및 결론

분단이라는 특수한 상황에서 반공 이데올로기가 지배했던 권위주의 정치체제가 장기간 지속되면서 구미식의 경제적인 쟁점에 토대를 둔 진보-보수의 이념적 성향뿐 아니라 전통적인 진보-보수의 균형된 정당 경쟁구도 역시 발전될 수는 없었다. 전통적인 진보적 정당이 출현하고 성장하기 위해서는 적어도 노동자의 양산과 양산된 노동자의 조직화라는 두 가지 전제조건이 충족되어야 하는데, 1960년대 이후 빠른 속도의 산업화로 인하여 노동자는 양산되었지만 권위주의 체제 하에서 자율성을 갖는 조직화는 이루어지지 못하

있어서는 정부의 엄격한 규제가 필요하다고 보는 반면, 낙태, 동성애 문제 등 새로운 생활방식과 관련된 문제에 있어 진보적 입장은 정부의 개입이나 간섭이 배제되어야 한다고 보는 것이다.

였다.

민주화가 이루어지면서 정당 간에 본격적으로 경쟁할 수 있는 여건이 마련되었지만 지역주의에 기초한 정당체계가 다른 사회균열의 정치화를 사실상 억제함으로써 전통적인 진보-보수의 정당 경쟁구도로의 발전은 또 다시 좌절되었다. 실제로 민주화 이후 노동자들의 투표행태에 관한 분석은 계급투표 경향이 부분적으로 나타나기도 하지만 기본적으로는 지역균열이 노동자들의 계급적 이해관계까지도 분열시키고 있음을 잘 보여주고 있다(정영태 1993).

1997년 외환위기 이후 사회적인 양극화가 심화되면서 노동부문의 자율적인 조직화도 어느 정도 이루어지고 노조의 정치참여도 허용된 상황에서 다시 한 번 전통적인 진보-보수의 정당체계로 발전될 수 있는 기회를 맞이하고 있다. 하지만 또 하나 여기에서 고려해야 할 상황변화는 그동안 한국 사회의 변화가 매우 빠르게 이루어져 왔다는 사실이다. 이미 한국 사회는 산업화가 고도화되면서 1990년대 이후로는 탈산업사회적인 변화들도 부분적으로 나타나고 있으며, 앞으로 탈산업사회화가 더욱 진행되면서 균열구조는 한층 더 복잡화되는 양상을 띠게 되리라고 본다. 따라서 앞으로 진보-보수의 정당체계로 발전된다 하여도 계급균열에만 기초한 전통적인 진보-보수의 정당체계로 발전되는 것은 점점 더 쉽지 않으리라 본다.

지금까지 살펴본 것처럼 그동안 우리가 처했던 여러 상황들은 한국 사회에서의 진보-보수 성향이 주로 경제적인 쟁점들에 대한 입장에 기초한 구미식의 전통적인 이념성향으로 발전하는 것을 저해했거나 교란시키고 있다고 본다. 그리고 이러한 상황에서 우리 사회의 이념성향은 경제적인 성격 이외에도 정치적인 성격을 갖고 있거나 대북 · 안보 문제에 대한 입장 및 빠른 사회변화를 고려할 때 부분적으로는 새로운 가치균열을 반영하고 있을 가능성도 있다고 보았다.

분석결과 한국정당학회-중앙일보 조사에 포함된 응답자 스스로 평가한 주관적인 이념성향은 전통적인 진보-보수 이념적 차원의 토대를 이루는 경제적인 쟁점들과는 상관관계가 없는 것으로 나타나고 있으며, 오히려 국가보안법 개정, 호주제도 폐지, 사형제도 폐지 등 질서와 자유의 가치가 충돌하는 비경제적인 쟁점들 및 김대중 정부 출범 이후 주요 쟁점으로 부상한 대북지원 문제 등과 상관관계가 있는 것으로 나타나고 있다. 또한 현상(status quo)의 변화에 대한 정향을 반영하고 있을 가능성과 관련하여, 특히 지역주의 정당체계에 기초한 정치적 현상의 변화에 대한 정향과 이념성향은 유의미한 상관관계를 갖고 있는 것으로 나타나고 있다.

한편, 사회경제적 요인 중에서 이와 같은 이념성향과 상관관계를 갖고 있는 변수로는 교육수준과 세대가 있는데, 이 중에서도 정당체계의 재편성, 특히 점진적인 재편성과 밀접한 관련을 갖고 있는 세대변수는 지역주의 정치의 변화에 대한 정향을 반영하는 지표로 사용한 지역주의 투표행태와 유의미한 상관관계를 갖고 있는 것으로 나타나고 있다. 또한 세대변수는 지역주의 정당체계의 해체 징후들로 볼 수 있는 투표율 하락 및 무당파와 부동층 유권자의 증가와도 밀접한 관련성을 갖고 있다.

이처럼 이념성향과 상관관계가 있으면서 지역주의 정치의 변화에 대한 정향과도 상관관계를 갖고 있어 정당체계의 재편성과 한층 더 긴밀한 관련을 맺고 있는 세대요인이 10개 쟁점에 대한 입장과 어떠한 상관관계를 갖고 있는지를 보는 것은 앞으로 지역주의 정당체계가 새롭게 재편성될 때 출현 가능한 정당체계가 어떠한 사회균열 구조에 기반하게 될 것인지를 가늠해 볼 수 있다는 점에서 중요한 의미가 있다고 본다.

세대요인과 10개 쟁점에 대한 입장 간의 교차분석 결과 전통적인 진보-보수 차원의 토대를 이루는 경제적인 쟁점들과 관련해서는 세대 간 입장이 크게 다르지 않거나 다르다 해도 새로운 세대의 달라진 입장의 변화 방향이 일관성을 갖고 있지 않는 것으로 나타나고 있다. 하지만 사회적 또는 탈물질주의적 성격을 띠고 있는 비경제적인 쟁점들에 있어서는 기성세대에 비해 새로운 세대에서 변화를 지향하는 진보적 성향이 일관되게 강화되면서 세대 간 입장 차이가 뚜렷하게 나타나고 있다. 또한 대북 · 안보 문제 및 역시 대북 · 안보 문제와도 밀접한 관련이 있다고 보는 미국 중심의 외교안보 정책에서도 새로운 세대의 진보적 성향이 강화되면서 세대 간 입장 차이가 뚜렷해지는 경향이 나타나고 있다.

이와 같은 분석결과에 비추어 볼 때, 현재의 지역주의 정당체계가 새로운 정당체계로 재편성될 경우 활용될 가능성이 높은 사회균열로는 전통적인 진보-보수 이념성향의 기초가 되었던 경제적인 쟁점을 둘러싼 사회균열 이외에도 대북 · 안보 문제와 관련된 쟁점 및 새로운 진보-보수 성향의 토대를 이루고 있는 사회적 또는 탈물질주의적 성격을 갖고 있는 비경제적인 쟁점을 둘러싼 사회균열들을 주목할 필요가 있다. 또한 새로운 정당체계가 이들 세 종류의 균열이 혼합된 보다 복합적인 균열구조 위에 기초할 가능성도 있는 것으로 보인다.

하지만 사회 내에 존재하고 있는 균열구조가 자동적으로 정치적 균열구조로 전환되는 것은 아니며, 이러한 전환에 있어 중요한 것은 기존 정당이나 정치 엘리트들이 그들의 지지기반을 확대하기 위하여 어떠한 사회균열을 또는 사회균열들의 조합을 활용하느냐이다. 즉 정당이나 정치 엘리트들이 정치적 경쟁에서 어떠한 사회균열을 선택하고 이와 관련하여 얼마나 차별성 있는 정책대안들을 제시하느냐의 문제이다. 이는 사회적 균열구조와 무관하게 정당이나 정치인들 간의 이합집산만으로 이루어진 정당체계의 재편성이 계속 유지되기 어려운 것도 사실이지만, 정당이나 정치 엘리트들에 의해서 활용되지 않은 사회적 균열구조 역시 유권자들의 선택의 기초가 될 수 없으므로 정치적으로 의미 있는 균열이 되기는 어렵기 때문이다.[22]

결론적으로 현재의 지역주의 정당체계가 새로운 정당체계로 재편성될 가능성은 유권자들의 세대교체로 인한 세대별 구성비율의 변화 및 1960년대 이후 출생한 새로운 세대의 달라진 이념성향 등으로 인하여 점차 커지고 있는 것은 사실이지만, 실제로 새로운 정

22_ 사회균열의 정치균열로의 전환과 관련하여 또 하나 중요한 것은 정치적으로 활용되고 있지 않은 사회균열을 활용하고자 하는 새로운 정치세력의 등장이 얼마나 용이한가 하는 문제이다. 이 문제는 주로는 어떠한 선거제도가 채택되느냐와 관련된다. 이는 어떠한 선거제도가 채택되느냐 하는 것이 기존의 정치적으로 활용되고 있는 균열구조와는 다른 균열구조를 활용하고자 하는 새로운 정치세력이 제도정치권에 진입을 시도할 때 넘어야 할 장벽의 높이를 결정해 주기 때문이다.

당체계로의 재편성이 실현되기 위해서는 김영삼 · 김대중 양김(兩金) 이후의 정당이나 정치 엘리트들의 선택의 문제가 아직 남아 있다고 본다. 특히 새로운 세대 유권자가 개인 중심의 실용주의적 성향을 갖고 있음을 감안한다면 선택된 사회균열 또는 사회균열들의 조합과 관련하여 추상적이고 관념적인 이념적 대립보다는 구체적인 쟁점별로 유권자들의 삶이 실제로 어떻게 달라질 수 있는지에 관한 차별성 있는 정책대안에 기초한 정당 간 정책적 경쟁이 이루어지는 것이 중요하다고 본다.

3장 _ 유권자 세대 변화와 정당정치

이 장에서 사용되는 세대(generation) 개념은 특정 시기의 역사적 사건이나 사회적 환경이 가치정향을 형성하는 시기(청소년 후기와 성년 초기)에 있는 사람들에게 중요한 영향을 미치며, 이러한 형성시기(formative period)를 거친 후에는 이때 갖게 된 가치정향과 태도가 그다지 잘 바뀌지 않는다는 만하임(Karl Mannheim) 등 세대론자들의 가설에 기초하고 있다.[1] 형성시기에 경험하게 되는 사회화(socialization)의 영향력을 중요시하는 세대론자들은 대체로 사회가 빠르게

1_ 세대에 관한 관심은 Mannheim(1952), Hyman(1959), Ryder(1965), Keniston(1969, 1970), Lambert(1972), Abramson(1975), Rintala(1979) 등의 이론적 업적에 기초한 것이다. 세대 개념의 체계적인 사용 및 세대론의 기본 전제들에 대하여는 정진민(1992)을 참조할 것.

변하여 각기 상이한 환경에서 성장한 다양한 연령집단들이 존재할 때 세대요인의 영향력이 더욱 두드러지게 나타날 가능성이 높은 것으로 보고 있다. 한국전쟁 이후의 우리 사회는 특히 1960년대부터 본격적으로 시작된 급속한 경제발전으로 인하여 심대한 경제적 · 사회적 변화를 겪었다. 그 결과 각 연령집단이 가치관을 정립하는 데 중요한 형성시기에 경험한 사회경제적 상황이 매우 상이했고, 따라서 한국 사회는 세대론적 접근방식을 적용하는 데 있어 적절한 사례가 될 수 있다고 본다.

우리 사회에는 실제로 그동안의 급속한 사회경제적 발전에 병행하여 현저한 가치정향의 변화가 이루어지고 있다. 아직 전통적인 가치가 많이 남아 있지만 근대적인 가치정향이 유권자들, 특히 젊은 유권자들 사이에 광범위하게 퍼져 있다. 게다가 빠르게 진행된 도시화는 전통적인 사회망을 붕괴시킴으로써 더욱 이질적인 사회를 만들어냈다. 도시화는 또한 사회의 원자화를 초래하여 개인주의를 확산시키고 전통적인 가치를 더욱 약화시켰다. 그 결과 현재 우리 사회에는 전통적인 가치 및 태도가 근대적인 가치 및 태도와 공존하고 있는데, 여기에서 중요한 것은 가치정향에 있어서 뚜렷한 세대 간의 차이가 존재하고 있다는 점이다.

기성세대 유권자들이 경제적 · 물질적 안정을 위해 기꺼이 개인의 자율성을 포기하는 경향이 상대적으로 강한 데 반하여, 이들과 크게 구별되는 연령집단적 경험을 지닌 새로운 세대 유권자들은 이런 종류의 안정을 당연한 것으로 여기고, 구미의 전후세대 유권자들처럼 자아표현과 삶의 질에 상대적으로 더 높은 우선 순위를 둔다. 또한 구미의 전후세대 유권자들처럼 새로운 세대 유권자들은 기성세대 유권자들에 비해 최근의 이혼율 증가와 출산율 감소에서 보여주듯이 이혼에 대해 훨씬 허용적이고 자녀를 가지는 것을 덜 중요하게 여긴다. 요컨대 한국 사회에서 세대 간의 가치관 변화는 매우 현저할 뿐만 아니라 유권자 집단의 세대별 구성비율이 변화함에 따라 중요한 정치적 함의를 가질 수 있다고 본다.

이와 같은 세대 간 가치정향의 현저한 차이는 우리의 정당정치에도 영향을 주지 않을 수 없다고 보는데, 이는 앞으로 유권자들의 세대별 구성비율이 지속적으로 바뀜에 따라 이들의 정치적 태도 및 행태가 변화하고,[2] 나아가서 정당의 지지기반, 지지동원 방식, 조직 형태 등에 변화를 초래할 수 있기 때문이다. 이 장에서는 주로 우리 사회에서 세대 간에 가치정향이나 정치적 태도에 있어 어떠한 차이가 나고 있는지를, 특히 1960년대 이후에 출생한 새로운 세대 유권자들에 초점을 맞추어 살펴보고, 새로운 세대 유권자들의 변화된

2_ 실제로 1987년 민주화 이후 최근까지의 선거행태 분석에서 세대별로 뚜렷하게 구별되는 차이가 있음이 확인된 바 있다(정진민, 1992, 1994; Chung, 1996, 2000; 정진민 · 황아란 1999). 세대 개념은 1970년대 이후 선진 산업사회가 탈산업사회화하면서 확산되고 있는 새로운 가치정향 및 유권자들의 정치행태의 변화, 이에 따른 기존 정당들의 지지기반 변화현상을 설명하기 위한 많은 경험적 연구들에서 중요한 분석 개념으로 활용되고 있다(Abramson and Inglehart, 1992; Beck, 1984; Craig and Bennett, 1997; Dalton, 1988; Erikson and Tedin, 1995; Flanagan, 1982, 1987; Inglehart, 1977, 1990, 1997; Ladd, 1989; Norpoth, 1987). 특히 잉글하트(Inglehart) 및 달톤(Dalton) 등은 선진 산업사회에 있어서 세대에 기초한 가치정향의 차이가 정당지지 행태를 결정짓는 중요한 변수로 작용함으로써 계급 및 종교 등 전통적으로 중요한 변수들의 영향력을 약화시키고 있음을 통시적(diachronic) 자료의 분석을 통하여 설득력 있게 보여주고 있다.

가치정향 및 정치적 태도 등을 고려할 때, 1987년 민주화 이후 등장한 지역주의 정당정치가 변화할 가능성은 있는지, 그리고 변화한다면 새로운 정당정치는 정당의 지지기반이나 조직형태 등에 있어 어떠한 모습을 갖게 될 것인지를 모색해 보고자 한다.

1. 한국 사회에서의 세대 구획

세대 개념을 사용하여 정치행태나 정당정치의 변화를 설명하는 데 있어 우선 직면하게 되는 문제는 각 세대 간의 구획을 어떻게 획정할 것인가의 문제이다. 각 세대의 가치정향을 형성하는 데 있어 결정적이라고 보는 20세 전후 형성시기의 역사적 경험을 중시하는 세대론의 입장에서 볼 때, 단순히 일정한 간격으로 균일하게 세대를 구획하는 것은 이론적으로 별로 의미가 없다고 말할 수 있으며, 각 세대가 형성시기에 인접한 세대와 얼마나 상이한 역사적 경험을 했느냐에 초점을 맞추어야 할 것이다.

기존의 연구에서 흔히 구획하듯 단순히 현재의 연령대를 기준으로 삼는 것은 삶의 주기가 가치정향이나 태도에 미치는 영향을 강조하는, 즉 나이가 들어가면서 가치정향이나 태도가 바뀌어 가는 연령효과(aging effect)에 초점을 둔 것이라 할 수 있다. 물론 연령과 관련한 가치정향에 있어서 연령효과 또는 삶의 주기효과(life-cycle effect)가 작용하고 있는 것은 사실이고, 세대효과(generational effect 또는 cohort effect)가 연령효과와 배타적인 관계에 있는 것도 아니다. 하지만 여기에서 중요한 것은 그 사회의 특성상 어느 효과가 더욱 강하게 작용하고 있느냐이며, 적어도 한국전쟁 이후의 우리 사회는 매우 빠르게 변화되어 왔기 때문에 연령효과보다도 성장환경의 차이에서 연유하는 세대효과가 더욱 강하게 작용할 가능성이 높다고 보는 것이다.

이러한 고려에서 우리 사회에서 세대는 형성시기에 겪게 되는 상이한 역사적 경험에 기초하여 1950년대 이전에 출생한 '전전세대', 1950년대 이후에 태어난 '전후세대'로 우선 구분할 수 있을 것이다. 그리고 이들 세대의 가치정향 및 정치적 태도는 대략 다음과 같은 특징을 갖고 있다고 볼 수 있다.

전전세대는 형성시기에 한국전쟁 및 전쟁 후 1950, 60년대의 경제적 궁핍을 경험한 세대로서 반공 이데올로기에 의한 강한 사회화가 되어 있으며, 안정과 질서 그리고 경제성장에 최우선 가치를 부여하고 있기 때문에 이러한 가치추구를 위해서라면 개인의 자율성, 정치적 민주화 등 다른 가치들은 어느 정도 희생할 수도 있는 세대라고 할 수 있겠다. 전전세대와는 대조적으로 전후세대는 개인의 자율성, 정치적 민주화 등을 중요시하며 대부분 권위주의 정권, 특히 군의 정치개입에 대하여 강한 거부감을 가지고 있으며, 학교에서 배운 민주주의에 대한 믿음을 가지고 있는 세대라고 할 수 있다.

같은 전후세대에 속하면서도 형성시기에 권위주의 정권 아래에서 성장한 1950년대에 출생한 세대와 권위주의 정권으로부터 정치적인 민주화를 이끌어냈던 1987년에 형성시기에 있었거나 그후에 형성시기를 보낸 1960년대 이후에 태어난 새로운 세대 또는 '신세대'는 구분되어야 할 것이다. 이들 신세대는 권위주의 정권에 대한 강한 거부감 및 민주주의에 대한 믿음을 가지고 있을 뿐만 아니라 1950년대에 출생한 세대와 비교하여 더욱 자신감에 차 있고, 개인의 자율성을 중요시하며, 기존 정치체제에 스스로를 적응시키기보다는 새로운 정치적 대안을 모색하는 세대라고 볼 수 있다.

또한 1960년대 이후에 출생한 신세대가 형성기를 보낸 시기는 국제적으로도 독일의 통일과 소련의 붕괴 등으로 인하여 냉전체제가 종식되면서 탈냉전의 새로운 국제질서가 태동하는 시기였다. 하지만 가치정향의 형성과 관련하여 더욱 중요한 것은 1960년대 이후에 출생한 신세대가 우리 사회에 물질적인 풍요가 본격적으로 확산되기 시작한 1980년대 이후에 대부분 형성시기를 보냈다는 사실이다. 그리고 바로 이 점에서 1960년대 이후에 출생한 신세대는 1960년대 이전에 태어난, 즉 전전세대와 1950년대에 출생한 전후세대를 포함하는 '기성세대'와 구분될 수 있다고 본다.

1960년대 이후에 태어난 신세대 유권자들의 형성시기 동안 우리 경제는 지속적으로 빠르게 성장했고, 1996년 OECD 가입이 보여주듯이 선진 경제국 대열에 진입할 수 있었다. 이에 따라 경제적으로 불안정한 상황에서 형성시기를 보낸 기성세대와는 달리, 상대적으로 신세대는 경제적으로 풍요로운 환경에서 성장할 수 있었다. 그리고 이러한 성장환경은 흔히 자아표현과 삶의 질을 강조하는, 잉글하트(Inglehart 1977, 1990) 등이 말하는 탈물질주의적(postmaterialist) 가치의 강화를 가져온다. 실제로 1990-1993년에 걸쳐 실시된 세계 가치조사(World Values Survey) 자료를 이용한 잉글하트(Inglehart 1997)의 경험적인 연구는 한국에서 세계 어느 나라보다도 빠르게 세대 간의 가치 변화가 이루어지고 있으며, 그 변화는 대체로 탈물

질주의 가치가 증가하는 방향으로 진행 중임을 보여주고 있다.[3]

연령집단에 따른 이러한 가치 차이가 인생주기 효과를 반영한다기보다는 각 세대의 상이한 형성시기 경험에 따른 세대효과로 인한 것이라는 것을 입증하기 위해서는 상당 기간에 걸쳐 축적된 통시적(diachronic) 자료가 필요하지만, 이미 축적된 통시적 자료를 활용한 분석이 이루어져 있는 서구, 미국, 일본의 경우에서는 연령집단 차이에 따른 가치 차이가 세대효과로 인한 것임을 보여주고 있다. 즉 현재까지 이용 가능한 자료에 관한 한 어떠한 연령집단도 나이가 들어가면서 탈물질주의 가치가 약화되는 방향으로 바뀌고 있지는 않는 것으로 나타나고 있다.

이처럼 연령집단별로 형성시기의 경험에 뚜렷한 차이가 있다는 점을 감안하면, 1960년대 이후에 태어난 신세대 유권자들은 탈산업사회화 단계에서 두드러지는 탈물질주의적 속성을 갖고 있는 새로운 쟁점들에 대해 더욱 민감하게 반응할 가능성이 높다. 그리고 신세대 유권자들 중에서도 1970년대 이후에 태어나서 1987년 민주화 이후 경제적으로 보다 풍요로운 환경에서 자란 더욱 젊은 신세대 유권자들 사이에서는 삶의 질을 중요시하는 탈물질주의적 가치정향이 한층 더 강하게 나타날 가능성이 크다.[4] 즉 1987년 민주

3_ 전 세계 43개국의 세대 간 가치변화에 대한 잉글하트의 비교연구에 따르면, 한국은 출생집단들 사이에 가장 큰 가치 차이를 보이는데, 이는 세대 간 가치변화의 기울기가 가장 심하다는 것과(Inglehart 1997: 145, 〈도표 5.5〉) 연령과 가치 사이의 상관관계가 가장 높다는 경험적 분석결과에 반영되어 있다(Inglehart 1997: 148, 〈도표 5.6〉).

화 이후에 형성시기를 보낸 1970년대 이후에 출생한 신세대의 보다 젊은 구성원들은 민주화되고 냉전체제가 종식된, 그리고 물질적으로 훨씬 풍요로운 환경 속에서 성장함으로써 더욱 강하게 탈물질주의적이고 개인 중심의 실용주의적 가치정향을 갖고 있다는 점에서 그 이전 세대들과 구분될 수 있을 것이다. 이런 의미에서 1970년대 이후에 태어난 보다 젊은 신세대들이야말로 진정한 신세대라고 불리워질 수도 있을 것이다.

2. 신세대의 특징

지금까지의 세대 구획에 관한 논의를 정리하자면, 인접한 세대와 구별되는 형성시기의 성장경험에 기초하여 한국 사회에서의 세대는 전전세대와 1950년대, 60년대, 그리고 70년대 이후에 각각 출생한 세 전후세대로 나눌 수 있다고 본다. 그리고 형성시기의 성장경험 중 경제적인 풍요가 확산되기 시작하였는지 여부를 가장 중요한 분기점으로 본다면 1960년대 이전에 출생한 기성세대와 1960년대 이후에 출생한 신세대의 두 세대로 크게 구별될 수 있을 것이다.

4_ 물론 1997년의 외환위기에 따른 경제사정의 악화가 일종의 단기적인 시대효과(period effect)로서 이러한 변화 추세에 일시적인 영향을 줄 수는 있겠지만 보다 장기적인 추세에 근본적인 변화를 야기시킬 것으로 보지는 않는다.

이처럼 1960년대 이후에 출생한 신세대는 형성시기 성장경험의 뚜렷한 차이로 인하여 그 이전 세대와 구별되지만 신세대 유권자들을 정치적으로 동원해낼 수 있는 대안이 사실상 결여되었던 기존의 지역주의 정당정치의 틀 속에서 이들 젊은 유권자들의 상이한 가치정향이 차별성을 갖는 정당지지 행태로 전환되는 것은 현실적으로 불가능한 일이었다. 따라서 신세대의 정치적 영향력은 극히 제한적일 수밖에 없었다. 하지만 지역주의 정당정치의 향후 변화와 관련해서는 1960년대 이후에 출생한 신세대의 등장이 중요하다고 본다. 때문에 여기에서는 특히 이들 신세대가 현재의 지역주의 정당정치의 변화 가능성과 관련하여 의미를 가질 수 있다고 보는 지역주의 영향력의 강도, 이념적 성향, 인지적 동원(cognitive mobilization)[5] 등의 측면에서 어떠한 특징들을 갖고 있는지를 살펴보고자 한다.

1987년 민주화 이후 정당정치의 토대를 이루어 왔던 지역주의 영향력의 강도와 관련해서는, 이들 1960년대 이후 출생한 신세대 유권자들이 1970년대 중반 고교 평준화를 이루기 위한 교육개혁이 단행되면서 각 지역의 주요 도시에 소재했던 명문 고교들이 사라진 이후 중등교육을 받았다는 점에 주목할 필요가 있다고 본다. 이는

5_ 여기에서 인지적 동원이란 교육수준의 향상에 따른 인식능력의 신장과 정치적 정보 획득이 보다 용이해지면서 일반 시민들의 독자적인 정치적 판단 및 선택이 가능해지는 상태를 말한다. 인지적 동원 현상에 대한 보다 상세한 설명은 Dalton(1984, 2002)을 참조할 것. 인지적 동원이 이루어진 경우 정치적 결정을 하는 데 있어 유권자 스스로 자급자족적(self-sufficient)으로 되었다고 말할 수도 있다.

1970년대 중반 이래 실시되어 온 고교 평준화로 인하여 지역주의의 동력을 유지하는 데 주요 요인으로 작용해 온 각 지역의 명문 고교의 학연이 1960년대 이후 출생한 신세대의 정치적 태도와 행태에 관한 한 더 이상 작동할 수 없게 되었기 때문이다.

사실 그동안 각 지역의 명문 고교 졸업생들은 중앙의 정계, 관계, 경제계, 언론계 등 각 분야의 엘리트 충원 풀을 형성하는 주요 토대가 되어 왔으며, 이들이 출신 지역에 잔류한 경우에는 그 지역의 여론 주도층을 형성하여 왔다. 그리고 이들은 상호 긴밀한 연줄망을 통하여 암묵적으로 같은 지역 출신 유권자 집단 내에서 지역주의의 영향력을 유지시키는 동심원의 연령집단별 또는 세대별 중심부를 이루어 왔다. 따라서 대부분 평준화 이후 중등교육을 받은 1960년대 이후 출생한 신세대의 경우는 지역주의 동력을 유지시켜 온 동심원의 중심부가 사라진 상황에서 성장하였다고 말할 수 있다.

고교 평준화로 인한 이와 같은 차이를 고려한다면 지역주의의 영향을 강하게 받고 있는 1960년대 이전에 태어난 기성세대와 비교할 때, 신세대 유권자들에 있어 지역주의의 영향력은 상대적으로 약화되어 있다고 볼 수 있다. 오히려 이들 신세대의 보다 큰 관심사는 가족, 직장, 여가생활에서의 만족감 및 자기 계발과 같은 개인 중심의 실용주의적 성격을 갖게 될 가능성이 많다. 따라서 신세대 유권자들은 자신들의 매일 매일의 생활에 영향을 주게 되는 실질적인 쟁점들이 어떻게 다루어지느냐에 한층 더 민감한 반응을 보일 수 있다고 본다.

다음으로 민주화 이후 정당정치에서 지역주의의 영향력이 강하게 작용할 수 있었던 중요한 이유 중 하나는 그동안 우리 사회의 이념적 미분화, 즉 보수 일변도의 단순화된 이념구도에서도 찾을 수 있다고 본다. 이와 관련하여 1960년대 이후에 출생한 신세대의 이념적 성향은 기성세대와 비교하여 상대적으로 진보적인 성향의 비율이 증가되면서 더 이상 단순화된 구도가 아니라는 것을 진보-보수의 이념적 스펙트럼 상에 응답자 스스로 위치설정(self placement)을 하도록 한 표본조사에 기초한 많은 분석들이 반복해서 보여주고 있다.[6]

물론 여기에는 진보-보수의 이념성향을 묻는 질문에 응답자들이 이러한 이념성향을 얼마나 정확하게 이해하고 답하는지의 문제가 있다. 그리고 보다 중요하게는 이념성향과 관련하여 흔히 사용되는 진보-보수의 성향은 단일 차원이 아니라는 점도 고려할 필요가 있는데, 우리 사회의 이념성향은 적어도 세 종류의 차원으로 구별될 수 있다고 본다. 즉 우리 사회의 이념성향에는 구미 사회에서 흔히 사용되는 주로 경제적인 쟁점들에 기초한 전통적인 진보-보수 차원을 반영하고 있을 가능성 이외에도 분단이라는 특수한 상황에서 연유하는 대북 · 안보 쟁점들과 관련된 진보-보수 차원도 포함되어야 할 것이다. 아울러 이미 우리 사회가 부분적으로는 탈산업사회화 단계에 진입하고 있다는 점을 감안한다면, 구미 사회의 계급에 기초한 전통적인 균열구조를 약화시키면서 진보-보수 차

6_ 세대 차이에 따른 이념성향의 차이를 보여주고 있는 경험적 분석들로는 이숙종(1996), 강원택(1998), 김재한(1999) 등을 참조할 것.

원을 다차원적으로 변화시키고 있는 탈산업사회화에 따라 등장한 쟁점들에 기초하는, 주로는 가치 균열구조를 반영하는 새로운 진보-보수 차원을 반영하고 있을 가능성도 고려되어야 할 것이다.

흔히 기성세대와 비교하여 보다 진보적이라는 1960년대 이후에 출생한 신세대의 이념성향도 보다 정확한 이해를 위해서는 적어도 이와 같은 세 종류의 이념적 차원별로 진보성이 갖는 의미를 명확하게 할 필요가 있다. 우선 경제적인 쟁점들에 기초한 이념성향에서는 부나 소득의 재분배 및 복지 강화를 위하여 시장기능에만 맡기기보다는 국가의 개입이나 규제가 유지 또는 필요하다면 확대되어야 된다는 입장을, 대북 · 안보 문제와 관련된 차원에서는 대북지원을 지속 내지는 확대해야 된다는 입장과 미국 중심의 외교안보정책이 변해야 된다는 입장을 각각 취할 경우 진보적인 성향을 갖고 있다고 볼 수 있을 것이다. 또한 사회적 · 탈물질주의적 성격의 새로운 쟁점들과 관련해서는 삶의 질과 자유를 더욱 중시하고 보다 관용적인 입장을 취할 경우 진보적 성향을 갖고 있다고 볼 수 있을 것이다. 이처럼 각 차원별로 진보성의 구체적인 내용은 다를 수 있으며, 어느 한 차원에서 진보적이라 해서 다른 차원에서도 반드시 진보적이라고 볼 수는 없다.

2장에서 보았던 것처럼 위 세 종류의 이념적 차원 중 경제적인 차원에서는 세대 간 입장이 크게 다르지 않거나 다르다 해도 신세대의 달라진 입장의 변화 방향이 일관성을 갖고 있지 않는 것으로 나타나고 있다. 하지만 비경제적인 차원에서는 기성세대에 비해 신세대에서 변화를 지향하는 진보적 성향이 일관되게 강화되면서 세대 간 입장 차이가 뚜렷하게 나타나고 있고, 대북 · 외교 안보 차원에서도 신세대의 진보적 성향이 강화되면서 세대 간 입장 차이가 뚜렷해지는 경향이 나타나고 있다. 따라서 흔히 우리가 신세대의 이념성향이 보다 진보적이라고 이야기하지만 어떠한 이념적 차원에서 보느냐에 따라 그 진보성의 정도가 상당한 차이를 가져올 수 있음에 유념할 필요가 있다. 하지만 신세대의 이념성향이 더 이상 보수 일변도의 단순화된 구도가 아니라는 것만은 분명하다.

마지막으로 실질적인 정치참여를 하는 데 있어 매우 중요한 인지적 동원이라는 측면에서 볼 때에도 1960년대 이후 출생한 신세대는 기성세대와 비교하여 뚜렷한 차이를 보여주고 있다. 이는 그동안 경제발전으로 인한 산업구조의 변화에 따라 단순 반복적 노동에서 전문지식과 자율적 판단을 요구하는 직무로의 업무의 성격이 변화되고 있을 뿐만 아니라 대학교육의 폭발적 증가를 통하여 교육수준이 향상되고 대중매체와 정보통신기술의 발전으로 정보접근이 용이해지는 등의 변화들이 이루어지고 있는 것과 관련되어 있다.

먼저 교육수준의 향상과 관련하여 경제발전이 이루어지면서 점점 더 많은 사람들이 단순히 교육을 받을 수 있는 기회를 갖게 되었을 뿐만 아니라 고등교육을 받을 수 있게 되었다. 실제로 지난 30여년 동안 18-22세 연령집단의 대학 진학률이 1970년의 7%에서 최근에는 80%대까지 크게 증가하여 고등교육 진학수준이 대부분 선진국을 추월하는 수준에 이르렀다. 더욱 중요한 것은 이처럼 짧은 기간에 교육수준이 비약적으로 향상됨에 따라, 특히 1960년대 이후에 출생한 신세대가 대학교육을 받기 시작하는 1980년대 이후에 대학교육이 크게 확대되면서 교육수준의 세대별 차이가 매우 현저하다는 점이다.

인지적 동원과 관련하여 또 다른 중요한 변화는 용이한 정보획득을 가능하게 해주는 대중매체의 확산과 정보통신기술의 발달이 매우 빠르게 이루어지고 있다는 점이다. 실제로 최근 국내 인터넷 이용자수는 1999년 12월 현재 943만 명에서 2005년 12월 현재 3,301만 명으로 급속히 증가하고 있다(한국인터넷진흥원 2005a). 인터넷 이용률에 있어서도 2005년 12월 현재 72.8%로 일본, 대만, 홍콩, 싱가포르를 추월하여 아시아에서 가장 높을 뿐만 아니라 미국이나 캐나다, 그리고 아이슬랜드, 스웨덴, 네덜란드를 제외한 유럽 국가들보다도 높은 것으로 조사됐다(한국인터넷진흥원 2005b). 여기에서도 주목할 것은 인터넷 이용률에 있어 세대별 차이가 현저하다는 점이다. 즉 40대와 50대 이상의 경우 인터넷 이용률이 각각 68.7%와 35.7%인 데 반하여 20대와 30대의 경우는 각각 97.9%와 91.0%로 나타나고 있다.[7] 또한 최근 들어 이동전화 단말기 보급대수가 2005년 12월 현재 3,834만 대에 이르는 등 빠르게 확산되고 있다(정보통신부 2005).

결국 더욱 많은 유권자들, 특히 젊은 유권자들의 교육수준이 향상됨에 따라 실질적인 정치참여에 필요한 능력과 기술을 갖추게 되었을 뿐만 아니라, 원할 경우 정치적 정보에 보다 용이하게 접근할 수 있게 되었다.[8] 따라서 적어도 신세대 유권자에 관한 한 인지적

7_ 20세 미만 연령집단의 인터넷 이용률은 97.8%로 20대의 이용률과 비슷한 수준이다(한국인터넷진흥원 2005a).

8_ 물론 정치참여에 필요한 능력과 기술을 갖추게 되고 원할 경우 정치적 정보를 보다 쉽고 빠르게 얻을 수 있게 되었다고 해서 바로 정치참여 수준이 높

동원이라는 측면에서 선진 산업사회의 유권자에 뒤지고 있다고 보기는 어렵다. 이와 같은 젊은 유권자들의 인지적 동원 수준의 향상 역시 지금까지의 정치 엘리트 주도의 정치참여를 앞으로 더욱 어렵게 만드는 요인이 될 수 있다. 젊은 유권자들이 구미 유권자들과 마찬가지로 교육수준의 향상으로 자발적인 정치참여에 필요한 실질적인 능력들을 갖추게 되고, 더욱 많은 정치적 정보를 얻을 수 있는 다양한 통로들을 확보하고 있을 뿐만 아니라, 탈산업사회화에 따라 점차 개별적인 판단과 자율성을 요구하는 업무에 종사할 가능성이 높아지고 있다는 것은 앞으로 소수의 지도자가 다수의 훈련된 군대를 이끄는 것 같은 중앙집중화된, 계서적(hierarchical)인 정당에 의한 유권자들의 지지를 동원하는 일이 점차 힘들어질 뿐만 아니라, 이러한 정당에 대한 의존도 역시 점점 낮아지게 된다는 것을 의미하기 때문이다.

아지는 것은 아니다. 특히 지금처럼 정치적 관심이 저조한 상황에서는 정치참여가 낮은 수준을 벗어나기는 힘들다. 따라서 정치참여 수준을 높이기 위해서 정치적 관심의 제고가 매우 중요하다. 하지만 일단 정치적 관심이 높아진다면 인지적 동원 수준의 향상으로 인하여 이전보다 훨씬 적극적이고 실질적인 정치참여가 이루어질 가능성이 크다고 본다.

3. 지역주의 정당정치의 동요와 세대

민주화 이후의 선거가 지역주의에 기초한 정당 간의 경쟁으로 정형화되면서 지역주의 정당정치가 비교적 안정적으로 유지되어 온 것은 사실이다. 하지만 그동안 인물 중심의 지역주의 정당정치에 대한 많은 유권자들의 불만과 정치 일반에 대한 무관심이 폭넓게 확산되어 왔다. 그리고 이러한 유권자의 정치적 불만과 무관심은 최근 선거에서 지지하는 정당이 없는 무당파 및 선거 직전까지도 어느 정당에 투표할지 결정하지 못하는 부동층 유권자의 지속적인 증가와 투표율의 급격한 하락으로 이어지고 있다. 1990년대 초까지도 전체 유권자의 20% 전후 수준이었던 무당파 유권자들이 정당정치에 대한 불만이 심화되면서 1990년대 중반 이후로는 전체 유권자의 과반수를 넘어서고 있다(소순창 1999). 마찬가지로 득표율에 있어서도 아래 〈표 1〉에서 보는 것처럼 민주화 초기 90%대에 육박하던 대통령 선거의 투표율이 최근 60%대까지 추락하고 있으며, 국회의원 선거에서도 민주화 이후 지속적으로 하락하여 이제는 60% 전후 수준에 머물고 있다.

최근 우리 정당정치에서 두드러지고 있는 투표율의 급격한 하락과 무당파 유권자 및 부동층 유권자의 현저한 증가 등은 흔히 기존 정당체계의 해체기[9]에 관찰될 수 있는 전형적인 현상들로서 민주화 이후 출현한 지역주의 정당체계가 동요 또는 해체되고 있다는 징후로 볼 수 있을 것이다. 또는 적어도 지역주의 정당정치로부터

〈표 1〉 민주화 이후 주요 선거 투표율(%)

[대통령 선거]

선거년도	1987	1992	1997	2002	2007
투 표 율	89.2	81.9	80.7	70.8	62.9

[국회의원 선거]

선거년도	1988	1992	1996	2000	2004
투 표 율	75.8	71.9	63.9	57.2	60.6

출처: 중앙선거관리위원회, 『역대 대통령 · 국회의원 선거 관련 자료집』.

이탈되어 있는 유권자들의 수가 점점 더 늘어나고 있다고 말할 수 있을 것이다. 이처럼 많은 유권자들이 지역주의 정당정치로부터 이탈되고 있는 것과 관련하여 특히 주목할 것은 이러한 유권자들의 지역주의 정당정치로부터의 이탈이 젊은 유권자층에 집중되어 있다는 사실이다.

구미의 기성세대 유권자 집단이 계급이나 종교에 따라 정당일체감(party identification) 또는 정당충성심(party loyalty)이 형성되었던 것처럼 한국의 기성세대 유권자들에게는 출신 지역이 정당충성심

9_ 일반적으로 정당체계의 변화는 기존에 형성된 정당체계가 안정적으로 유지되는 정당체계의 안정적 편성 단계, 사회적 균열과 정치적 균열 사이의 격차가 점차 커지면서 정당체계가 흔들리게 되는 정당편성의 해체 단계, 그리고 새로운 정당체계의 등장으로 사회적 균열과 정치적 균열 사이의 불일치가 다시 크게 줄어들면서 정당소속감을 갖게 되는 유권자들이 늘어나는 정당체계의 재편성 단계를 거치는 것으로 본다. 정당체계의 변화에 관한 보다 상세한 논의는 2장을 볼 것.

을 확립하는 데 강하게 작용하여 왔다. 하지만 지역주의의 영향을 상대적으로 적게 받고 그보다는 자신들의 일상생활과 관련된 실질적인 쟁점과 삶의 질에 더 관심이 많은 신세대 유권자들의 경우는 다르다. 이에 따라 지역주의에 기초한 기존 정당들은 출신 지역에만 기초하여 정당에 대한 지지를 결정하려는 동기부여가 상대적으로 약한 신세대 유권자들의 지지를 동원해내는 데 어려움을 겪고 있다.

실제로 1960년대 이후 출생한 신세대 유권자들은 현재의 지역주의 정당정치에 가장 무관심한 세대로서,[10] 예를 들어 평균 투표율이 57.2%까지 낮아졌던 2000년 16대 국회의원 선거 당시 아래 〈표 2〉에서 보는 것처럼 1960년대 이전에 출생한 유권자들의 투표율이 72.4%인 데 반하여 1960년대에 출생한 유권자들의 투표율은 50.6%, 1970년대에 출생한 유권자들의 투표율은 36.8%까지 떨어지고 있는 실정이다(중앙선거관리위원회 2000).

〈표 2〉 16대 국회의원 선거의 출생집단별 투표율(%)

출생집단	1970년대 후반	1970년대 전반	1960년대 후반	1960년대 전반	1950년대	1940년대	1940년대 이전
투표율	39.9	34.2	45.1	56.5	66.8	77.6	75.2

출처: 중앙선거관리위원회(2000), 「제16대 국회의원 선거 투표율 분석」.

10_ 정당정치에 대한 무관심은 신세대 유권자들 중에서도 특히 1970년대 이후에 태어난 세대에서 가장 현저하게 나타난다. 이에 대한 상세한 논의는 Chung(2000)을 참조할 것.

사실 최근 선거에서 지속적으로 하락하고 있는 투표율은 투표율이 낮은 1960년대 이후에 출생한 신세대 유권자들이 전체 유권자에서 차지하는 비율이 증가한 데에서 기인하고 있다. 즉 최근에 투표율이 급격하게 하락하고 있는 주요 원인은 바로 유권자들의 세대교체(generational replacement)인 것이다. 그리고 선거에 참여하는 신세대 유권자들의 경우에도 지역주의에 기초한 투표선택의 비율은 기성세대와 비교하여 상대적으로 낮을 뿐만 아니라 투표결정과 관련해서도 선거일에 임박해서 지지정당을 결정하는 소위 부동층 유권자들 역시 이들 신세대 유권자들에 더욱 집중되어 있다.[11] 또한 1960년대 이전에 출생한 기성세대 유권자들과 비교하여 1960년대 이후에 출생한 신세대 유권자들 중에 지지정당이 없는 무당파의 비율이 뚜렷하게 높은 것으로 나타나고 있다.[12] 이러한 경험적인 분석결과들은 자신들의 관심사에 반응을 보이지 않으면서 지역주의에만 기초한 정당정치에 대한 유권자들의 불만과 무관심이 특히 신세대 유권자들에 있어서 더욱 심각하다는 것을 반영하고 있으며, 그만큼 신세대 유권자들이 지역주의 정당정치로부터 이탈되어 있다고 본다.

11_ 세대별 지역주의 투표 및 부동층 유권자의 비율은 정진민(2001, 217)을 볼 것.

12_ 무당파 유권자의 세대 간 차이에 대하여는 이현출(2000, 144)을 볼 것.

4. 세대교체와 새로운 정당정치

현재의 지역주의 정당정치로부터의 이탈이 특히 신세대 유권자들에 집중되어 있다는 것은 역으로 이들이 그만큼 지역주의에 기초한 대안 이외의 정치적 대안들에 대하여 개방적인 태도를 갖고 있다고 해석할 수도 있을 것이다. 즉 2장에서 언급하였던 것처럼 그동안 지역주의로 인해 제한되어 왔던 선거시장이 적어도 이들 신세대 유권자들에 관한 한 폭넓게 개방되어 있다고 볼 수 있는 것이다. 따라서 지역주의 정당정치를 대체하는 새로운 정당정치의 등장과 관련하여 가장 주목을 요하는 것은 바로 1960년대 이후에 출생하여 현재 전체 유권자의 과반수 이상을 점하고 있는 이들 신세대 유권자들이라고 본다.

1960년대 이후 출생한 이들 신세대 유권자들은 앞서 논의한 것처럼 고교 평준화가 이루어진 이후 중등교육을 받았으며, 대학교육이 급격하게 증가하고 물질적으로 풍요로워진 탈냉전 시기에 성장하였고, 최근 들어 빠르게 발전하고 있는 정보통신기술의 사용에 익숙해져 있다. 그리고 이러한 성장환경의 뚜렷한 차이로 인하여 이들 신세대 유권자들은 1960년대 이전에 출생한 기성세대 유권자들과 비교하여 볼 때, 지역주의의 영향을 상대적으로 적게 받고 자신들의 일상생활에 직접적으로 영향을 미치는 실질적인 쟁점과 삶의 질을 중시하는 탈물질주의적 성격의 문제들에 더욱 많은 관심을 가질 가능성이 크다.

따라서 현재 진행되고 있는 한국 유권자 집단의 세대교체는 새로운 정당정치의 등장과 관련해서 중요한 작용을 할 수 있다고 보는데, 이는 신세대 유권자들이 정당체계의 변화를 촉발시킬 수 있는 새로운 쟁점과 새로운 선거공약에 보다 민감한 반응을 보일 가능성이 크다고 보기 때문이다. 즉 정당을 둘러싼 환경변화 중에서도 특히 세대교체로 인한 유권자 집단의 세대별 구성비율의 변화가 새로운 정당정치의 등장 가능성을 점차 크게 하고 있다고 보는 것이다. 아래에서는 세대교체를 주요 기제로 하여 새로운 정당정치가 등장한다면 어떠한 모습을 갖게 될 것인가를 주로 정당의 지지기반과 조직형태에 초점을 맞추어 살펴보고자 한다.

먼저 정당의 지지기반과 관련해서는 사회 내 균열구조를 살펴보는 것이 중요한데, 이는 흔히 사회균열 구조가 정당 지지기반의 토대를 이루기 때문이다. 신세대의 변화된 가치정향 및 이념성향을 고려할 때, 지역주의 정당정치가 새로운 정당정치로 변화될 경우 활용될 수 있는 사회균열들은 2장에서 논의한 것처럼 경제적 쟁점, 대북 · 안보 관련 쟁점, 사회적 또는 탈물질주의적 성격을 갖는 새로운 쟁점 등 세 가지 종류의 쟁점들과 관련될 가능성이 많다고 보며, 이들 세 종류의 균열들이 혼합된 보다 복합적인 균열구조 위에 새로운 정당정치가 토대할 가능성도 있다고 본다. 하지만 정당이나 정치 엘리트들에 의해서 활용되지 않은 사회균열들이 유권자들의 선택의 기초가 되기는 어렵기 때문에 어떠한 사회균열 또는 균열들의 조합을 선택하여 경쟁을 벌여 나가느냐도 매우 중요하다.

결국 사회균열이 정치화되는 데 있어서는 어떠한 쟁점이 정당정치에 활용되느냐가 중요한데, 우선 산업화된 사회의 기본적인 정당 간 경쟁구도이면서 특히 외환위기 이후 사회적 양극화가 심화되어 왔기 때문에 전통적인 좌우 또는 '구정치(Old Politics)' 구도와 관련된 경제적인 쟁점들이 활용될 가능성이 여전히 크다. 하지만 신세대 유권자들이 고도화된 산업사회의 새로운 쟁점들에 상대적으로 높은 관심을 보인다는 점을 감안하면, 전통적인 좌우 구도와만 관련된 쟁점들은 이들의 지지를 동원해내는 데 충분하지 못할 것이다. 그동안 이루어진 정치환경의 변화를 고려한다면 새로운 정당정치는 전통적인 좌우 구도에만 기초하기보다는 소위 '신정치(New Politics)' 구도[13]에 의하여 상당 부분 변형된 경쟁구도에 기초할 가능성이 많다고 보기 때문에 정당 간 경쟁 역시 유권자들이 삶의 질 향상과 관련하여 관심을 갖고 있는 환경, 교육, 문화 등 보다 다양한 쟁점들을 둘러싸고 전개될 가능성이 있다. 또한 일상생활에 관련된 쟁점별로 구체적인 정당 간 정책 경쟁이 이루어지지 않고서는 실용주의적 성향이 강한 신세대 유권자의 관심을 끌어내기는 어려울 것이다.

한편, 정당의 조직형태와 관련해서도 새로운 정당정치의 등장을 신세대 유권자들에 초점을 맞추어 생각해 본다면 무엇보다도 이들 신세대 유권자들에 있어 교육수준이 크게 향상되어 있을 뿐만 아니라 자아표현, 개인의 자율성, 삶의 질을 강조하는 방향으로 가

13_ 전통적 좌우 또는 '구정치(Old Politics)' 구도가 중상류층과 노동자계층 간의 경제적 대립에 기초한 것에 반해, '신정치' 구도는 문화와 삶의 질에 관한 문제에 토대를 두고 있다.

치정향이 바뀌고 있으며, 최근 들어 빠르게 발전하고 있는 정보통신기술의 사용에 익숙해져 있는 점 등에 주목할 필요가 있다. 이러한 신세대 유권자들의 특성을 고려한다면, 적극적으로 참여하는 자발적인 당원은 갖고 있지 못하면서 폐쇄적으로 운영되어 오던 그동안의 비민주적인 정당구조를 가지고 이들의 지지를 동원해내는 것은 매우 어렵다고 본다. 따라서 이들의 참여를 이끌어내기 위해서는 정당의 후보 선출 및 정책결정에 정당을 지지하는 유권자들의 참여가 가능한 개방된 정당운영이 이루어지는 민주적인 정당구조로 변화될 필요가 있다. 그리고 이처럼 민주적이고 개방적인 정당운영이 이루어질 때 유권자들의 자발적인 정당정치 참여도 가능해질 수 있을 것이다. 이를 위하여 정당들은 최근 빠르게 발전하고 있는 새로운 정보통신기술에 주목할 필요가 있으며, 특히 새로운 정보통신기술의 사용에 익숙해져 있는 젊은 유권자들로부터 지지를 이끌어내는 데에 유용하게 활용될 수 있을 것이다.

앞으로도 정당들이 유권자들의 지지를 동원하기 위한 주요 수단으로 많은 유권자들이 관심을 갖고 있는 쟁점들과 관련된 차별화된 정책대안을 제시하기보다는 계속해서 지역주의를 활용하고, 빠르게 발전하고 있는 정보통신기술을 적극 활용하는 개방적이고 민주적인 정당조직을 갖추어 나가지 못한다면 새로운 정당정치의 출현은 이루어지지 못한 채 정당정치에 대한 불만과 무관심은 지속적으로 확산되리라 본다. 하지만 앞으로의 정당 간 경쟁이 정치환경의 뚜렷한 변화를 반영하는 쟁점 대립에 기초하여 이루어지고 개방적이고 민주적인 방식으로 정당이 운영된다면, 지역주의보다는 일상생활에 영향을 주는 실질적인 쟁점들과 탈물질주의적 속성을 갖는 새로운 쟁점들에 더욱 민감한 신세대 유권자들의 등장으로 현재의 지역주의 정당정치를 대체하는 새로운 정당정치의 출현이 가능하다고 본다. 즉 지역주의의 영향을 상대적으로 약하게 받고 있는 반면 비지역적인 사회균열을 초래할 수 있는 쟁점들에 대하여 보다 높은 반응성을 보일 수 있는 신세대 유권자들의 등장으로 인하여 지역적인 균열 이외의 사회균열에 기초한 정당 간 경쟁구도의 발전이 촉발될 수 있을 것이다.

그리고 이러한 정당 간 경쟁구도가 일단 제시되면 아직도 지역주의의 영향을 강하게 받고 있는 기성세대 유권자들의 정치적 선택의 폭도 넓어질 수 있을 뿐만 아니라 결국은 이들의 선택도 변화될 수 있으리라고 본다. 비지역적인 사회균열에 기초한 정당 간 정책경쟁과 더불어 유권자들에게 참여의 유인을 제공할 수 있는 개방적이고 민주적인 정당의 운영은 이들 신세대 유권자들의 자발적인 정당정치 참여를 이끌어냄으로써 정당정치에 대한 무관심을 줄이고 민주화 이후 지속되고 있는 정치참여 수준의 하락을 막는 데도 기여할 수 있을 것이다.

결론적으로 현재의 지역주의 정당정치가 새로운 정당정치로 대체될 가능성은 세대교체를 통하여 전체 유권자에서 차지하고 있는 비율이 늘어나고 있는 1960년대 이후 출생한 신세대 유권자들의 달라진 가치정향 및 향상된 인지적 동원 수준 등으로 인하여 점차 커지고 있다고 본다. 이제 중요한 것은 이러한 가능성이 현실화될 수 있느냐의 문제인데, 이는 결국 유권자들에게 지역주의에 기초한 대안 이외의 선택대안을 제시할 수 있는 새로운 정당 간 경쟁구도가 전개될 수 있으며 새로운 방식의 정당운영이 이루어질 수 있느냐

하는 문제로 귀착된다고 본다. 이를 위해서는 새로운 정당정치의 출현을 촉진할 수 있는 제도적 변화가 끊임없이 모색되어야 하겠지만 정당과 정치인들이 우리 정치의 달라진 환경에 반응하고 이에 부응하여 행동하는 것도 절실히 요청된다.

II부 | 정당의 조직과 운영

4장 _ 정책정당과 정당조직의 변화: 정당민주화를 중심으로

민주주의 정치과정에서 정당은 공공 문제를 공공 정책으로 전환시키는 데 핵심적인 역할을 수행하고 있다. 그리고 이러한 역할을 제대로 수행할 수 있을 때 정당의 반응성(party responsiveness)[1]은 확보될 수 있으며 정당성도 얻게 될 것이다. 하지만 1987년 민주화 이후 우리의 정당들은 정당 간의 민주적인 경쟁이 보장되어 있음에도 불구하고 유권자들의 다양한 이해관계와 선호에 기초하여 이를

1_ 여기에서 정당의 반응성은 정당이 문제의 중요도와 문제 해결의 선호방향을 밝힘으로써 사회요구를 대변하는 정도라고 정의할 수 있을 것이다(Pennings 1998, 393).

일관성 있게 정책대안화함으로써 정당의 반응성과 정당성을 확보하는 데에는 실패하고 있다. 그리고 민주화 이후 정당들의 이러한 실패는 그동안 치러진 많은 선거에서 유권자들이 의미 있는 선택을 하는 것도 어렵게 만들었다. 이는 선거에서 유권자들이 의미 있는 선택을 하기 위하여는 무엇보다도 우리 사회가 당면하고 있는 주요 문제들에 대하여 문제 해결을 위한 차별성 있는 정책대안들이 정당들에 의하여 경쟁적으로 제시되는 것이 전제되어야 하기 때문이다.[2]

이 장에서는 우리 사회가 직면하고 있는 다양한 쟁점들에 대하여 유권자들이 갖고 있는 이해관계와 선호를 충실히 반영하는 생산적인 정책 경쟁이 가능한 정책정당으로 발전하기 위해서는 어떻게 해야 할 것인지를, 특히 정당조직의 변화와 관련하여 살펴보고자 한다. 이를 위해서는 우선 1987년 민주화 이후 우리 사회의 다양한 쟁점들과 관련하여 정당 간의 정책 경쟁이 이루어지지 못한 원인이 무엇이었는지가 규명되어야 할 것이다. 따라서 정책정당 실현을 위한 정당조직의 변화를 살펴보기에 앞서 왜 민주화 이후 우리 정당들이 정책정당으로 발전하지 못하고 정당 간의 정책 경쟁이 이루어지지 못하였는가에 대한 논의부터 시작하고자 한다.

2_ 클링에만 등도 유권자들의 의미 있는 투표선택을 위해서 유권자들의 이해관계와 선호에 기초한 정당들의 정책대안화가 중요함을 강조하고 있다(Klingemann et al. 1994, 80).

1. 민주화 이후 정당정치와 지체된 정책정당화

1987년 민주화 이후 우리 정당들이 정책정당으로 발전하지 못하고 정당 간의 경쟁이 당면한 주요 쟁점들과 관련한 정책대안 제시를 중심으로 이루어지지 못한 중요한 원인으로 우선 무엇보다도 민주화 이후 등장하게 된 지역주의 정당체계를 지목하지 않을 수 없다. 오랜 기간 동안 민주 대 반민주 대립구도에 기초해 왔던 우리의 정당체계가 민주화 이후 치러진 두 정초선거(定礎選擧), 즉 1987년 대통령 선거와 1988년 국회의원 선거를 통해서 지역주의 정당체계로 재편성된 이후 정당 간의 경쟁구도는 지역균열이라는 단일 균열구조의 틀 속에 포획되어 왔다.

지역적 균열이라는 단일 균열선에 기초한 정당 간의 경쟁이 지속적으로 이루어지면서 지역적 균열 이외의 사회경제적 균열들은 정치적 균열로 발전될 수 있는 기회를 갖지 못하였다. 그리고 민주화 이후 한국 유권자들이 지역균열에 기초한 정당간 경쟁구도에 의해 구조화된 정치적 선택에 익숙해지면서 정당들은 선거에서 지역적 균열을 활용하여 유권자들의 지지를 비교적 용이하게 동원할 수 있었다. 결국 이와 같은 상황에서는 정당들이 지역균열 이외의 사회경제적 균열에 기초한 쟁점들과 관련한 정책대안을 개발할 유인이 적게 되고, 따라서 이러한 정책대안 제시에 소홀해질 수밖에 없었다.

사실 1987년 당시 제1야당이 그해 말 대통령 선거를 앞두고 김영삼 · 김대중 양김 씨를 각각 지도자로 하는 통일민주당과 평화민주당으로 분열된 이후, 정당지도자들의 지역주의를 청산해야 한다는 수사에도 불구하고 지역적 균열구조를 활용하여 유권자들의 지지를 동원하기 위한 이들 정당지도자들의 노력은 계속되었다.[3] 민주적인 정치과정에서 유권자들에게 정치적 대안을 제시하는 것은 정당이고 유권자들은 결국 정당에 의해 제시된 대안들 중에서 선택을, 좀 더 정확하게 말하자면 제약된 선택을 할 수밖에 없음을 고려할 때(Key 1966; Sartori 1976), 민주화 이후 정당지도자들이 유권자들에게 주로는 지역적 균열구조에 기초한 선택을 강요하고, 지역주의 이외의 새로운 정치적 대안을 제시하고자 하는 시도를 억제함으로써 지역주의 정당체계를 지속시키는 데에 결정적으로 기여하였음은 강조될 필요가 있다.

더욱이 급속한 경제발전뿐 아니라 유권자들의 교육수준 및 인식능력의 향상, 가치정향의 변화 등 정당을 둘러싼 환경이 빠르게 큰 폭으로 변화하고 있음을 감안한다면, 지역 간 대립이라는 단순한 균열선에만 기초하는 인물 중심의 정당체계는 우리 사회에서 그동안 이루어진 변화에 비해 매우 뒤떨어져 있으며 정당의 변화는 이미 너무 오래 지연되어 왔다고 할 수 있다. 물론 정당이 단순히 유권자들의 변화하는 균열구조에 적응해 가기만 하는 것이 아니라,[4]

3_ 민주화 이후 정당지도자들에 의한 지역주의 동원의 구체적인 사례에 대하여는 정진민(2001)을 참조할 것.

4_ 물론 모든 사회 균열구조가 다 정치적으로 의미를 갖고 있는 것은 아니다. 유권자들의 균열구조는 대개 정당이 그러한 균열구조에 의해 영향을 받는 유

때로는 정당이 여론에 앞서가고 새로운 쟁점들을 정치화해 가기도 하는데(Iversen 1994), 우리 정당들은 여론에 앞서 새로운 쟁점들을 정치쟁점화함으로써 정치화해 나가기는커녕 유권자들의 변화하는 균열구조에 적응도 제대로 못 해나가고 있는 실정이라 할 수 있겠다.

정당 간의 생산적인 정책 경쟁이 이루어지기 위해서 우선 해결되어야 할 것은 우리 정당들이 지역균열이라는 단일 균열구조에 기초한 경쟁구도에 포획되어 있는 상황으로부터 어떻게 탈출하느냐 하는 문제일 것이다. 이 문제와 관련하여 주목해야 할 것은 민주화 이후 등장한 지역주의 정당체계의 중심에는 사당화(私黨化)된 정당조직이 놓여져 있다는 사실이다. 민주화 이후 주요 정당들은 영남, 호남 등 주요 거점지역에 카리스마적 영향력을 가져왔던 김영삼 · 김대중 양김 씨 등 유력 정치인들에 의해 이끌어져 왔고, 주요 정당들은 정당지도자의 출신 지역에서는 압도적인 지지를 받지만 그 외의 지역에서의 지지는 미미한 수준을 벗어나지 못하고 있다. 그동안 주요 정당들이 주로 정당지도자의 출신 지역에 대한 영향력에 의존해 왔기 때문에 정당지도자의 당내 지배력은 거의 절대적이고 압도적이어서 정당 내부의 권력구조는 대체로 정당지도자의 충성스런 추종자들로 구성된 극단적인 과두제 형태를 보이고 있다. 사실 민주화 이후 정당은 주로 정당지도자의 개인적인 정치적 목적을

권자들의 지지를 동원해내는 노력을 하는 경우에 정치적으로 의미 있는 균열구조가 될 수 있다.

실현하기 위한 선거기구로 기능하여 왔다. 그리고 이처럼 사당화된 정당구조로 인하여 아래 〈도표 1〉에서 보는 것처럼 대개는 중요한 선거가 임박하면서 단순히 정당지도자들의 그때 그때의 정치적 이해관계에 따라 정당 간의 빈번한 합당과 분당이 반복되어 왔다.

〈도표 1〉 1987년 민주화 이후 주요 정당의 합당과 분당

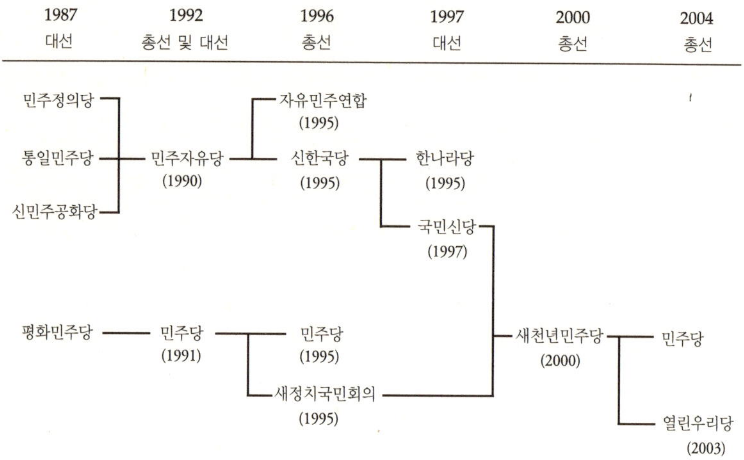

민주화 이후 오랫동안 우리 정당정치에서 나타났던 것처럼 주요 거점 지역에서의 영향력에 기초하여 절대적인 당내 지배력을 갖고 있는 정치지도자에 의해 정당이 이끌리는 한, 계속해서 지역적 균열을 활용한 선거를 치르게 될 것이기 때문에 이러한 지역 균열 구조의 포획으로부터 정당의 탈출은 용이하지 않으며, 주요 쟁점들을 둘러싼 본격적인 정당 간의 정책 경쟁이 이루어지기는 어렵다. 따라서 우리 정당들이 정책정당으로 발전하고 정당 간의 생산적인 정책 경쟁이 이루어지기 위한 정당조직의 변화는 압도적인 당내 영

향력을 갖고 있는 정당지도자와 이러한 정당지도자를 일사불란하게 따르는 충성스러운 추종자들로 구성된 극단적인 과두제 정당형태의 변화, 즉 정당조직의 민주화에서부터 시작될 수밖에 없다. 물론 지역 균열구조에 포획된 정당의 탈출 및 정책정당으로의 발전과 관련하여 현행 선거제도나 정당에 대한 국고 보조금 제도와 같은 정치자금 제도의 개혁방안 등도 논의될 수 있다.[5] 하지만 이 장의 논의는 정당의 조직 문제에 국한되어 있기 때문에 아래에서는 정책정당 실현을 위한 중요한 선결조건을 정당조직의 변화, 특히 정당민주화 또는 당내 민주주의(intraparty democracy)로 설정하고, 이를 이루기 위한 구체적인 개혁방안과 이러한 개혁방안이 정책정당화와 어떠한 관련성을 가질 수 있는지에 초점을 맞추어 살펴보고자 한다.

5_ 민주화 이후 유지되었던 단순다수제에 기초한 소선거구제 역시 지역에 지지가 집중된 정당에 결정적으로 유리하게 작용함으로써 대안 정치세력의 등장을 억제하는 데 크게 기여한 바 있다(김용호 · 강원택 1998; 박찬욱 2000; 조정관 2001). 또한 민주화 이후 대폭 증액된 정당에 대한 국고 보조금이 원내교섭단체를 구성한 정당 위주로 배분되고 있기 때문에 사실상 거점지역에서 압도적인 지지를 얻고 있는 소수의 주요 정당에 집중되고 있어 새로운 정당의 정당체계 진입을 어렵게 하는 또 다른 중요한 원인으로 작용하고 있다(곽진영 2001).

2. 후보 선출제도의 민주화와 정책정당화

정책정당화를 이루기 위한 정당민주화의 첫 번째 방안은 무엇보다도 정당의 공직자 후보 선출을 위한 후보 선출제도의 민주화이다. 정당의 후보 선출권을 갖고 있는 자가 사실상 정당의 주인이라고 말할 정도로 정당의 후보 선출은 정당조직의 운영에 있어 중요하다. 따라서 후보 선출제도의 민주화 없이 정당조직의 민주화는 이루어질 수 없다.

후보 선출제도의 민주화를 위해서는 원칙적으로 대통령을 비롯한 공직선거 후보자에 대한 상향식 후보 선출제도의 도입이 필요하고, 이를 위해서 일반 당원들 또는 당원들이 선출하는 대의원들이 후보 선출에 참여해야 할 것이다. 하지만 일반 당원들 또는 당원들이 선출하는 대의원들이 정당의 후보 선출 권한을 행사하는 방식이 의미를 갖기 위해서는 우선 이념적으로 잘 조직화된 정당이 존재하고 당운영에 관심을 갖고 정기적으로 당비를 내며 필요한 경우 적극적으로 정당활동에 참여하는 당원들이 있어야 할 텐데 우리의 현실은 그렇지 못하다. 주지하다시피 우리 정당의 경우 그 정당의 이념 또는 정강정책에 동조하여 참여하고 당비를 내는 자발적인 당원들, 소위 진성당원의 수는 매우 적다.

이러한 상황에서는 공직후보 선출과정을 개방하여 당원들뿐 아니라 정당을 지지하는 일반 유권자들도 원한다면 쉽게 참여할 수 있는 국민경선제가 바람직하다고 본다. 이와 같이 당원뿐 아니라 정당을 지지하는 일반 유권자들도 정당의 후보 선출 과정에 참여할 수 있도록 정당의 문호를 개방하는 것은 국민들의 자발적인 참여를 고양시킴으로써 정당의 사당화를 억제해 정당정치의 제도화를 이루어내는 데 도움이 될 뿐만 아니라 정당의 반응성 및 정당성을 높이는 데도 기여할 수 있을 것이다. 또한 이렇게 함으로써 우리 정당이 비로소 시민사회를 대변하는 진정한 정당으로, 그리고 정책정당으로 발전되어 나갈 수 있게 될 것이다.

실제로 우리 정당정치가 당면하고 있는 가장 시급한 과제 중의 하나는 정당과 시민사회 간의 막혀 있는 통로를 여는 일이며, 정당과 시민사회 간의 통로가 개방될 때 정당들의 정책정당으로의 발전 또한 가능하다고 본다. 이를 위해서 필요한 것은 오랫동안 정당을 둘러싸고 있으면서 사실상 정당을 유권자로부터 격리시켜 왔던 소위 직업적인 '정치꾼' 또는 '선거꾼' 들을 정당의 정책에 동조하여 정당활동에 자발적으로 참여하는 유권자들로 대체하는 일이다. 그리고 정당의 후보 선출 과정의 개방은 이러한 유권자들의 자발적인 참여를 이끌어내는 가장 효과적인 유인이 될 수 있을 것이다. 이처럼 유권자들로 하여금 정당의 후보 선출 과정에서부터 참여할 수 있도록 함으로써 유권자들의 자발적인 참여를 유도하고, 나아가서 정당의 진정한 지지자들을 다양한 부류의 유권자들로부터 확보하여 나갈 수 있을 것이며, 이들 중 열성적인 지지자는 당원으로서 보다 적극적인 정당활동을 할 수도 있을 것이다.

정당의 공직자 후보 선출에 일반 유권자가 참여할 수 있는 국민경선제를 실시할 경우 후보 중심으로 선거가 치러지기 때문에 정당을 약화시키고, 후보들 간의 경쟁과열이나 과반수 득표의 실패로 인하여 정당 내부의 분열을 초래하며, 일반 유권자들의 참여가 낮아질 경우 대표성이 결여된 소수집단의 영향력이 강화되는 등의 여러 가지 문제점이 있을 수 있다. 하지만 우리의 현실에서 가장 우려되는 것은 경선에 나선 후보에 의한 매수 등 불공정한 방법에 의한 유권자 동원 및 이에 따른 과다한 선거비용 지출이다.

금품수수 등 불공정한 행위의 소지를 줄이기 위하여 가급적 정당의 경선에 나선 후보와 유권자들 간의 직접 접촉보다는 인터넷이나 TV 토론회의 활용 등 간접 접촉을 장려하고, 투표방식도 경선에 참여하는 시간과 비용을 절약함으로써 유권자들의 보다 많은 참여를 촉진하기 위하여 경선장소를 유권자들이 직접 방문하여 투표하는 것과 병행하여 우편투표 및 인터넷을 이용하는 투표방식을 사용할 수 있을 것이다. 이를 위하여 예를 들어 경선에 참여를 원하는 유권자들에게 투표용지와 선거 홍보물을 보내고 유권자들은 투표용지에 기표한 다음 반송용 봉투를 이용하여 발송하거나 인터넷을 이용하여 투표를 완료할 수 있을 것이다. 또한 경선의 공정성을 기하고 선거사무에 들어가는 정당의 추가비용 부담을 줄이기 위하여 처음 얼마 동안은 선거관리위원회가 선거사무를 대행토록 하여 선거관리위원회가 정당의 경선에 참여를 희망하는 유권자들과 후보들을 실질적으로 매개해 주는 보다 주도적인 역할을 할 수도 있을 것이다.

국민경선에 참여하게 될 유권자 명단을 경선이 치러지기 일정기간 이전에 정당지지 및 경선 참여 의사를 밝힌 유권자에 한정하여 미리 작성하는 것도 선출권을 가진 유권자를 사전에 확정함으로써 선거에 임박하여 있을 수도 있는 유권자 동원 및 특정 후보의 선출 방해 등 의도적인 불순한 행위를 방지하는 데 도움이 될 수 있을 것이다. 또한 경선에서 과반수 득표의 실패로 인한 정당의 분열을 방지하기 위하여 과반수 이상의 득표를 하는 후보가 없을 경우에는 최다득표자와 차점자 간의 결선투표를 실시하거나 호주식 선호 투표[6]를 통하여 최종 후보를 결정하는 것도 고려해 볼 수 있을 것이다.

일반 유권자도 참여하는 상향식 후보 선출로 인하여 초래될 수 있는 정당의 약화 문제는 전국단위 비례대표 국회의원 후보 선출권은 중앙당에, 비례대표 지방의회 의원 후보 선출권은 지역당에 부여함으로써 어느 정도 완화될 수 있다고 본다. 선거제도의 개혁과 관련하여 제기되고 있는 비례대표 의원수의 확대 이유로 흔히 선거결과의 불비례성과 같은 소선거구제의 문제점 보완, 정책선거 및 정책정당 지향, 의원들의 전문성 보강 등이 거론되고 있지만 국민경선과 같은 일반 유권자도 참여하는 상향식 후보 선출로 인한 정당약화 문제를 완화시킬 수 있다는 점에서도 주목할 필요가 있다.

이러한 보완책들을 강구할 경우 국민경선 실시로 인한 문제점들을 모두 방지할 수는 없다 하여도 이를 최소화시킬 수는 있다고 본다. 어차피 어떠한 제도도 완벽할 수는 없으며, 제도가 가져다 주

6_ 호주식 선호투표제(alternative voting system)는 유권자가 자신이 선호하는 후보들의 순위를 모두 기입하고 과반수를 넘는 후보자가 당선자로 확정될 때까지 최하위 득표 후보자의 표를 선호 순위에 따라 나머지 후보들에게 배분하는 방식으로 실제로 2002년 새천년민주당의 대통령 후보 경선에서 채택된 바 있다.

는 긍정적인 효과가 있으면 반드시 일정한 부작용은 생겨날 수 있다고 본다. 여기에서 중요한 것은 우리 정당정치가 현재 당면하고 있는 가장 심각한 문제가 무엇이고 그 원인이 어디에 있는지에 대한 정확한 진단과 이를 해결하기 위한 가장 효과적인 방법이 무엇인가라고 생각한다. 만약 우리 정당정치의 가장 심각한 문제가 정당의 사당화 및 정당 간의 생산적인 정책 경쟁의 부재에서 비롯되고 있다는 데 동의한다면 이 문제의 해결을 위한 가장 실효성 있는 방안을 강구하는 것이 무엇보다도 급선무일 것이다. 그리고 가장 실효성 있는 방안에 부작용이 있다면 이를 최소화하고 보완하는 노력이 뒤따르는 것이 문제 해결의 순서라고 본다.

구체적인 후보 선출방식은 결국 정당의 결정사항이다. 하지만 국민경선제와 같은 민주적인 후보 선출방식을 채택하는 정당에 대하여는 국고 보조금 지원 등에 있어 일정한 혜택을 부여함으로써 보다 개방적이고 민주적인 후보 선출방식의 확산을 도모할 수 있을 것이다. 그리고 국민경선을 통한 정당민주화 효과를 보다 극대화시키기 위하여 대통령 선거나 서울시장을 비롯한 광역 지방자치단체장 선거처럼 규모가 큰 선거에서부터 적용하는 것이 바람직하다. 더욱이 대통령 선거나 광역 지방자치단체장 선거처럼 선거구의 규모가 큰 경우에는 많은 수의 유권자들이 국민경선에 참여하게 될 것이기 때문에 유권자 동원을 위하여 일부 불공정한 방법이 사용된다 하여도 선거결과에 결정적인 영향을 미치기 힘들 뿐만 아니라 쉽게 노출되는 효과도 거둘 수 있을 것이다.

이처럼 당원뿐 아니라 정당을 지지하는 일반 유권자들에게도 개방된 정당의 후보 선출은 정당활동가(party activist)나 정당원(party member)뿐 아니라 정당지지자(party supporter)나 정당투표자(party voter)까지도 참여가 가능한 개방적인 정당구조를 지향하게 될 것이기 때문에 당의 정강정책도 일반 유권자들의 선호와 동떨어진 것이 될 가능성이 크지 않고, 정당의 중요한 목표들인 정책추구(policy-seeking)와 득표추구(vote-seeking)가 상충되지 않고 동시에 충족될 수 있을 것이다.

당원중심 정당의 전통이 강한 유럽 정당들의 경우 당내 민주주의가 정당활동가들의 정책추구를 위하여 정당의 득표력을 지나치게 희생할 수 있다는 지적들이 있지만(Strom 1990a ; Mule 1997 ; Teorell 1999), 유권자들에게 후보 선출 등에 있어 참여가 개방된 정당구조를 지향하게 될 경우 이러한 우려도 상당 부분 불식될 수 있을 것이다. 오히려 유권자, 선거에 나선 후보, 그리고 선출된 공직자를 연결하는 연쇄망이 형성되면서 정당 내의 의사소통 통로가 개방됨으로써 주요한 쟁점들과 관련하여 시민사회 내에서 표출된 논의가 정당의 의사결정에 보다 더 잘 반영될 수 있을 것이기 때문에 정당의 득표력을 약화시키지 않으면서 정당의 정책정당화를 촉진할 수 있을 것이다.

이와 같이 정당을 통한 의사소통 통로가 개방될 경우 지금까지처럼 주로 지역적인 연고에 토대를 둔 맹목적인 지지자가 아니라 우리 사회가 당면하고 있는 주요 문제들에 대하여 정당이 제시한 정책대안에 이끌려 지지자들이 생겨나게 될 것이다. 그리고 정당의 정책에 동조해서 정당을 지지하는 진정한 정당의 지지자들을 확보하기 위해 정당 간의 정책 경쟁이 보다 활발하게 이루어질 수 있을 것이다. 아울러 정당 간 정책 경쟁을 통해 진정한 지지자들이 확보될 수 있다면 지금처럼 조직동원과 물질적 보상을 통하여 비자발적 당원을 확보하고 유지하기 위해 들어갔던 막대한 경비도 대폭 줄일 수 있을 것이다.[7]

또한 경선에 나선 후보와 유권자들 간의 간접 접촉을 촉진하여 불공정한 행위의 소지를 줄이기 위한 방안으로 위에서 제시된 인터넷이나 TV 등 대중매체의 활용은 후보 선출방식의 민주화가 정책 정당으로의 발전과 연계되기 위해서도 중요하다고 본다. 이는 후보 선출방식의 민주화가 정책정당으로의 발전과 연계되기 위해서는 후보 선출 경쟁 따로 정책 경쟁 따로 이어서는 안 되고 정책 경쟁에서의 승리가 후보 선출 경쟁에서의 승리로 연결될 수 있어야 할 것이기 때문이다. 만약 공직후보 경선에 나선 후보들 간의 경쟁이 경선 후보들 간의 인터넷이나 TV 등 대중매체를 통한 정책토론회 위주로 펼쳐진다면 이러한 후보들 간의 공개된 토론회는 곧 주요 쟁점을 둘러싼 활발한 공론의 장으로 발전되어 나갈 수 있을 것이다.

7_ 오랫동안 우리 정당의 당원들이 대부분 자발적으로 참여한 것이 아니고 많은 경우 물질적인 보상을 통하여 동원되었기 때문에 확보된 당원을 유지 · 관리하는 데 막대한 정치자금을 필요로 하였으며, 정당정치의 고비용 구조로 이어져 왔다. 이처럼 동원된 당원보다는 정당의 정책을 지지하는 유권자 중심의 정당운영은 정당의 상설조직을 유지 · 관리할 필요성을 감소시킴으로써 스스로 재력가가 아닌 한 정치인들이 이권과 연계된 검은 거래의 덫에 걸려드는 것을 시간문제로 만들고 있는 정당의 고비용 구조를 줄여 나가는 데에도 많은 기여를 할 수 있을 것이다.

3. 원내정당화와 정책정당화

정책정당화를 이루기 위한 또 다른 정당조직의 민주화 방안은 원외 중앙당 중심의 기존 정당조직을 원내중심의 정당으로 바꾸어 나가는 일이다(정진민 1999). 오랫동안 우리 정당들은 정당지도자에 의한 정당의 사당화로 인해 원내정당이 국회를 자율적으로 운영해 나가지 못하고 있다. 특히 정당의 총재가 공천권을 무기로 하여 자신의 정당을 좌지우지하여 왔기 때문에 의원들이 자율성을 갖고 원내활동을 하는 것이 쉽지 않았다.

또한 후속 장들에서 상세히 논의되겠지만 우리와 같은 대통령제 국가에서는 의회가 행정부를 견제하고 균형을 유지하여야 하기 때문에 의회가 자율성을 확보하는 것이 중요하며, 이를 위해서는 의원 개인의 자율성 확보가 이루어져야 된다. 아울러 대통령제 국가에서 흔히 나타나는 의회와 행정부 간의 갈등을 원만하게 해결하기 위해서도 의원 개인의 자율성은 요청된다. 더욱이 대통령제 국가에서는 집권당과 의회의 다수당이 상이한 소위 분점정부가 수시로 출현할 수 있기 때문에 의원 개인의 자율성이 확보되지 않고서는 국정운영에 어려움이 따르게 될 가능성이 높다. 이러한 상황에서는 의원들이 자신들의 판단에 따라서 당론으로부터 어느 정도 자유롭게 표결을 할 수 있어야 정치적 교착상태를 줄일 수 있기 때문에 의원이 소속한 정당의 규율이 지나치게 의원의 원내활동을 구속하는 것은 바람직스럽지 못하다.

의원 개인이 자율성을 갖는 원내정당으로 발전되어 나가기 위해서는 후보 선출제도의 민주화를 통한 당내 민주주의[8]의 확보와 아울러 기존의 당총재직을 폐지하고 원외정당적 당내 기구들 역시 폐지 내지는 대폭 축소시켜야 할 것이다. 특히 민주화 이후 오랫동안 그랬던 것처럼 막강한 영향력을 행사하는 당총재직이 존속하는 한 의원들이 자율성을 갖는 원내중심 정당으로의 개혁을 통한 정당 민주화를 이루어내기는 쉽지 않다고 본다. 사실 우리 정당의 방대한 원외조직은 과거 권위주의 시절 선거동원 정당을 갖게 된 데에서 비롯되고 있으며, 이제는 강력한 총재중심의 방대한 원외조직과 같은 권위주의적 정당의 유산을 청산할 시점이 되었다. 권위주의적 정당조직을 대체하는 새로운 원내중심 정당에 있어 정당운영의 중심은 의원총회와 의원총회에서 완전 경선을 통해 선출되고 임기가 보장된 원내 지도부가 되어야 할 것이다.

이처럼 원내중심 정당으로의 개혁을 통하여 의원들의 자율성이 확보될 수 있다면 지금까지 법안에 대한 표결 등 원내활동에 있어 차기 공천을 의식해서 정당지도자 중심으로 결정된 당론을 지나치게 추종하여 왔던 위축된 원내활동 행태에서 탈피하여 유권자들을 의식한 보다 활발한 입법활동을 통한 정책대안 제시가 가능해질 수 있다고 본다. 그리고 의원들의 입법활동이 활성화되고 주로 이

8_ 그동안 정당지도자가 공천권을 무기로 의원들을 장악하고 있었기 때문에 후보 선출제도의 민주화를 통한 당내 민주주의는 일차적으로 정당지도자로부터 의원들을 해방시키는 효과를 가져올 수 있을 것이다.

에 기초해서 의원들에 대한 평가가 이루어지게 되면 의회는 활발한 정책토론과 경쟁이 이루어지는 명실상부한 정책결정의 주 무대로 발전되어 나가게 될 것이다.

특히 정책정당으로의 발전을 위해서 원외정당적 당내 기구들이 대폭 축소 내지는 폐지될 원내중심 정당에서 크게 강화되어야 할 부문은 정책개발 부문이다. 유권자들도 이제 더 이상 정치인들의 추상적인 수사에 만족하지 않으며, 그보다는 그동안의 사회경제적인 발전으로 인하여 세분화된 주요 분야별로 구체적인 정책이 제시되기를 원한다고 본다. 따라서 우리 정당들이 이러한 환경변화에 적응해 나가기 위해서는 조속히 전문성을 갖는 정책정당으로 성장해 나가야 될 것이다. 이를 위해서는 우선 무엇보다도 주요 정책분야별로 우수한 인적 자원을 충분히 확보하는 것이 시급하다고 본다. 그리고 정책분야별 인적 자원 확보를 위하여 필요하다면 국책연구소들 중 일부를 원내중심 정당의 부설 연구소로 흡수하여 정당의 정책개발 부문을 대폭 강화시키거나[9] 아니면 의회의 부속연구소로 전환시켜 원내중심 정당의 정책개발을 적극 지원하는 체제를 모색하여 볼 수도 있을 것이다. 이렇게 된다면 의원 개인의 정책보좌인력[10] 이외에 정당 또는 의회의 연구인력이 의원들의 입법활동 지

9_ 또한 이들 정당의 연구인력은 정책분야별로 각종 언론매체나 시민단체들이 주관하는 공개토론회 등에서 소속 정당의 정책대안을 설득력 있게 제시하는 데에도 활용될 수 있을 것이며, 이러한 기회들을 통하여 정당 간의 정책 경쟁은 더욱 활성화될 수 있을 것이다.

10_ 의원들의 정책보좌진의 규모도 현재보다 확대할 필요가 있으며, 이들의 질

원에 공동으로 활용될 수 있을 것이다.

의원들이 정책분야별 전문인력의 충분한 지원을 통하여 전문성을 확보할 수 있을 때, 의원들의 자율성 확보가 이들간의 본격적인 정책개발 경쟁으로 발전되어 나가는 것도 용이해질 수 있을 것이며 대통령제 국가에서 방대한 전문관료조직을 갖고 있는 행정부를 견제하고 균형을 유지하는 의회의 역할도 제대로 수행할 수 있게 될 것이다. 아울러 우리 정당들이 전문성을 갖는 정책정당으로 성장해 나가는 것을 촉진하기 위하여 정당에 대한 국고 보조금의 일정 비율을 정당의 부설 연구소 등 정당의 정책담당 부서에서 사용하도록 의무화할 뿐 아니라 정확한 사후실사를 통하여 이를 위반하였음이 드러날 경우에는 해당 비율 이상의 국고 보조금을 삭감할 수 있도록 법제화 할 필요가 있다.

4. 정당민주화와 정책정당으로의 발전

민주적인 후보 선출방식이 채택되고 의원의 자율성이 확보되는 원내중심 정당으로의 개혁이 이루어져서 정당조직의 민주화가 실현된다면 선거 때마다 '새로운' 정치 지망생들이 '수혈'되어 들어가지만 비민주적인 정당조직 하에서 빠르게 기존 정치행태에 길들

적인 수준도 제고될 필요가 있다.

여져서 '낡은' 정치인으로 전락하는 안타까운 일이 반복되는 것을 막을 수 있을 것이다. 그리고 새로운 형태의 정당운영 방식은 정치인들로 하여금 정당지도자에 대한 충성 경쟁보다는 유권자들의 요구에 부응하는 정책개발 경쟁에 몰두하게 함으로써 당면한 국가적 주요 현안들에 대한 설득력 있는 정책 대안을 제시하여 유동성이 증가되고 있는 유권자들의 지지를 끌어내는, 즉 정책으로 승부하는 정당으로 발전되어 나가는 데에도 기여할 수도 있을 것이다.

사실 민주화 이후 오랫동안 민주주의를 선도하여야 할 정당이 민주화 이전의 권위주의 시절과 변함 없이 특정 지도자 중심으로 운영되었던 것이야말로 민주화 이후 우리 정치의 가장 큰 모순이었으며, 민주화가 이루어진 상황에서는 어떠한 논리로도 정당화될 수 없는 정당정치의 발전을 가로막는 최대의 걸림돌이었을 뿐만 아니라 정책정당으로의 발전을 위해서도 해결되어야 할 가장 시급한 과제였었다.

더욱 중요한 것은 당원에 큰 의미를 부여하기 어려운 사당화된 정당으로는 높은 교육수준과 크게 향상된 인식능력을 갖고 있을 뿐만 아니라 각종 매체를 통하여 끊임없이 수많은 정보에 접할 기회를 갖게 되면서 관심이 다양화되고 있고 개인화되고 있는 많은 유권자들로부터 외면당할 수밖에 없다는 것이다. 특히, 전체 유권자의 과반수 가까이를 점하고 있는 20, 30대 젊은 유권자들을 정당정치의 장에 끌어들이지 않고서는 우리 정당정치가 활력을 찾기도 어려울 뿐만 아니라, 민주화 이후 확산되고 있는 정당정치에 대한 무관심과 지속적으로 하락하고 있는 유권자들의 선거참여가 우리의 일천한 민주주의를 위협하는 수준에 이르는 것을 막는 것도 쉽지 않을 것이다.

새로운 정당 간의 경쟁구도가 정당조직의 민주화를 통하여 정당 환경의 뚜렷한 변화를 반영하는[11] 쟁점 대립에 기초하여 발전할 수 있다면, 지역주의보다는 일상생활에 영향을 주는 실질적인 쟁점들과 탈물질주의적 성격을 갖는 새로운 쟁점들에 더욱 민감한 젊은 유권자들의 등장[12]과 이들 쟁점을 둘러싼 젊은 유권자들 내부의 균열이 발전되어 감에 따라 주요 쟁점을 둘러싸고 정책 경쟁을 하는 새로운 정당체계가 기존의 지역주의 정당체계를 대체할 수도 있다고 본다. 달리 말하여 기성세대에 비하여 상대적으로 지역주의에 영향받기보다는 새로운 쟁점들에 대한 반응성이 높은 젊은 유권자들의 등장으로 인하여 비지역적인 사회균열에 기초한 정당 간 경쟁구도의 발전 가능성이 커지고 있으며, 개방된 정당구조를 지향하는 정당민주화는 이러한 발전을 가속화시킬 수 있을 것이다.

여기에서 또 하나 고려하여야 할 것은 최근의 우리 정당 환경의 변화로 인하여 이제는 당원중심의 정당에서 다양한 매체와 통신수단을 활용하는 유권자 중심의 개방된 유권자정당으로의 보다 근본적인 발상의 전환이 요청된다.[13] 따라서 정당의 정책을 지지하는

11_ 우리 정당 환경의 변화 및 이러한 변화의 정당정치적 함의에 대한 보다 상세한 논의는 정진민(1999, 280-287)을 참조할 것.

12_ 젊은 유권자들에 있어 지역주의의 영향력 감소와 이들의 달라진 가치정향 등에 대한 보다 상세한 논의는 정진민(2001)을 참조할 것.

13_ 정당이라면 많은 당원이 있는 방대한 조직을 가져야 된다는 고정관념에서 이제는 탈피할 필요가 있다. 김용호(1998, 20)도 정당의 핵심을 당원 대신 지지자로 보는 발상의 전환이 절실히 필요함을 강조하고 있다.

유권자라면 당원인지 여부에 관계없이 정당의 주요 행사에 참여할 수 있도록 정당의 문호가 개방되어야 할 것이며, 정당의 가장 중요한 행사인 동시에 유권자에게 다른 무엇보다도 강한 참여의 유인을 제공할 수 있는 것은 바로 정당의 공직후보 선출인 것이다.

이미 선진 민주국가의 정당들은 특정 계급이나 집단으로부터 집중적인 지지를 구하던 과거의 방식에서 탈피하여 관심의 초점이 당원보다는 정당의 정책을 지지하는 일반 유권자로 옮겨지고 있으며, 지지유권자의 규모와 당원의 규모가 과거처럼 높은 상관관계를 갖고 있지도 않다. 그리고 정당의 지지자를 확보하는 과정에서 TV 등 대중매체가 적극적으로 활용되고 있다. 또한 대부분 선진 민주국가의 정당에 대한 국고 보조금 지급 등 정당자금 조달방식의 변화 역시 많은 당원을 확보할 필요성을 감소시킴으로써 당원의 비중은 더욱 줄어들고 있다.[14]

이처럼 대중매체가 기초 당조직에서의 선거운동을 대체해 나가고 당비보다는 국가에 대한 당재정 및 인력의존도가 높아가고 있는 선진 민주국가의 정당변화 추세[15] 등을 감안할 때, 당원에 기초한 정당(membership party)이 소멸까지는 아니라도 쇠퇴하여 가고 있

14_ 선진 민주국가의 정당들이 당원을 중심으로 한 안정적인 지지기반을 상실해 감에 따라 후보 선출 참여의 폭을 확대하여 일반 당원이나 지지자들의 관심을 높이려는 전략이 구사되고 있으며(Pennings and Hazan 2001, 268), 실제로 지난 20여 년 동안 후보 선출 참여의 폭이 꾸준히 확대되어 왔다(Scarrow, Webb and Farrell 2000, 129-153).

15_ 이러한 추세에 대한 보다 상세한 논의는 Katz(1990), Mair(1994) 등을 참조할 것.

음은 분명하다. 우리의 정당정치도 결국 이러한 방향으로 바뀌리라 보며, 대부분의 정당들이 자발적으로 참여하는 당원들을 충분히 확보하고 있지 못하기 때문에 당원중심보다는 정당의 정책을 지지하는 유권자 중심의 개방된 정당구조를 지향하는 유권자정당으로 발전되어 나갈 필요성은 더욱 크다고 본다. 그리고 정당의 정책을 지지하는 유권자들의 폭넓은 지지를 확보해 가는 과정에서 사회 내 다양한 부문의 이익을 대표하는 이익단체, 시민단체들과 정책사안별로 자연스럽게 정책적 연대를 형성해 나갈 수 있을 것이다.

결론적으로 우리 정당 환경의 변화 및 선진 민주국가의 정당변화 추세 등을 고려할 때, 많은 당원의 확보가 더 이상 정당의 중요한 목표가 되기는 힘들다고 보며, 당원 못지 않게 정당의 정책에 동조하여 그 정당을 지지하는 유권자의 확보가 보다 중요해지리라고 본다. 그리고 바로 여기에 정당들이 변화하는 환경에서 생존하기 위해서도 정책정당으로 발전해 나가고 정당 간의 경쟁이 주요 쟁점들과 관련한 정책 대안 제시를 중심으로 이루어질 수밖에 없는 이유가 있다.

우리 정당들이 이러한 정책정당이 되기 위해서는 무엇보다도 오랫동안 사당화되었던 지역주의 정당체계로부터 빠져나와야 될 것이며, 이를 위해서는 정당조직의 변화에 관한 한 당내 민주주의의 실현이 중요한 과제이다. 후보 선출제도의 민주화와 원내정당화는 이러한 당내 민주주의를 이루어내는 매우 유용한 방안이 될 수 있을 것이다. 또한 특정 지도자에 의존하지 않는 민주화된 정당에서 유권자들의 다양한 이해관계와 선호를 일관성 있게 묶어내기 위해서는 정당의 정책적 정체성이 확보되어 있어야 할 것이며, 이러한 정당의 정책적 정체성은 민주화된 정당을 결집시키는 구심점 역할을 하게 될 것이다. 결국 정당의 민주화는 우리 정당이 정당 환경의 변화에 적응해 가는 데에, 즉 유권자 중심의 개방된 유권자정당, 정책정당으로 발전되어 나가는 데에 크게 기여하게 될 것이다.

5장 _ 국민경선 이후 정당조직의 변화

1987년 민주화 이후 오랫동안 우리의 정당조직은 민주화 이전 시기와 비교하여 별로 달라진 점이 없는 상태로 운영되어 왔다. 즉 우리 정당들은 국회 밖의 중앙당을 정점으로 하는 수직적 구조를 갖고 있었으며, 이러한 수직적 구조의 정당은 지역적 기반을 갖고 있는 특정 지도자에 의해 장악되어 있었다. 이와 같은 정당조직을 갖고서는 유권자들의 다양한 이해관계를 수렴하여 정책대안화하는 정당의 기능을 수행하기가 쉽지 않을 뿐만 아니라 의원들이 공천권을 쥐고 있는 정당지도자에 의해 사실상 통제되고 있어 사회 내 다양한 이익들을 종합하고 조정하며 유권자들의 요구에 부응하는 입법을 목표로 하는 생산적인 국회운영도 기대하기가 어려운 실정이었다. 더욱이 민주화 이후 우리 사회는 사회경제적 구조와 유권자들의 인식능력, 의식 등이 빠르게 변화하고 있어 수직적인 구조를 가지고 비민주적으로 운영되는 정당으로는 급속한 정당 환경의 변화에 제대로 대처해 나가는 것도 쉽지 않은 형편이었다. 이러한 상황에서 대통령 선거가 치러졌던 2002년에 주요 정당들이 대통령 후보 선출을 위하여 국민경선제를 채택하면서 본격적으로 정당민주화를 위한 개혁방안들이 강구되고 실행되기 시작하였다. 이 장에서는 국민경선제가 채택된 배경과 의미는 무엇이고, 국민경선이 채택된 이후 정당의 조직과 운영이 어떠한 방향으로 개혁될 필요가 있는지, 그리고 이러한 정당개혁을 실현시키기 위한 구체적 방안들은 무엇인지 등을 논의하고자 한다.

1. 민주화 이후 정당조직과 국민경선

민주화 이후 우리 정당들은 오랫동안 지역적인 기반을 갖고 있는 정당지도자 중심의 사당화된 비민주적인 구조를 갖고 있어 정당지도자들의 단기적인 정치적 목표에 따라 정당의 이합집산이 반복되면서 정당정치의 제도화도 이루어지지 못하였고 정책적인 차별성을 갖는 정당으로 발전하지도 못하였다. 이에 따라 그동안 우리 정당들은 유권자들의 다양한 요구들을 집약하고 이러한 유권자들의 요구를 정치적으로 쟁점화하는 정치적 의제설정 기능을 충분히 수행해 오지 못했을 뿐만 아니라, 당면한 현안 문제 해결을 위한 정책 대안 제시도 만족스럽게 이루어지지 못하였다. 민주화 이후 우리 정당들이 주로 수행하여 왔던 후보 선출을 통한 정치 엘리트 충원기능도 정당지도자가 막강한 영향력을 행사하는 비민주적인 방식으로 이루어져 왔고, 이와 같은 정당지도자에 의한 주요 공직후보 선출권의 독점이 정당정치의 제도화를 가로막는 사당화된 정당구조를 지속시켜 온 핵심 요인이었다.

정당정치의 제도화를 위해서 이처럼 중요한 후보 선출제도의 개혁은 오랫동안 정당지도자가 후보 선출권을 독점함으로써 정당을 지배하여 왔기 때문에, 정당지도자를 추종하는 현역 의원이나 지구당위원장에 의해 장악되어 있거나 동원되는 대의원이나 당원들만이 참여하는 단순한 상향식 공천제의 도입만으로는 이루어질 수 없었다. 이러한 상황에서 후보 선출제도의 개혁은 후보 선출과정에 대의원이나 당원뿐 아니라 정당을 지지하는 일반 유권자들도 참여하는 보다 개방적인 방향으로 이루어질 수밖에 없었다고 본다. 더욱이 일반 유권자들의 정당 후보 선출과정에의 참여는 정당정치가 정상화되기 위해서 이루어져야 할 유권자들의 자발적인 정당정치 참여를 이끌어내는 중요한 유인으로 작용할 수 있다. 그리고 유권자들의 자발적인 정당정치 참여는 우리 정당들이 시민사회의 다양한 요구들을 수렴하고 이에 토대해서 당면한 문제들에 대한 정책대안 제시를 경쟁적으로 하도록 하기 위해서도 중요하다.

2002년 봄에 대통령 후보 선출을 위해 주요 정당들이 채택하였던 국민경선제는 부분적이긴 하지만 일반 유권자들도 후보 선출과정에 참여할 수 있는 통로를 개방함으로써 주요 정당들의 충분한 수의 진성당원을 확보하고 있지 못한 상황에서 실질적인 정당의 민주화를 이루는 계기가 되었다는 점에 우선 의미를 부여할 수 있을 것이다. 또한 실제 경선과정에서 여러 문제점들이 있었음에도 불구하고 국민경선을 통하여 정당의 공직후보를 선출하는 과정에 유권자들의 참여가 부분적으로나마 실현될 수 있었던 것은 유권자들의 자발적인 정당정치 참여를 통하여 우리의 정당정치가 제도화되는 방향으로 나아가는 출발점이 되었다는 데 또 다른 의미가 있다. 즉 유권자들의 자발적인 정당정치 참여가 이루어질 때 비로소 정당의 진정한 지지자 및 당원의 확보가 가능해질 수 있을 것이고, 정당의 지지자 및 당원의 확보가 가능해져야 정당의 토대가 마련될 수 있을 것이며, 지금까지 정치인들의 끊임없는 이합집산으로 합당, 분당 및 창당이 반복되어 온 우리의 정당정치가 제도화될 수 있다고 보기 때문이다.

정당의 후보 선출과정에 일반 유권자들의 참여가 가능해지면서 아직은 초기 단계에 불과하고 부분적이긴 하지만 유권자들의 자발적인 정당정치 참여가 시작되었다는 것은 정당정치를 정상화시키는 출발점이 될 수 있다는 점에서도 중요하다. 이는 정당과 시민사회 간의 막혀 있는 통로를 열어서 정당의 정책에 동조하여 자발적으로 참여하는 유권자들을 늘려갈 수 있을 때 우리의 정당정치가 정상화될 수 있다고 보기 때문이다.

물론 당내 후보 경선과정에 유권자의 참여와 관련하여 아직도 유권자 동원 논란이 있는 것은 사실이다. 하지만 여기에서 중요한 것은 유권자들을 어떠한 방식으로 동원했느냐의 문제와 실제로 동원에 활용된 조직의 성격이 어떠한가의 문제라고 본다. 금품이나 향응 제공, 단순한 연고 등을 활용하고 무더기로 경선참여 응모 서류를 임의 작성하는 등의 동원과 주요 현안에 대한 후보의 정책적 입장이나 후보 자신의 자질을 홍보해서 동원하는 것은 구별되어야 한다. 또한 동원에 활용된 조직의 성격에 있어서도 그 조직을 만들고 유지하는 데 물질적인 대가가 지불되는 인위적 조직과 후보를 개인적으로 좋아하거나 정책적으로 지향하는 바가 비슷한 사람들이 자연스럽게 모여서 만들어진 조직은 구별되어야 한다. 결국 조직의 자발성이 중요하며, 이러한 점에서 노사모와 같은 자생적인 지지자 집단의 등장은 의미 있는 새로운 변화라고 생각한다.

2. 국민경선 이후 정당조직의 개혁방향

지난 2002년 봄 주요 정당들이 대통령 후보 선출을 위하여 국민경선제를 채택한 이후 정당개혁에 있어 적지 않은 성과가 있었지만 아직도 해결해야 할 개혁과제는 많이 남아 있다. 더욱이 정당정치가 일찍부터 제도화되었던 구미 정당들도 탈산업사회화에 따라 정당원 감소 및 유권자들의 정당일체감 약화 등으로 정당이 약화되고 있는 어려움에 직면하고 있는데,[1] 우리의 경우는 정당의 제도화조차 제대로 되어 있지 않은 상황에서 탈산업사회화에 따른 정치적 무관심의 확산으로 구미 정당들이 겪고 있는 어려움까지도 직면하고 있기 때문에 어찌 보면 이중의 어려움에 직면하고 있다고 할 수

1_ 탈산업사회화에 따른 정당 약화 또는 쇠퇴현상에 대하여는 정진민(1998), 곽진영(2002) 등을 참조할 것.

도 있다. 이러한 어려움을 극복하기 위해서도 국민경선으로 시작된 정당개혁을 더욱 가속화시키는 것 이외에는 다른 방도가 없다고 본다.

정당개혁이 지향하여야 할 방향과 관련해서 먼저 고려되어야 할 것은 어떻게 하면 유권자들의 끊임없는 관심과 흥미를 유발하여 이들의 자발적인 참여를 이끌어내는 정당조직을 만들어 정당의 지지자 및 당원의 확보를 가능케 하느냐 하는 점이다. 이와 관련하여 국민경선을 통하여 공직후보를 선출하는 정당활동에 유권자들의 자발적인 참여가 조금이라도 이루어질 수 있었던 것은 다행스러운 일이었으며, 후보 선출제도의 개혁을 통한 정당의 민주화는 앞으로도 유권자들의 자발적인 참여를 촉진시키는 데 도움이 되리라 본다. 국민경선 참여를 자발적으로 신청하였던 유권자들은 진성당원이 충분히 확보되어 있지 못한 현재의 상황에서는 당분간 각종 선거에 나설 공직후보를 선출하는 과정에, 그리고 정당의 지도부를 구성하는 과정에도 다양한 형태로 참여할 수 있을 것이다. 나아가서 이처럼 정당의 공직후보 및 당내 지도부 선출과정에 참여가 반복되는 과정에서 이들 자발적인 참여자들의 정당지지자로의 전환 및 적극적인 지지자의 경우에는 진성당원으로의 전환도 가능해질 것이다.

정당개혁의 방향과 관련하여 또 하나 고려해야 할 사항은 정당 주변 환경의 변화이다. 유권자들, 특히 가까운 장래에 유권자들의 대부분을 차지하게 될 젊은 유권자들의 크게 달라진 의식, 가치관이나 정보통신기술의 급속한 발전과 같은 정당 주변 환경의 변화를 고려한다면 앞으로의 정당조직은 빠르게 발전하고 있는 다양한 매체와 통신수단을 적극적으로 활용하는 보다 유연한 조직으로 바뀌어 나가야 되리라 본다. 앞으로 정당조직이 결국은 지구당을 기초단위로 하는 기존의 수직적 조직으로부터 주변 환경 변화에 보다 탄력적으로 대응할 수 있는 수평적인 연결망 형태의 유연한 조직으로 바뀌리라고 본다.

이 과정에서 최근 급속하게 발전하고 있는 인터넷 등 새로운 정보통신기술을 적극 활용할 필요가 있으며, 새로운 정보통신기술이 의사소통의 쌍방향성을 그 주요 특징으로 하고 있기 때문에 민주적이고 개방적인 정당운영에도 기여할 수 있으리라고 본다. 예를 들어 유무선 인터넷을 활용하여 정당의 홍보 뿐 아니라 수시 여론조사, 정책제안 및 토론, 정치자금 모금, 자원봉사자, 지지자, 당원모집 및 선거운동 지원 등이 이루어질 수 있을 것이다. 그리고 이러한 온라인상의 정당활동을 통하여 유권자들의 적극적인 정당정치 참여를 유도해내고 이를 오프라인상의 정당활동으로 연결시킴으로써 기존의 오프라인상의 정당활동에서 결여되어 있던 정당의 자발적인 지지자를, 특히 그동안 정당정치에 등을 돌리고 있던 유권자들로부터 확보해 나갈 수 있을 것이다.

이와 관련해서 종래 돈이 드는 조직보다는 오히려 노사모로 대표되는 온라인상의 자원봉사자들이 2002년 대통령 선거과정에서 위력을 보였던 점에 주목할 필요가 있다. 이미 지난 2000년 16대 총선 당시 총선 시민연대에 의한 낙천낙선 운동의 전개과정에서 유용하게 활용된 바 있는 인터넷이 당내 후보 경선 및 대선과정에서도 노사모 등에 의하여 적극적으로 활용되었던 것과는 대조적으로 금품과 향응제공을 매개로 하는 조직동원이 과거처럼 효력을 갖지 못했던 것은 주목할 만한 변화이다. 즉 초고속 인터넷의 급속한 발전으로 이제 온라인상에서 선거인단 모집, 후보에 대한 지지표명 및 자원봉사 등 자발적인 선거운동이 행해짐에 따라 과거 비용이 들어갈 수밖에 없었던 오프라인상의 선거조직을 활용하는 선거운동 방식의 변화가 앞으로 불가피해지리라고 보며, 선거 때뿐 아니라 평상시의 정당활동도 이러한 변화에 적응해 나갈 수밖에 없을 것이다.

선거운동이나 평상시의 정당활동에 인터넷을 활용할 경우 문서뿐 아니라 음성과 영상을 매우 신속하게 보낼 수 있고, 송출될 내용물의 제작에 비용이 들겠지만 이메일 발송은 과거의 우편발송과 비교한다면 큰 폭의 비용절감 효과를 가져올 수 있다. 그리고 데이터베이스만 확보된다면 메시지 전달의 목표로 설정된 유권자들(target voters)에 국한하여 메시지를 협송(narrowcast)할 수도 있는 장점을 갖고 있다. 또한 TV, 라디오 등과 같은 전통적 매체들에 의해 정당의 메시지가 방송(broadcast)되었을 때 잃었던 유권자들에게 전달하고자 하는 메시지에 대한 정당의 통제력을 회복하는 것도 가능해질 것이다.

정당개혁의 방향과 관련한 또 다른 고려사항은 유권자들의 이동성이 증가하고 있는 탈산업사회 또는 정보화 사회에서는 정당이 당원을 확보하는 것만으로는 충분하지 않으며, 당원 확보와 병행하여 폭넓은 지지자들을 확보해 나갈 필요성이 커지고 있다는 점이다. 따라서 앞으로의 정당은 당원을 확보해 가는 것도 중요하지만, 이에 그치지 않고 정당을 지지하는 유권자 중심의 개방된 정당으로 발전되어 나가야 되리라고 보며, 당원들만의 폐쇄적인 정당이 되어서는 안 될 것이다. 정당의 지지 조직에 있어서도 당원조직 이외에 다양한 형태의 지지조직들이 활성화되는 구조를 가질 수 있을 것이다.[2]

정당의 운영을 정치권력이 분권화되고 이들 권력 간에 서로 견제와 균형이 취해질 수 있는 분권화된 정치권력의 틀을 정착시켜 가는 방향으로 맞추어 가는 것도 절실히 요청되고 있다. 특히 우리와 같은 대통령제 국가에서는 의회에 의한 행정부 견제가 가능하도록 정치권력의 수평적 분권화가 이루어질 필요가 있다. 이를 위해서는 의회를 구성하고 있는 의원들이 자율성을 갖고 원내활동을 하는 것이 중요하지만 오랫동안 정당의 지도자가 공천권 등을 활용하여 정당을 장악하고 있었기 때문에 의원들의 자율적인 원내활동은 이루어지지 못하였다. 2002년 봄의 정당개혁으로 대통령 후보 선출을 위하여 일반 유권자도 참여하는 상향식 후보 선출제도가 도입되고 총재직이 폐지됨으로써 의원들의 자율성이 대폭 확대될 수 있는 계기가 마련되었다. 이제는 정당의 중심을 의회 내로 이동시켜 수평적으로 분권화된 정치권력의 틀을 정착시켜 나가는 일이 중요하다.

진정한 정치권력의 분권화를 위해서는 의원 및 의회의 자율성 확보를 통한 정치권력의 수평적 분권화 못지않게 중앙과 지방 간의 수직적 분권화가 이루어지는 것이 중요하다. 민주화 이후 지방자치

2_ 당원조직 이외의 다양한 정당 지지조직의 중요성에 관하여는 김용호(2001, 306-307)를 참조할 것.

가 실시되고 있지만 중앙과 지방 간의 수직적 분권화는 크게 이루어졌다고 보기 어렵다. 이처럼 수직적 분권화가 지체되고 있는 데에는 여러 가지 요인이 있겠지만 중앙의 정당지도자 중심의 비민주적인 정당운영도 큰 몫을 하였다고 본다. 즉 정당지도자 중심의 사당화된 정당조직이 정치권력의 중앙집중화를 지속시키는 데 크게 기여했다고 보는 것이다. 일반 유권자도 참여하는 상향식 후보 선출제도의 도입, 그리고 원내 중심 정당으로의 변화에 따른 중앙당의 경량화 등을 통하여 정당의 공직후보 선출권을 실제로 선거가 행해지는 각 지역의 당원이나 정당을 지지하는 유권자들에게 되돌려 줌으로써 정치권력의 수직적 분권화를 이루어내야 할 것이다. 그리고 이와 같은 정치권력의 수직적 분권화를 이루어내기 위해서는 무엇보다도 각 지역의 정당조직을 그 지역에 거주하는 당원이나 정당을 지지하는 유권자들이 자율적으로 운영할 수 있도록 바꾸어 나가야 할 것이다.

마지막으로 정당개혁을 통하여 지역적인 경쟁구도를 정책적인 경쟁구도로 전환시키고, 그동안 많은 부작용을 낳아왔던 우리 정치의 고비용 구조를 해소하는 데 기여할 수 있는 정당조직을 만들어내야 할 것이며, 아울러 투명한 정당운영을 가속화시킬 수 있도록 정당개혁이 이루어져야 될 것이다.

3. 정당개혁의 구체적 방안

지금부터는 유권자들의 실질적인 참여가 이루어지는 정당개혁과 관련하여 주로 정당조직과 운영의 측면에서 구체적으로 어떠한 방안들이 도입될 필요가 있는지를 모색하고자 한다. 우리 정당들이 유권자들의 정치참여를 촉진하고 정치권력의 분권화에 기여하기 위해서는 기존의 정당조직 및 운영방식에 있어 과감한 변화가 불가피하다고 본다. 무엇보다도 중앙당의 대폭적인 경량화와 원내정당화가 이루어져야 할 것이고, 지구당과 같은 기초조직에 있어서도 기존의 운영방식이 전면적으로 재검토되어야 할 것이다.

정당운영에 많은 비용이 들지 않는 유연한 조직으로 전환되기 위해서는 먼저 그동안 비대화되어 있던 중앙당이 대폭 축소 경량화되어야 할 것이다. 이처럼 경량화된 중앙당의 주요 기능은 대통령 후보 선출을 위한 경선을 관리하며 대통령 선거 및 그 이외 주요 선거에서의 선거운동을 기획 · 조정하고 지원하는 업무와, 정당의 자금을 모금하고 정책을 홍보하며 당원을 관리하는[3] 등의 평상시 업무로 한정되어야 할 것이다. 정책개발, 입법 등 나머지 정당의 기능은 정당의 원내조직 또는 원내정당에서 다루어져야 될 것이다.

3_ 당원의 종합적인 관리는 중앙당에서 행해진다 하여도 당원들의 실제 참여와 활동은 지역의 기초조직들을 중심으로 이루어지게 될 것이다.

이러한 원내정당의 지도부는 사실상의 당대표로 정당의 입법활동과 정책활동을 통할하게 될 원내대표, 국회대책 및 원내전략의 결정과 의원들의 상임위원회 배정 등을 다루는 운영위원회의 위원장, 정책을 개발하고 국회 제출 법안 및 의안의 심의 의결을 다루는 정책위원회의 위원장, 그리고 상임위원장 또는 간사의원과 같은 상임위원회 내 각 정당의 대표 의원 등으로 구성될 수 있을 것이다. 이들 원내 지도부 구성원들은 새로운 국회의 개원과 동시에 정당 주요 사항의 최종 심의 · 의결 기구인 의원총회에서 선출될 수 있을 것이다.

원내정당에 있어 중요한 것은 원내 지도부가 막강한 영향력을 행사하는 데 있는 것이 아니라, 의원들의 자율성을 최대한 보장하고 조정하는 역할을 함으로써 우리 정당들이 정책정당으로 발전되어 나가도록 하는 데 있다. 따라서 원내정당 조직 중에서도 정책개발을 담당하게 될 정책위원회는 대폭 강화될 필요가 있으며, 정책위원회 산하에 설치될 정책분야별 소위원회에 전문인력을 중점 배치하고 정당에 대한 국고 보조금도 정책위원회 활동에 집중적으로 배정되도록 하여야 할 것이다.

원내정당의 정책위원회 강화와 병행하여 국회 상임위원회 내에도 의원들의 정책개발을 지원할 수 있는 전문인력을 대폭 확충하고, 의원들의 전문성 제고를 위해 상임위원회 최소 복무연한 규정 및 상임위원장 선출시 해당 상임위원회 복무 기간을 우선적으로 반영하는 방안도 고려해 볼 수 있을 것이다. 또한 앞으로 본회의뿐 아니라 모든 상임위원회 및 소위원회 회의와 표결의 공개를 통하여 의원들은 유권자를 대표하여 표결하고 이에 대해 책임을 지는 의원

실명정치를 실현시켜 나가야 할 것이다. 또한 새 행정부가 출범할 때 핵심 국정과제를 제시하듯이 새로운 국회가 개원할 때 국회 내 주요 정당들이 핵심 입법과제를 발표하고 임기 내 이를 실현시키는 데 주력하는 방안도 생각해 볼 수 있다.

정당의 최고 의사결정 기구인 전당대회는 각 지역의 당원들이 선출한 대의원들이[4] 참여하여 단결을 과시하고 중앙당 상무위원회 위원들을 선출할 수 있는 것이다. 상무위원회 대표 또는 의장은 대의원들이 직접 선출하거나 중앙당 상무위원회 위원들이 호선을 통하여 선출할 수 있을 것이며, 경우에 따라서는 복수의 대표 또는 의장을 둘 수도 있을 것이다. 또한 대통령 선거가 있는 해의 전당대회에서는 중앙당 상무위원회 주관으로 대통령 후보를 선출할 수 있을 것이다. 다만 지금처럼 충분한 수의 진성당원이 확보되어 있지 않은 상황에서는 대통령 후보 선출에 기존 대의원 이외에 국민경선 참여를 신청한 유권자들이 참여할 수 있도록 하고, 대의원 이외 유권자의 참여 폭은 최소한 대의원과 같은 비율로 하며, 참여 유권자 모두 투표하도록 하고 할당된 비율의 표수로 환산할 수 있을 것이다.

전당대회에서는 중앙당 지도부를 구성하고 대통령 후보를 선출하는 것 이외에도 정당의 정책과 관련해서 정책을 최종 결정하는

4_ 각 지역의 대의원수는 각 지역의 유권자수 및 최근 선거에서의 득표율, 당비를 낸 당원수, 자원봉사자수, 후원금 모금액 등을 종합적으로 고려하여 결정될 수 있을 것이다.

것은 아니지만 주요 정책문제에 대해 제안을 할 수 있을 것이며, 원내정당은 전당대회의 정책 의견을 최대한 존중하여 정책개발에 반영하여야 할 것이다.[5] 또한 전당대회는 국회의원 비례대표 후보자 선정위원회에서 작성된 비례대표 명부를 최종적으로 승인하는 기구로도 기능할 수 있을 것이다.[6]

결국 정책기능을 중심으로 강화된 원내정당과는 달리 원외의 중앙당은 축소된 기능을 수행하는 지역 당조직들의 연합조직이며, 각 지역 당조직들의 자율성은 최대한 보장될 필요가 있다. 다만 현재 우리 정당들이 원내정당화할 경우 지나친 지역편중성으로 인하여 전국정당으로의 발전이 저해될 수 있는 문제점을 고려하여 어느 정도의 전국정당화가 이루어질 때까지 한시적으로 정책위원회에 일정 비율의 원외 정책위원을 두도록 하여 당정책 결정과정에 원내정당에 대표되지 못한 원외 부문도 참여를 보장하는 방안들이 마련되어야 할 것이다.

중앙당 차원에서는 당조직의 경량화, 전문화, 원내정당화 등 아직도 개혁해야 할 부분이 많이 남아 있지만 총재직 폐지, 대통령 후보와 당대표의 분리, 대통령 후보 선출을 위한 상향식 국민경선제의

5_ 필요한 경우 원내정당에서 전당대회에 회부한 주요 정책안에 대해서 찬반표결도 할 수 있을 것이다.

6_ 비례대표 후보자 선정위원회는 후보자 선정의 공정성을 제고하기 위해서 후보자를 선정하는 위원회와 선정된 후보자들의 순위를 결정하는 위원회로 이원화하여 운영될 수 있을 것이며, 선정의 객관성을 기하기 위해 선정위원회 위원으로 당내 인사뿐 아니라 당외 인사도 위촉될 수 있을 것이다.

채택 등 전에는 생각할 수 없었던 많은 개혁이 이루어진 것이 사실이다. 하지만 지구당과 같은 기초조직 차원에서의 개혁은 거의 이루어지고 있지 않다.

예를 들어 2002년 6월 지방선거에서 정당공천을 요하는 지구당 차원의 선거라 할 수 있는 기초단체장과 광역의회 의원 후보 선출의 경우 많은 곳에서 당원 또는 대의원들이 참여하는 상향식 경선제를[7] 실시한 바 있다. 그러나 모범적인 경선이 치러진 경우는 극히 예외적이고 지구당위원장 중심의 사조직화되어 있는 지구당 체제 하에서 실제로는 지방선거 후보 선출을 위한 선거관리위원회 구성 및 선출권을 가진 대의원 선거 등 경선과정 전반이 지구당 위원장의 의사가 반영되는 방향으로 치러졌기 때문에 대부분의 경선이 형식적인 경선에 그치고, 이에 따른 경선의 공정성 시비가 끊이지 않았다. 또한 선거법에 기초의회 의원 후보의 당적 보유를 허용하고 있어 정당들은 선거법을 위반하여 기초의원 후보도 이른바 내천을 하고 있기 때문에 사실상 모든 지방선거 후보 경선에 지구당이 깊이 관여하고 있다.

더욱이 지방선거 출마 희망자들이 정당공천을 받기 위하여 지구당 위원장에게 정치헌금을 제공하고, 당선된 후에도 다음 선거 공천을 받기 위하여 지구당 위원장이나 중앙당의 눈치를 보아야 하는 지방정치 예속이 계속되고 있으며, 이러한 상황에서는 실질적인

7_ 지역에 따라서는 국민경선제를 모방한 시민 또는 군민 경선제를 실시한 경우도 있다.

지방자치가 이루어지기도 쉽지 않다. 또한 지구당 위원장은 유능한 지방선거 후보에게 공천을 주지 않음으로써 정치적 경쟁자로 성장하는 것을 억제하고 있다. 따라서 지구당 운영방식의 변화가 상향식 경선과 병행하여 이루어지지 않고서는 개혁의 실효를 거두기가 어려운 상황이다.

특히 국회의원 후보 선출까지 고려한다면 지구당 조직의 개혁은 더욱 시급하게 요청된다고 본다. 이제 총재직 폐지 등 중앙당 차원의 개혁으로 지구당 위원장, 특히 지구당 위원장을 겸하고 있는 현역 의원들은 과거에는 생각할 수 없을 정도의 자율성을 갖게 되었기 때문에 이들이 지역구 차원에서 갖는 영향력을 견제할 제도적 장치의 도입이 절실한 실정이다. 이러한 지구당 차원의 개혁방향은 중앙당 차원에서와 유사하게 이루어져야 된다고 본다. 즉 국회의원 후보는 지역구 당조직의 운영에서 손을 떼고, 지역구 당조직은 선거에 나서지 않는 지역구 인사들로 구성된 운영위원회에 의해서 운영되는 체제로 바뀌어 나가야 할 것이다.

지역구 운영위원회에서 다루어질 중요한 업무들에는 지역구 차원의 각종 선거에 나서게 될 후보 선출을 위한 경선의 관리, 본 선거에서의 선거운동, 시도지부와 중앙당 차원의 대의원 대회에 보낼 대의원을 선출하는 등의 업무 이외에 지역구 내 모든 선출직 공직자들에 대한 실적 평가를 정기적으로 실시하고[8] 이를 당원 및 정당

8_ 정당의 당원 및 지지자들의 주 활동무대라 할 수 있는 기초조직 수준에서 당 소속 선출직 공직자들을 정기적으로 평가하는 것은 민주주의 정치과정의 핵

지지자들에게 공개하는 업무가 포함되어야 할 것이며, 특히 선출직 공직자들에 대한 실적 평가는 다음 번 후보 선출과정에 우선적으로 반영될 수 있어야 할 것이다. 그리고 상근 직원을 두는 지구당을 상시 유지하기보다는 선거가 없는 평상시에는 느슨한 연결망 형태로 유지되다가 선거가 임박하여 필요한 때 당원뿐 아니라 지지자 및 자원봉사자들의 자발적인 참여로 활성화되는 보다 유연한 조직형태로 전환될 필요가 있다.

정당의 기초조직은 현재 국회의원 선거구별 또는 구 · 시 · 군 행정구역 단위별로 설치할 수 있도록 하고 있지만 기초조직 관할구역의 규모는 선거제도의 변화 및 행정구역의 개편 등과 맞물려 있는 문제이기도 하다. 또한 최근 정보통신기술의 발전을 고려한다면 기초조직의 관할구역을 지금보다 더욱 확대하여 보다 광역의 지역당으로의 전환도 고려해 볼 수 있다. 실제로 기초조직을 운영하게 될 일정 수의 운영위원들은 기초조직별 당원들이 선출하고, 선출된 기초조직 운영위원들은 운영위원회를 구성하여 기초조직을 대표하는 기구로서의 역할을 수행할 수 있을 것이다.

기초조직 운영위원회 주관으로 국회의원 후보, 기초 자치단체장 후보, 지방의회 의원 후보 등을 해당 선거구에 거주하는 당원 및

심 제도인 정당의 투명성(transparency)과 책임성(accountability)을 확보하는 데 크게 도움이 될 수 있을 것이다. 선진 민주국가들의 경우에도 유권자들로부터 더 많은 정치과정 참여 요구에 직면하고 있는데, 이러한 요구를 충족시키고 민주주의를 확대해 나가는 데 있어 정치과정의 투명성과 책임성 확보가 중요해지고 있다(Dalton, Scarrow and Cain 2004, 120-126).

정당을 지지하는 유권자들이 참여하여 선출할 수 있을 것이다.[9] 공직후보 선출에 당원이 아닌 유권자가 참여할 경우 경선에 참여한 후보들이 매수 등 불공정한 방법으로 유권자를 동원하더라도 그 효과가 크게 작용할 수 없도록 하기 위해서 선거인단의 규모는 가능한 한 일정 수준 이상 커져야 할 것이며, 유권자들의 자발적인 참여를 촉진하기 위해서 경선참여 절차 및 투표절차도 최대한 간소화되어야 할 것이다. 기초조직 수준의 공직후보 선출은 각 지역의 실정에 따라 달라질 수도 있다고 본다. 예를 들어 충분한 수의 진성당원이 확보되어 있는 기초조직의 경우에는 당원 또는 대의원들이 참여하는 상향식 경선을, 그렇지 못한 경우에는 주민참여 경선 또는 혼합형 경선 중에서 각 지역구 실정에 맞는 방식을 선택하여 사용할 수 있을 것이다.

기초조직 수준의 공직후보 선출과 관련하여 특히 중요한 것은 경선 관리의 공정성을 확보하기 위해 국회의원, 기초자치단체장, 지방의회 의원 등 기초조직 수준의 선거를 통하여 선출된 공직자들은 운영위원 선거에는 나설 수 없도록 할 뿐만 아니라, 기초조직 수준

9_ 지역구 차원의 공직 후보 선출을 위한 당내 경선에 무분별한 후보 난립을 억제하기 위하여 출마 희망자들이 지역구 운영위원회에 출마신청을 하도록 하고 지역구 운영위원회의 자격심사를 통과한 후보들만이 당내 경선에 나서도록 하는 방안을 고려해 볼 수 있으며, 국회의원 후보 출마 희망자의 경우는 지역구 운영위원회의 자격심사 이외에 중앙당의 자격심사도 받도록 하며, 후보 선출과정에서 현저한 문제가 발생한 경우 중앙당은 후보 선출결과를 무효화하고 후보 재선출을 지역구 운영위원회에 요청할 수 있도록 해야 할 것이다. 또한 국회의원 후보의 경우는 반드시 지역구 출신자로 한정할 필요도 없을 것이다.

의 선거에 나설 뜻이 있는 운영위원들도 경선 일정 기간 이전부터 기초조직 운영에 관여할 수 없도록 해야 할 것이다. 이를 위하여 선출직 공직자의 기초조직 운영위원 겸직을 금지할 뿐만 아니라 운영위원을 사퇴한 이후 일정 기간 또는 사퇴 후 첫 번째로 치러지는 기초조직 수준의 공직후보 선출을 위한 당내 경선에 나설 수 없도록 제도화할 필요가 있다.

각 지역에 거주하는 당원 및 정당지지자들에 의해 기초조직이 자율적으로 운영되고 각급 공직후보 선출이 상향식으로 이루어지게 되면 지방의 선출직 공직자들이 지역의 정당지지자 및 유권자들의 선호에 더욱 민감하게 반응할 수밖에 없게 될 것이다. 즉 다음 선거에서 공천을 의식해서 기초조직의 위원장이나 중앙당의 눈치를 볼 필요가 없게 될 것이고, 정치권력의 수직적 분권화는 더욱 촉진될 수 있을 것이다.

기초조직 및 후보 선출제도의 개혁을 통해서 이러한 변화들이 이루어진다면 더 이상 지금처럼 지방정치가 중앙정치에 예속되지도 않을 뿐만 아니라, 오히려 지방 정치 엘리트들이 성장해서 중앙정치 무대에 진출하는 것이 일상화하게 되면서 지방의 정치 엘리트 집단은 중앙의 정치 엘리트 충원을 위한 주요 풀을 형성할 수 있을 것이다. 즉 미래의 정치 엘리트가 능력을 발휘해 보일 수 있는 무대는 사회 각 분야에 걸쳐 있을 수 있지만 활성화된 지방정치의 장이 가장 중심적인 무대가 될 수 있다고 보며, 더 많은 유능한 인사들을 지방정치의 장으로 유도할 수 있을 것이다.

이처럼 지방정치의 활성화를 통하여 지방정치 무대가 정치 엘리트 지망자들의 시험장화하는 것은 합리적인 엘리트 충원을 위해서도 바람직하다고 본다. 이는 지방정치를 통하여 이미 검증받은 인사가 중앙의 정치 엘리트로 충원되는 것이 정치적 위험부담을 줄일 수 있다고 보기 때문이다. 즉 중앙정치 무대로 진출하기를 원하는 자는 우선 각자가 속한 지방정치 무대에서 스스로의 능력을 발휘하여 보일 필요가 있다는 것이다. 정당개혁을 통한 지방정치의 활성화는 정치 엘리트 지망자들이 자신들의 능력을 구체적으로 발휘할 수 있는 작은 규모의 정치의 장을 여러 단계에 걸쳐 제공함으로써 충원대상자의 능력에 보다 비중을 두는 업적 본위의 합리적 엘리트 충원에 기여할 수 있을 것이다.

정당개혁이 이루어져야 할 또 하나의 중요한 분야는 오랫동안 정당지도자의 사금고처럼 운영되어 온 정당의 재정운영 분야이다. 이처럼 배타적인 정당재정의 운영이 정당지도자를 중심으로 한 중앙집중화와 사당화로 이어지고 있기 때문에 정당운영의 민주화를 위해서도 정당 재정의 투명하고 공개적인 운영이 중요함은 자주 강조되어 왔다(강원택 2002; 심지연 · 김민전 2002; 이현출 1997). 이와 같은 투명한 정당 재정의 운영을 위해서는 우선 무엇보다도 정치자금 지출시 서면에 의한 구입품의, 지급결의를 하도록 하는 등 국가 회계처리 절차에 준하여 처리하도록 해서 회계 책임을 명확히 하고, 적법한 회계처리가 이루어질 수 있도록 하며, 선관위에 등록된 예금계좌 이용, 일정금액 이상 지출시 수표 사용 의무화 등을 통하여 지출과정이 엄격히 이루어지도록 할 필요가 있다.

또한 자금의 수입 · 지출 내역의 공개 및 이에 대한 상시 감사를 통하여 정당의 재정운영을 수시로 점검할 필요가 있다. 이를 위해 수입 · 지출 내역의 의원총회 보고 및 인터넷을 통한 중앙당의 모든 회계 내역의 실시간 공개 등도 고려할 수 있을 것이다. 아울러 중앙당 및 기초조직의 재정운영에 대한 내부 회계 감사제도를 운영하고, 국고 보조금의 경우는 선관위의 실사권을 강화하거나 감사원 감사를 실시하는 등의 외부 감사도 병행할 수 있을 것이다.

마지막으로 지금까지 중앙당이 독점해 온 국고 보조금 사용에 있어서도 일정 비율의 국고 보조금을 시도당 및 기초조직에 배당할 필요가 있으며, 특히 시도당 및 기초조직 차원의 공직후보 선출을 위한 당내 경선 지원에도 국고 보조금이 사용될 수 있을 것이다. 기초조직에 대한 중앙당의 재정지원도 기초조직의 재정 자립도 제고를 가속화시키기 위해서 당비 납부실적과 후원금 모금실적 등에 비례하여 차등 지원할 수 있을 것이다.

4. 결론

앞으로 우리 정당의 기초조직은 지금처럼 지역의 기초조직을 장악하고 있는 위원장의 조직이 아니라 지역의 당원 또는 정당지지자들에 의해 자율적으로 운영되는 연결망 조직으로 새롭게 태어나야 할 것이다. 이와 같은 지역 기초조직의 자율적인 운영권은 정당의 공직후보 선출권과 함께 유권자들이 정당정치에 자발적으로 참여케 하는 중요한 유인으로 활용될 수 있을 것이며, 유권자들의 자발적인 정당정치 참여는 지속적인 정당개혁의 원동력이 될 수 있을 것이다. 또한 원외 중앙당 조직의 대폭 축소와 병행하여 정책개발 및 입법활동 중심의 원내정당화를 이루어내고, 의원들은 기본적으로 이러한 원내활동을 얼마나 생산적으로 수행해냈느냐에 의해 평가받아야 할 것이다. 그리고 자율적으로 운영되는 지역구 차원의 기초조직이 공직후보 선출을 주도하고 선출직 공직자에 대한 평가의 주체가 되어야 할 것이다. 또한 기초조직에서 행해진 의원들의 실적에 대한 평가가 다음번 선거에서의 후보 선출과 연계될 때 비로소 평가의 실효성이 확보될 수 있을 것이며, 앞서 언급한 의원 실명정치의 실현도 구체화될 수 있을 것이다.

원내정당화와 함께 중앙당 조직의 대폭 축소와 기초조직 운영방식의 전면적인 개편을 통하여 중앙당과 기초조직의 상근 인력을 최소화시키는 정당의 경량화가 이루어지게 되면 원외 중심 정당의 고비용 저효율의 동원의 정당정치에서 원내 중심 정당의 저비용 고효율의 참여의 정당정치로의 변화가 가속화될 수 있을 것이다. 또한 입법활동 중심의 원내정당화를 통하여 활발해질 정책경쟁에 있어서도 거대 담론 경쟁보다는 유권자들의 일상생활에 직접 영향을 주는 현안 문제들과 관련된 구체적 정책 대안을 둘러싼 경쟁이 됨으로써 유권자들이 체감할 수 있는 정책 대안 제시가 이루어질 수 있을 것이다.

이러한 정당 간 정책 경쟁의 쟁점으로는 계층 간의 경제적 이해관계가 대립되어 있는 쟁점들 이외에도 유권자들이 삶의 질 향상과 관련하여 관심을 갖고 있는 보다 다양한 문제들이 포함될 수 있을 것이다. 더욱이 점차 유권자 집단의 중심으로 부상하고 있는 새로운 세대 유권자들의 관심사가 다양해지고 개인 중심의 실용주의적 성향이 강해지고 있음을 고려한다면 구체적인 정책 대안에 기초한 정당 간 정책적 경쟁이 이루어질 필요성은 더욱 커지고 있다. 그리고 이러한 정당 간 정책적 경쟁이 활성화될 때 이미 동요되기 시작한 지역적인 경쟁구도를 정책적인 경쟁구도로 바꾸어 나가는 것도 가속화될 수 있을 것이다.

우리의 정당정치가 정상화되기 위해서는 무엇보다도 일반 유권자들의 자발적인 정당정치 참여가 이루어지는 것이 가장 중요하다고 본다. 어떠한 이유에서든 유권자로부터 외면당하는 정당정치는 활력을 가질 수 없기 때문에 유권자들의 끊임없는 흥미와 관심을 유발하는 정당정치가 되도록 하는 것이 중요하다. 이처럼 유권자들의 흥미와 관심을 유발하는 정당정치가 되기 위해서는 유권자들이 체감할 수 있는 구체적인 정책 대안 개발이 촉진되는 정당구조 이외에도 유권자들의 자발적인 참여가 가능한 개방적인 정당구조를 갖지 않을 수 없다고 본다. 또한 빠르게 진행되고 있는 정당 주변의 환경 변화를 고려한다면 앞으로의 정당구조는 급속히 발전하고 있는 다양한 매체와 통신수단을 적극적으로 활용하는 보다 유연한 조직으로 변화되어 나갈 필요가 있다.

이러한 변화가 이루어진다면 정당조직 역시 중앙당을 정점으로 하는 기존의 수직적 구조로부터 주변 환경 변화에 보다 탄력적으로 대응할 수 있는 수평적인 연결망 형태의 조직으로 바뀌어질 수 있을 것이며, 지역의 당원과 지지자들에 의해 자율적으로 운영되는 정당의 기초조직은 이와 같은 수평적 연결망의 마디(node)로서의 역할을 할 수 있을 것이다. 결론적으로 앞으로 우리의 정당조직은 개방적이고 유연한 구조를 갖춤으로써 유권자들의 지속적인 자발적 참여와 주변 환경 변화에 효율적인 대처가 가능하고 정치권력의 분권화에도 기여하며 궁극적으로 정당 간의 정책경쟁이 이루어지는 데 도움이 되는 유권자정당으로 변화되어 나가야 할 것이다.

6장 _ 지구당 폐지 이후 정당조직과 당원중심 정당운영의 한계

최근 수년간의 정당개혁으로 이제는 정당 내 민주화가 상당 정도 이루어졌으며, 우리 정당들이 당원중심 정당을 지향하면서 당원들의 위상과 권한이 강화되는 방향으로 변화가 모색되고 있다. 이처럼 변화된 상황 속에서 2004년 3월 정당법 개정으로 지구당이 폐지된 이후 새롭게 대두되고 있는 문제는 앞으로 우리 정당들의 조직과 운영방식을 어떻게 할 것이며, 이전에 비하여 강화된 권한을 갖게 된 당원들의 당내 위상을, 특히 공직후보 선출 및 주요 정책결정과 관련하여 어떻게 설정할 것이냐로 압축될 수 있을 것이다.

오랫동안 우리 정당들이 당지도자 중심 구조 하에서 비민주적인 방식으로 운영되어 오면서 유권자들의 자발적인 정당정치 참여는 그동안 이루어지지 못하였다. 이제 우리 정당들이 민주주의의 공고화에 기여하기 위해서는 무엇보다도 유권자들의 자발적인 참여를 유도하고 확대하는 기제로서 작동하는 것이 중요하다고 본다. 또한 유권자들이 관심을 갖고 자발적으로 정당정치에 참여하게 될 때 비로소 사회 내 이익의 표명 및 집약과 정책 대안 제시 등 정당의 주요 기능들도 제대로 수행할 수 있게 될 것이다. 따라서 정당이 새롭게 만들어지는 과정에서 어떠한 방향이 옳은 것인지를 판단하는 데 있어 일차적인 기준은 정치에 무관심한 대다수 유권자들의 정치적인 관심을 높이고 자발적으로 정당정치에 참여하는 유권자들의 수를 늘려 나가는 데 도움이 되느냐의 여부일 것이다.

이 장에서는 이러한 기준을 중심으로 먼저 정당의 기초조직 및 중앙당 조직이 어떠한 방식으로 운영되는 것이 바람직한지를 다루게 될 것이다. 다음으로 정당의 후보 선출에 있어 당원들의 권한은 어떻게 행사될 수 있는지, 정당의 후보 선출과정에 당원이 아닌 일반 유권자들도 참여하게 될 경우 구체적으로 어떠한 방식이 있을 수 있는지, 정당의 정책결정에 있어 특히 표결을 포함한 의원들의 원내활동과 관련하여 당원들의 권한행사는 어떻게 이루어질 필요가 있는지 등을 검토하게 될 것이다. 끝으로 빠르게 변화하고 있는 정당 환경 등을 고려할 때 바람직한 정당의 의사소통구조와 역할은 무엇인지를 논의하게 될 것이다.

1. 정당조직 및 운영방식

(1) 정당 기초조직의 운영

오랫동안 정당의 기초조직을 이루어 왔던 지구당이 사실상 지구당위원장의 사조직화하여 비민주적으로 운영되어 왔고, 지구당 조직의 유지 및 가동에 막대한 비용이 들어감에 따라 고비용 정당 구조의 주 요인이었기 때문에 지구당의 폐해에 대한 비판이 끊임없이 제기되어 온 것이 지구당 폐지의 배경이 되었다. 하지만 정당이 시민사회 내의 자발적인 결사체임을 고려할 때 당원을 조직하고 유권자들과 직접 교류하는 기초조직인 지구당을 폐지하는 것이 타당하다고 보기는 어렵다. 또한 지구당 폐지 이후 경선관리의 어려움, 사조직의 확산, 의원사무실을 유지할 수 있는 현역 의원이 있는 정당과의 형평성 등의 문제도 발생할 수 있다. 결국 정당의 기초조직 문제를 해결하는 데 있어 관건은 지구당과 같은 기초조직을 폐지하는 데 있는 것이 아니라 기초조직의 민주적인 운영을 어떻게 이루어낼 것인가에 있다.

지구당이 폐지되어도 정당 공천을 받는 선거가 시도 단위 이하의 작은 선거구에서 치러지는 상황에서 후보 선출을 위한 경선 및 본 선거에서의 선거운동을 하기 위한 정당의 시도 단위 이하 기초조직들을 계속하여 금지하는 것은 현실적으로도 쉽지 않은 일이었다. 이러한 실정을 고려하여 2005년 8월 재개정된 정당법에서 국회

의원 선거구 및 시 · 군 · 구별 또는 읍 · 면 · 동별 당원협의회를 둘 수 있도록 하였고, 다만 사무소는 설치할 수 없도록 하였다. 이제 중요한 것은 정당의 새로운 기초조직으로 허용되고 있는 당원협의회가 이전의 사조직화되어 있던 지구당 조직의 형태가 되어서는 안 된다는 것이다. 이는 과거의 지구당 조직이 부활되는 경우 상향식 공천제도가 제대로 정착되기도 힘들 뿐만 아니라 조직운영에 막대한 비용이 들어감으로 인하여 고비용 정당구조가 재연될 가능성이 크기 때문이다. 따라서 특정 인물 중심의 동원된 조직이 아니라 지역의 당원들과 정당을 지지하는 지지자들이 자발적으로 참여하는 기초조직을 만들어 가는 것이 중요하다.

지구당이 폐지된 이후 정당법의 재개정으로 당원협의회가 허용되기 이전에도 열린우리당과 한나라당 등 주요 정당들은 이미 시도당 이하 수준에서 과거의 지구당을 대체하는 새로운 정당조직으로 시 · 군 · 구별로 당원협의회를 임의조직의 형태로 구성하여 운영하여 온 바 있다. 하지만 대부분의 경우 당원협의회 운영의 책임을 지역의 국회의원 등 선출직 공직자나 이전의 지구당위원장이 그대로 맡는다든지(서울경제 2005/6/13), 또는 임기가 1년으로 되어 있는 당원협의회장으로 선출된 뒤 1년 동안만 공직후보로 나갈 수 없게 하고 있어(열린우리당 당헌 83조) 임기를 마치면 곧바로 공직후보로 나설 수 있는 길을 열어놓고 있는 등 많은 문제가 있었다. 정당법의 재개정으로 당원협의회가 허용된 이후에도 국회의원이 당원협의회장을 겸직하는 등 당원협의회가 과거의 지구당과 유사한 방식으로 운영되는 관행이 지속되고 있다.

이와 같은 지구당 폐지 이후 정당 기초조직의 운영실태를 볼 때 당원협의회와 같은 기초조직의 민주적 운영 및 기초조직 단위에서 치러지는 공직선거 후보 선출의 공정성이 확보될 수 있는 방안을 시급하게 강구할 필요가 있다. 이는 이러한 방안들이 조속히 강구되지 않을 경우, 당원협의회도 결국 이전의 지구당처럼 특정 인물 중심의 동원된 조직으로 변질되면서 사조직화될 가능성이 높기 때문이다. 또한 앞으로 행정구역의 개편으로 지방 행정구역의 단층화가 이루어진다면 각 행정구역별로 확대된 형태의 당원협의회가 시도당 조직을 대체할 수도 있을 것이기 때문에 과거의 지구당과는 질적인 차별성을 갖는 기초조직을 갖추어 가는 것은 더욱 중요한 과제이다.

당원협의회의 민주적인 운영을 위해서는 단수의 위원장 체제보다는 자발적으로 참여한 당원들이 선출한 복수의 운영위원들로 구성되는 운영위원회 체제가 보다 바람직하다고 본다. 당원협의회 운영위원들의 임기는 2년 내지 4년으로 하고, 대체로 기초조직 수준의 주요 선거가 끝나고 선거결과에 대하여 책임을 묻는 형식으로 운영위원회를 개편할 수 있을 것이다. 또한 5장에서 제안했던 것처럼 경선 관리의 공정성을 확보하기 위해서 기초조직 수준의 선거를 통해 선출된 공직자나 공직선거 출마 예정자들은 당원협의회 운영위원 선거에 나설 수 없도록 해야 할 것이다. 즉 선출직 공직자 또는 공직후보가 당원협의회 운영위원을 겸직하는 것은 금지되어야 할 것이다.

당원협의회와 같은 정당의 새로운 기초조직뿐 아니라 정당의 기초조직과 직·간접적으로 연계되게 될 지지조직의 성격과 관련하여 중요한 것은 이러한 조직들이 어떻게 만들어지고 유지되느냐의 문제라고 본다. 즉 조직을 만들고 유지하는 데 정당이나 정당의 후보에 의해 물질적인 대가가 지불되고 있는지, 아니면 정당이나 정당의 후보를 지지하고 정책적으로 지향하는 바가 같아서 모인 자생적 · 자발적 조직인가의 문제인 것이다.

여기에서 새로운 기초조직과 연계되게 될 단체들은 정당이나 정당의 후보가 만들고 유지하는 비용부담을 하는 조직이 아니라, 오히려 이러한 조직들을 통하여 정당이나 정당의 후보에게 자원봉사나 후원금 조달이 가능한 단체들이라는 점에서 규제의 대상이 되고 있는 과거의 사조직들과 구별될 수 있다고 본다. 이러한 자발적인 조직들은 정당정치의 발전을 위하여 활성화될 필요가 있다. 정당의 자발적인 지지조직들이 확산되는 데는 상당한 시간이 소요되리라 보며, 자발적인 새로운 정당의 토대가 어느 정도 구축되지 않은 상태에서는 정당의 기초조직이 과거의 사당화된 고비용 지구당 형태로 운영될 가능성이 크다. 때문에 정당이 이러한 토대를 구축해 가는 데 활용될 수 있는 자발적인 정당 지지단체들이 활성화되는 일은 매우 중요하다.

과거의 사조직과 구별되는 자발적인 단체들의 활성화를 위해 자발적인 단체들로 하여금 해당 지역 선관위에 이들 조직의 자발성 여부에 대한 심사를 거쳐 등록하도록 하여 양성화시키는 방안도 고려할 수 있을 것이다. 즉 선관위에 등록된 자발적인 단체는 비용의 조달과 활동사항들에 대하여 정기적으로 선관위에 보고하고, 필요한 경우 선관위의 감사를 받도록 할 수 있을 것이다. 그리고 이처럼 선관위에 등록하고 선관위의 감독을 받는 단체 이외의 단체는 동원된 조직으로 간주하여 사조직의 선거운동 금지에 관한 현행 선거법

조항의 엄격한 규제를 받도록 할 수 있을 것이다.

정당이나 정치인들을 지지하는 자발적인 단체들의 활성화 없이 유권자들의 정당정치에 대한 관심을 늘이는 것은 쉽지 않다고 보기 때문에 자발적인 단체들의 활성화는 중요하다. 다만 그동안 우리 정당정치의 문제는 지지단체들이 정당이나 정치인들에 의해 비용이 지불되는 동원된 단체였다는 데에 있었다. 2002년 16대 대선과정에서부터 새롭게 나타나고 있는 과거의 동원된 단체와 성격을 달리하는 자발적인 지지단체의 싹들은 정당정치의 활성화를 위하여 계속 발전시켜 나아가야 할 것이며, 이러한 단체들마저 동원된 조직으로 간주하여 규제하는 것은 우리 정당정치의 발전을 위해서 재고할 필요가 있다.

새로운 기초조직은 선거가 없는 평상시에는 유무선 인터넷 등을 이용하여 주로는 현안 문제들과 관련하여 지역 내 여론을 수렴하고 정책 제안을 접수하며 기초조직 수준의 당소속 선출직 공직자들을 정기적으로 평가하는 등의 한정된 업무를 하는 연결망 형태로 유지될 수 있을 것이다. 당내 경선을 통하여 공직후보 선출이 이루어진 시점부터 기초조직은 본 선거에서의 선거운동을 주도하는 본격적인 선거운동 조직으로 가동하게 되고 기초조직과 연계된 각종 다양한 지지단체들도 가동되는, 다시 말하여 기초조직이 최대한 활성화되는 시기가 될 것이다. 이와 관련하여 현행 선거법에서 대통령 선거의 경우 선거일 전 240일, 국회의원과 광역단체장 선거의 경우 선거일 전 120일, 기초단체장과 지방의회 의원 선거의 경우 선거일 전 60일부터 선거운동을 할 수 있도록 선거가 치러지는 지역별 정당의 선거사무소 설치를 허용하고 있는데, 새로운 기초조직들은 이를 활용하여 후보 선출과 선거운동을 하는 등 한시적이지만 본격적인 활동을 할 수 있을 것이다.

결국 과거 지구당 위원장 중심의 정당 기초조직 체제는 다음 국회의원 선거에 나설 사실상의 후보 예정자에 의해 대부분 조달된 비용을 가지고 4년 내내 선거운동 조직으로 가동하는 형태였다고 할 수 있다. 반면에 새로운 기초조직으로 등장한 당원협의회는 지역의 당원이나 지지자들의 자발적인 참여로 운영되고, 이러한 자발적인 참여를 더욱 확대하는 기제로서 작동하며, 평상시에는 주로 당원과 지지자들의 연결망 형태로 유지하다가 공직선거에 임박하여 후보 선출이 이루어지면서 선기기간 동안 집중적으로 선거운동 조직으로 가동되는 경량화된 형태로 운영되어 나갈 필요가 있다.

(2) 중앙당 조직의 운영

정당의 기초조직이 각 지역의 당원 또는 정당지지자들에 의해 자율적으로 운영되는 연결망 형태의 당원협의회로 발전된다면 지금까지 수직적 조직의 정점에 위치했던 정당의 원외 중앙당 조직도 장기적으로는 기초조직의 자율성이 보장될 수 있도록 보다 수평적인 조직으로 재편성되어야 할 것이며, 그 규모도 선거 중심으로 경량화될 필요가 있다. 선거 업무를 중심으로 하는 원외 중앙당 조직의 평상시 기능이 축소되는 반면, 정책개발과 입법을 중심으로 하는 원내정당의 기능은 더욱 강화되어야 할 것이다. 이를 위하여 원내정당의 자율성이 확보될 필요가 있으며 정당의 인력과 자원도 원내정당에 더 많이 배분되는 원내정당화가 이루어져야 할 것이다.[1] 나아가 보다 장기적으로는 의원이 국회 내 활동에 집중하도록 원외 대표를 포함한 원외당직을 겸직하지 못하도록 하는 것이 바람직하다.

지금처럼 의원이 원외당직을 겸직하는 경우에도 대통령 후보 선출을 위한 당내경선의 공정성 확보를 위해서 원외대표를 포함한 원외 중앙당 조직의 선출직 지도부 구성원들은 기초조직 수준에서처럼 지도부직을 사퇴한 이후 일정기간 대통령 후보 경선에 나설 수 없도록 제도화할 필요가 있다. 더욱이 현재 주요 정당의 원외대표 등이 사실상 대통령 후보 경선을 방불케 하는 전국 대의원 대회에서 직접 선출되어 강화된 위상을 갖고 있기 때문에 원내정당의 자율성을 확보하고 민주적인 정당운영을 정착시키기 위해서도 대통령 후보 경선에 출마하고자 하는 원외대표 등은 경선 일정기간 이전에 지도부직을 사퇴하도록 하는 것이 바람직하다.

기존의 원외정당 중심의 우리 정당정치가 원내정당 중심의 정당정치로 전환될 때 정당들 간의 현실적인 정책 마련을 위한 협상과 타협도 보다 원활하게 이루어질 수 있어 사회 내 분출하는 갈등을 해소하여 사회통합을 이루어내는 국회의 역할도 제대로 수행 될 수 있을 것이다. 이처럼 우리 정당정치가 원내정당 중심으로 변화

1_ 원내정당화의 다양한 개념에 대하여는 정진민(1999), 김용호(2001), 임성호(2003), 곽진영(2003), 김민전(2005a) 등을 참고하고 원내정당화에 대한 보다 상세한 논의는 8장을 볼 것.

되는 것은 정당정치 논의에서 자주 활용되는 세 수준의 정당 개념 중 중앙과 지역의 당직자 및 대의원 등으로 구성되는 조직 수준 정당(party as oganization)보다는 의회와 행정부에 진출한 당소속 공직자로 구성되는 정부 수준 정당(party in government)과 일반당원뿐 아니라 후원자, 지지자 등 유권자도 포함하는 유권자 수준 정당(party in the electorate) 중심으로의 전환을 의미하는 것이기도 하다.[2]

세 수준의 정당 개념은 메이어(Mair 1994)가 제시한 공직자 정당(party in public office), 토대 정당(party on the ground), 중앙조직 정당(party in central office) 개념과도 유사한데,[3] 선진 민주국가들의 경우 최근으로 오면서 유권자 수준 정당으로부터 권한을 위임받은 조직 수준 정당이 정부 수준 정당을 통제하는 대중정당 모델이 쇠퇴함에 따라 조직 수준 정당은 약화되고 정부 수준 정당은 강화되는 추세에 있다(Bowler 2000; Farrell and Webb 2000; Katz and Mair 2002; Scarrow 2000; Thies 2000).

이러한 정부 수준 정당의 강화 추세는 전통적으로 조직 수준 정당을 매개로 하여 유권자들과 소통해 오던 선진 민주국가 정당들이 발전된 다양한 매체들을 활용하여 유권자들과 직접 소통하는 방향으로 유권자 접촉방식을 바꾸어 나가면서 더욱 뚜렷해지고 있다. 또한 이러한 추세는 선진 민주국가의 주요 정당들이 정당을 지지하

2_ 세 수준의 정당 개념에 대한 보다 상세한 논의는 Key(1964), Aldrich(1995), 임성호(2003) 등을 참고할 것.

3_ 메이어의 정당 개념에 대한 보다 상세한 설명은 이현출(2005)을 참고할 것.

는 특정 집단의 정체성을 중심으로 하여 지지집단을 통합해내는 사회적 통합(social integration) 기능과 지지집단의 이익을 대표하는 이익대표(interest representation) 기능이 강조되었던 대중정당(mass party)으로부터 변화하여 선거에서의 승리를 목표로 하여 지지기반의 외연을 최대한 확장시키려 하는 포괄정당(catch-all party)적 성격이 강화되고 있는 것과도 변화의 방향을 같이 하고 있다.

우리 정당정치가 원내정당 중심으로 전환되어야 된다는 논의도 기본적으로는 정부 수준 정당과 유권자 수준 정당 간의 연계를 강화시키는 방향으로의 변화를 지향하고 있다. 그동안 주요 정당들이 모두 원내정당화를 주장하여 왔고, 실제로 원내정당이 정책, 입법, 정당간 협상 등에 있어 이전보다 역할이 강화되었지만 원외 중앙당과의 업무 중복, 정책역량 부족 등 해결해야 될 과제들은 아직도 많이 남아 있는 실정이다.

2. 정당의 후보 선출

현재 대부분 정당의 경우 자발적인 진성당원이 매우 부족하기 때문에 진성당원 확보를 통한 정당의 안정적 토대를 마련하기 위해 진지한 노력을 기울여야 할 것이며, 보다 많은 진성당원 확보를 위하여 이들에게 일정한 권한을 부여할 필요가 있다. 우선 정당의 당원들에게는 중앙당과 시도당의 선출직 당직자와 전국 또는 시도 대의원 대회에 참석하게 될 대의원에 대한 선거권과 피선거권 및 선출직 당직자들에 대한 소환권을 부여할 수 있을 것이다. 또한 정당의 공직후보 선거권 및 피선거권 역시 당원들이 기본적으로 행사할 수 있는 권리가 되어야 할 것이다.

다만 공직후보 선거권 및 피선거권의 경우 당원들이 당연히 이러한 권리를 갖게 되지만, 문제는 이러한 권리를 당원들에게만 국한시킬 것인가이다. 당원들이 배타적인 선거권과 피선거권을 갖는 당직자 선출과는 달리 공직 후보 선거권과 피선거권은 당원뿐 아니라 당원 이외의 유권자에게도 개방하여 정당의 후보 선출과정에 관심이 있는 유권자가 정당정치에 참여할 수 있는 통로를 열어놓을 필요가 있다고 본다. 당원들만이 참여하는 정당의 당직자 선출은 지금처럼 당원이 부족하여 당원을 확보해 가는 상황에서는 다소간 어려움이 있겠지만 일단 일정한 규모의 당원이 확보된 이후에는 크게 문제가 되리라 보지 않는다. 따라서 지금부터는 당원이 아닌 일반 유권자의 참여도 필요하다고 보는 정당의 후보 선출을 중심으로 논의하고자 한다.

정당의 후보 선출은 본 선거에서 유권자들의 선택의 폭을 사실상 결정하는 정당의 가장 중요한 행사라고 할 수 있는데, 이처럼 중요한 정당의 후보 선출에 당원이 아닌 일반 유권자도 참여할 수 있게 될 때 유권자들의 정당정치에 대한 관심은 더욱 높아질 수 있을 것이다. 정당의 입장에서도 후보 선출에 있어 결국 중요한 것은 본 선거에서의 경쟁력이기 때문에 후보 선출과정에서부터 당원뿐 아니라 당원이 아닌 유권자들의 검증을 받는 것은 도움이 될 수 있을 것이다.

또한 후보 선출에 당원이 아닌 유권자도 참여할 수 있는 통로가 개방될 때, 이러한 통로를 통하여 새로운 정당지지자들을 확보하여 나감으로써 정당 지지기반의 외연을 확장시켜 갈 수 있을 것이다. 그리고 후보 선출과정에 자발적인 참여가 반복되는 과정에서 정당의 후보 선출을 계기로 확보된 지지자들 중 일부를 새로운 당원으로 충원하여 나갈 수도 있을 것이다.[4] 설사 당원들만으로 정당의 공직후보 선출을 한다 하여도 지금처럼 당원을 충분히 확보하고 있지 못한 상황에서는 많은 수의 급조된 당원들로 공직후보 선출이 이루어질 가능성이 크고, 공직후보 선출 전에 당원수가 일시적으로 증가하였다가 후보 선출이 끝나면 감소하는 현상이 반복되리라 예상된다.

실제로 열린우리당의 경우 2005년 4월 전당대회 및 재보선 선거 등을 앞두고 기간당원 요건을 권리행사일 60일 전 당비 6개월 납부에서 2개월 납부로 완화하여 2004년 10월 3만 7천 명이던 당원수가 2005년 2월 23만 5천 명까지 늘어났지만 4·30재보선이 끝

4_ 최근 들어 선진 민주국가 정당들의 경우에도 정당의 공직 후보 선출과정에 참여의 폭을 넓히고 후보 선출방식을 분권화시키는 변화들이 일어나고 있다. 이러한 변화는 후보 선출과정을 보다 민주화시켜 정당정치 참여의식(sense of involvement) 또는 유대의식을 갖게 함으로써 탈산업사회화에 따라 동요되고 있는 정당의 지지기반을 유지하고, 나아가 지지기반의 외연을 확장시키고자 하는 의도에서 비롯되고 있다(Hopkin 2001; Pennings and Hazan 2001; Scarrow, Webb, and Farrell 2000). 구체적인 정당의 후보 선출방식과 관련해서는 당원들이 선출한 대의원이나 전 당원, 나아가서 미국의 예비선거처럼 정당을 지지하는 유권자에까지 참여의 폭을 넓히는 등 다양한 방법이 있을 수 있는데, 대체로 후보 선출과정에 참여의 폭이 확장되는 방향으로 변화하고 있으며, 이를 통하여 궁극적으로 정당정치 과정에 시민들이 되돌아오게 하려는(bringing citizen back in) 의도를 갖고 있다.

나면서 14만 8천 명으로 다시 감소한 바 있다(서울신문 2005/5/10). 한나라당의 경우에도 공직후보 및 당직자 선거에 참여할 수 있는 책임당원제를 도입하고 있지만 공직선거나 당직선거를 전후한 당원들의 일시적인 증가 및 감소현상이 비슷하게 나타나고 있는데, 2006년 5월 실시된 지방선거를 앞두고 경선에 나선 후보들의 당원 확보가 본격화되면서 당원수가 급증한 후 지방선거 이후에는 다시 감소한 바 있다. 이처럼 무리하게 당원수를 늘리는 것보다는 정당의 후보 선출에 참여를 희망하는 일반 유권자도 쉽게 참여할 수 있는 통로를 열어주고 이를 촉진할 수 있는 제도적 장치를 마련하는 것이 일반 유권자들의 광범위한 자발적인 정당정치 참여가 아직 충분히 이루어지고 있지 않은 상황에서[5] 보다 합리적이라고 본다.

물론 당원이 아닌 일반 유권자도 참여하는 정당의 후보 선출에 문제가 없는 것은 아니다. 정당의 후보 선출과정에 당원이 아닌 일반 유권자도 포함하는 선거인단을 구성하게 될 때 무엇보다 우려되는 것은 경선 후보들이 불공정한 방법으로 유권자들을 동원하는 일이다. 예를 들어, 지난 17대 총선을 치르기 위한 정당의 후보 경선과

5_ 일반 유권자들의 자발적인 정당정치 참여가 아직도 제대로 이루어지고 있지 않음은 주요 정당의 수입내역에도 반영되어 있다. 2004년도 당비가 전체 수입에서 차지하는 비율이 열린우리당 29.7%, 한나라당 5.6%로 나타나고 있는데, 이는 2003년도 당비 비율과 비교하여 열린우리당은 8%, 한나라당은 13.1% 줄어든 것이다. 2004년도 후원금이 전체 수입에서 차지하는 비율도 열린우리당은 11.8%, 한나라당은 1.3%에 불과하고 2003년도 대비 열린우리당은 5.7% 증가했지만 한나라당은 14.7% 감소하고 있다(중앙선관위, 2004년도 정당 · 후원회 수입 · 지출내역 공고, 2005/3/22).

정에 일반 유권자들로 구성된 선거인단이 무작위로 선정되었음에도 실제로는 경선 후보들이 동원한 유권자들이 대거 선거인단에 뽑힘으로써 부분적으로 조직선거가 이루어져 튼튼한 조직기반을 갖고 있는 후보에게 유리한 결과를 가져오는 사례들이 적지 않게 있었다.

경선을 위하여 선거인단을 구성하는 과정에서 후보들에 의한 비자발적인 동원이 이루어지는 것을 줄이고 경선의 공정성을 높이기 위해서는 정당의 요청이 있을 경우 선거가 치러지는 지역의 선거관리위원회가 각급 공직후보 선출을 위한 경선사무 중 선거운동과 투 · 개표 관리뿐 아니라 비당원 경선 선거인단 구성의 일부 업무를 대행하도록 하는 것이 바람직하다고 본다. 그리고 이처럼 경선사무의 상당 부분을 선관위가 대행하게 될 경우 경선사무에 들어가는 경선 후보나 정당의 비용 부담을 줄일 수 있을 것이다.

특히 문제가 되고 있는 비당원 경선 선거인단 구성과 관련해서도 여러 정당들이 선관위에 일반 유권자가 참여하는 경선의 관리를 요청해 오는 경우, 선관위는 선거구의 모든 유권자들에게 경선참여 여부를 1개 정당에만 국한하여 문의하는 안내문을 발송하여 정당별 경선참여 희망자 명단을 작성할 수 있을 것이다. 각 정당은 당원 이외에 선관위로부터 받은 경선참여 희망자 명단에 포함된 유권자들을 포함하는 경선 선거인단을 당원과 비당원 유권자에 정당별로 할당한 비율에 따라 구성할 수 있을 것이다. 그리고 경선 후보자들은 당원 이외에도 경선참여 희망자 명단에 포함된 유권자들을 상대로 홍보물 발송 등 지지를 호소하는 선거운동을 하도록 할 수 있을 것이다. 또한 선관위가 정당으로부터 당원명부를 사전에 확보하여 경선참여 희망자 명부 작성에 있어 당원은 배제시킴으로써 당원이 이중으로 포함되지 않도록 할 수 있을 것이다. 이처럼 정당의 경선 과정에 선관위가 적극적인 역할을 하도록 한다면 선거인단 구성에 있어 공정성 확보가 더욱 용이해지리라 보며, 일반 유권자들의 경선참여에 대한 관심을 높이는 데에도 도움이 될 수 있을 것이다.

일반 유권자도 참여하는 경선의 또 다른 주요 문제는 낮은 투표율이다. 예를 들어, 지난 17대 총선의 경우에도 주요 정당들 모두 평균 경선투표율이 50% 정도였다고 하고 있지만, 낮은 경우에는 20%대의 극히 저조한 투표율도 나타나고 있다.[6] 이처럼 경선에 실제로 참여하게 될 선거인단의 낮은 투표율은 선거인단 내 집단별 투표율 차이에 따른 선거인단의 불균형을 초래하고 응집력이 강해서 투표율이 높은 당내 특정 분파의 영향력을 지나치게 확대시키는 등의 문제를 야기시킬 수 있기 때문에 전체 선거인단의 투표율을 제고시키는 방안들이 강구되어야 할 것이다.

이를 위해서 경선장소를 방문하여 투표하는 것과 병행하여 우편, 인터넷, 휴대전화를 이용한 투표도 희망하는 유권자의 경우에는 허용하는 등 경선참여 절차 및 투표절차를 지금보다도 더욱 간소화할 필요가 있다. 정당이 경선 선거인단을 구성할 때 해당 선거구에 거주하는 당원과 경선참여를 희망하는 유권자 중에서 추첨을 통하거나 또는 표본추출 방식으로 선거인단을 구성하는 것보다는 경선

6_ 17대 총선과정에서 실시된 상향식 경선의 실태와 문제점에 대한 상세한 논의는 정진민(2004)을 참조할 것.

참여 의욕을 고취시키기 위하여 당원 및 경선참여를 희망하는 비당원 유권자 모두 투표하도록 하고 이들의 투표수를 사전에 당원과 비당원 유권자에 각기 할당된 비율의 표수로 환산하여 적용하는 것이 보다 바람직하다고 본다.

또한 정당의 후보 선출과정에 당원이 아닌 일반 유권자도 참여하게 될 경우, 반대하는 정당의 경선에 참여하여 열등한 후보에 투표하는 역선택의 가능성이 있다. 이러한 역선택의 가능성을 줄이기 위하여 하나의 정당 경선에만 참여하도록 정당들의 경선을 동시에 치르는 방안을 강구할 필요가 있다. 그리고 역선택이 부분적으로 이루어지더라도 그 효과를 최소화하기 위하여 경선에 참여하는 비당원 유권자의 규모를 늘릴 필요가 있으며, 이를 위해서도 경선참여 공모에 응한 유권자는 모두 투표하도록 할 필요가 있다. 또한 경선 선거인단 구성단계에서부터 선관위가 보다 적극적인 역할을 하도록 하는 것도 역선택을 포함한 경선의 공정성 문제를 해결하는 데 도움이 될 수 있을 것이다.

마지막으로 경선투표자들이 조직적으로 동원되고 매수될 수 있다는 이유로 정당 후보 경선에 여론조사 결과를 반영하는 것은 다음과 같은 이유로 경선의 취지를 왜곡시킬 수 있어 적절하지 않다고 본다. 우선 당원이 아닌 일반 유권자가 정당 경선에 참여할 경우 당원이 아니라 하여도 정당을 지지하거나 최소한 정당에 대해 관심을 갖고 있는 유권자여야 할 것이다. 하지만 여론조사는 표본추출, 설문작성, 결과해석 등과 관련된 기술적 문제는 차치하더라도 정당에 대한 지지 여부나 관심 여부에 관계없이 정당의 경선 후보에 대한 단순한 선호 표시라는 점에서 지나친 정당약화를 초래할 수 있을 뿐만 아니라, 유권자의 적극적 행동에 의한 선택이 아니라 수동적 선호만 파악할 수 있다는 점에서 민주주의 원칙에도 맞지 않다. 따라서 완전개방형이든 혼합형이든 당원이 아닌 유권자에게도 개방된 경선에 참여할 수 있는 범위를 정당을 지지하거나 관심을 갖고 있어서 정당의 후보 선출에 스스로 참여를 원하는 유권자로 한정할 필요가 있다.

또한 일반 유권자들이 참여하는 경선에서 일단 선거인단이 확정되면 경선 후보들이 이들을 상대로 자신의 정책적 입장을 제시하고 지지를 호소할 기회가 주어질 수 있지만 여론조사의 경우는 이러한 기회가 주어질 수 없는 문제가 있다. 더욱이 여론조사는 단순한 인지도 조사나 인기조사의 성격이 있어 과도한 이미지 정치를 초래할 수도 있다는 문제도 있다. 따라서 경선과 관련한 여론조사는 조사방식상의 기술적인 문제뿐 아니라 정당정치의 최소한의 원칙에도 부합되지 않는다는 점에서 참고자료로 활용할 수는 있지만 이를 직접 경선결과에 반영하는 것은 지양할 필요가 있다.

최근 들어 정당의 후보 선출을 위한 상향식 경선 실시가 줄어들고 있고 2004년 17대 국회의원 선거를 치르기 위한 후보 선출에 있어 한나라당 등 주요 정당의 경우 상향식 경선보다는 중앙당의 심사를 통한 후보선정이 주로 이루어진 바 있는데, 이러한 후보선정이 적절한지에 대해서는 보다 신중한 검토가 필요하다. 물론 후보 선출을 지역의 당조직에만 전적으로 위임하였을 경우 발생할 수 있는 유권자 동원 등 경선과 관련된 문제를 최소화하기 위하여 지역 당조직의 후보 선출에 중앙당의 일정한 역할이 필요하다고 본다. 즉 지역의 경선에 앞서 경선 희망자를 대상으로 중앙당이 자격

심사를 할 수 있을 것이며, 각 지역의 경선에서 기본적으로 지켜져야 할 원칙들을 제시할 수 있을 것이다. 또한 경선과정에서 부정행위 등 현저한 문제가 발생되었을 경우 중앙당은 경선결과를 무효화하고 후보 재선출을 해당 지역 당조직에 요청할 수도 있을 것이다. 하지만 실제로 선거가 행해지는 선거구 정당조직의 후보 선출에 대한 중앙당의 개입은 지역의 자율적인 상향식 후보 선출 원칙이 지켜질 수 있도록 최소화될 필요가 있다.

각 지역의 공직 선거에 나설 후보 선출의 주체는 가능하다면 그 지역의 당원이나 정당지지자들이 되는 것이 바람직하며, 이 과정에서 일정한 중앙당의 심사나 감독은 필요하지만 과도한 중앙당의 개입은 적절하지 않다고 본다. 따라서 중앙당에서 서류심사, 여론조사, 개별면접 등을 통하여 단순히 경선에 참여자격 여부가 아닌 최종 후보 결정까지 이루어지는 것은 문제가 있다고 보며, 현실적으로도 전략공천이라는 이름으로 하향식 공천이 행해질 경우 공천심사위원회의 구성, 심사기준 등을 둘러싼 공천의 공정성, 투명성 논란이 일어날 소지가 많다. 물론 당세가 취약한 지역이나 선거전략상 특별히 고려하여야 할 지역의 경우 예외적으로 중앙당이 직접 최종 후보를 결정할 수도 있겠지만, 이 경우에도 가능하다면 해당 지역구의 당원 또는 정당지지자들에 의한 신임투표를 실시하도록 하는 것이 바람직하다고 본다.

결국 중앙당의 사전 심사기능 강화는 지역의 경선에서 나타날 수 있는 취약점을 보완하기 위한 것이라고 할 수 있는데, 이러한 경선의 취약점 중 본 선거 경쟁력의 문제와 관련해서는 경선을 통한 후보 선출이 이루어진 선거가 아직 많이 치러지지 않았지만 하향식 후보 선정과 비교하여 경선의 본 선거 경쟁력이 반드시 약한 것인지도 의문이다.[7] 더욱 중요한 경선의 문제인 경선 선거인단 구성의 공정성과 관련해서도 선거인단 구성의 공정성을 이유로 지역의 경선을 중앙당의 심사로 대체하기보다는 선거인단 구성의 공정성을 확보할 수 있는 합리적인 방안의 개발로 해결하는 것이 바람직하다고 본다.

자발적으로 참여하는 당원들로 정당의 토대를 구성하는 일은 탈산업사회화에 따라 유동성이 증가하고 있는 정당 지지기반의 안정성을 일정 수준 확보해 준다는 점에서 매우 중요하며, 이들 당원에게 이러한 기여에 상응하는 배타적인 권한이 어느 정도 부여될 필요가 있다. 이러한 고려에서 정당의 당직자 선출에 있어서는 당원들만이 배타적으로 선출권한을 행사하도록 할 수 있을 것이다. 또한 당원들은 선출된 당직자에 대한 소환권과 선출된 공직자에 대한 정기적인 평가과정에 참여하여 발언권을 행사하고 이를 통하여 현직자들의 지나친 입지 강화를 견제하는 역할도 할 수 있을 것이다. 하지만 정당의 후보 선출은 정당 지지기반의 외연 확대 등을 위해 당원뿐 아니라 당원이 아닌 유권자도 참여할 수 있는 통로를 개방하는 것이 바람직하다고 본다. 그리고 이처럼 당원뿐 아니라 당원이 아닌 유권자도 정당의 후보 선출과정에 참여할 수 있도록 하는 것은 유권자들의 정치적인 관심을 높이고 자발적으로 정당정치

7_ 경선의 본 선거 경쟁력이 약하지 않음을 보여주는 경험적 연구로는 모종린 · 전용주(2004), 황아란(2006) 등을 참조할 것.

에 참여하는 유권자들의 수를 늘려 나가는 데 도움이 될 수 있다는 점에서 서두에서 언급했던 정당개혁의 방향설정을 위한 기준에도 부합된다고 본다.

3. 정당의 정책결정

정당의 후보 선출뿐 아니라 정책결정에 있어서도 당원들은 일정한 역할을 할 수 있어야 할 것이며, 이를 위하여 당원들이 정책 제안을 할 수 있도록 할 뿐만 아니라 주요 사안에 관한 정책결정에 있어서 당원들의 의견이 반영될 수 있는 제도적 장치가 갖추어질 필요가 있다. 주요 정책결정과 관련하여 당원들의 의견을 충분히 수렴하기 위하여 원외정당을 대표하는 인사들이 원내 지도부 회의에 참석할 수 있도록 하고, 원내 정책위원회에 일정 비율의 원외 정책위원을 두도록 하는 등의 방안이 고려될 수 있을 것이다. 필요한 경우에는 전당원 투표도 실시할 수 있을 것이며, 이를 통하여 확인된 당원들의 의사는 정당의 주요 정책결정에 중요한 참고자료로 활용되고 반영되어야 할 것이다. 또한 당원들의 정책결정 참여를 활성화시키기 위하여 분야별 정책 포럼, 예를 들어 교육 포럼, 환경 포럼, 복지 포럼 등을 조직하고 당원들이 한 개 이상의 포럼에 가입하여 온라인이나 오프라인상의 토론회나 수시 모임을 통하여 정책을 제안하고 평가하는 방안도 고려해 볼 수 있을 것이다.

현재 우리 정당들은 자발적인 진성당원을 확보하는 것이 당면한 주요 과제인데, 정당의 정책결정 과정에 당원들의 의견이 잘 반영될 수 있을 때 정당의 당원이 되고자 하는 유인은 더욱 커질 수 있을 것이다. 더욱 적극적으로는 당원의 경계선을 넘어 정당이 추진하고자 하는 주요 사안별 정책을 지지하는 유권자들을 조직화해 감으로써 이들을 정당의 지지자, 나아가서는 당원으로 확보해 나가는 방안도 활용할 수 있을 것이다. 최근 우리 정당들이 자발적인 당원을 확보해 감에 있어 주로는 당직자와 공직후보의 선출과정에 참여할 수 있는 권한을 부여하는 유인만을 주로 활용하고 있는데, 이러한 유인 못지않게 정책결정 과정에 참여할 수 있는 권한을 부여하는 유인도 적극적으로 활용할 필요가 있으며, 우리 정당들이 정책정당을 지향해 가야 한다면 그 필요성은 더욱 크다고 할 수 있다.

이처럼 정당의 정책결정에 당원들의 의견이 적극적으로 개진되고 반영되는 것은 민주적인 정당운영에 있어 매우 중요하다. 또한 공직후보 선출이라는 유인만으로 많은 당원을 확보하는 데는 한계가 있을 수밖에 없으며, 보다 많은 당원을 확보하기 위해서도 이들에게 정당의 정책결정 과정에 발언권을 부여하지 않을 수 없을 것이다. 하지만 다수 당원들의 의견이 정당의 정책결정 과정에서 존중되고 반영된다 해서 당원들이 정당의 최종적인 정책결정 권한을 갖고 당원들 또는 당원들의 대의기구가 결정한 당론이 당소속 의원들이 의회에서 각종 표결을 하는 데 있어 강제되는 것은 바람직하지 않다고 본다. 스트롬(Strom 1990a)과 월리네츠(Wolinetz 2002)도 정당의 정책결정 과정에서 정당활동가(party activist)와 같은 열성적인 당원에게 과도하게 강한 권한이 부여될 경우, 정당의 정체성에 기초한 정책추구(policy-seeking)는 충족될 수 있지만 정당의 정책이 일반 유권자들의 평균적 선호로부터 멀어지게 되고, 정당의 전략적 선택을 제약함으로써 정당의 득표추구(vote-seeking)나 의회와 행정부의 공직추구(office-seeking)에 문제를 야기할 수 있음을 지적하고 있다.

물론 정당민주화가 이루어지기 이전 당지도자가 결정한 당론이 당소속 의원들에게 강제되는 것과 성격이 다른 것은 사실이다. 하지만 정부형태로서 대통령제를 채택하고 있는 우리의 경우에는 원활한 국정운영을 위하여 의원들의 표결을 포함한 원내활동에 있어 자율성이 확보되는 것이 중요하기 때문에[8] 설사 당론이 당원들 또는 당원들을 대표하는 대의기구에 의해 민주적으로 결정된 것이라 하여도 이를 당소속 의원들이 원내표결을 하는 데 있어 강제하는 것은 바람직하지 않다. 또한 가장 많은 유권자 지지를 확보한 정당만이 대통령직 획득이라는 중요한 목표를 달성할 수 있기 때문에 두 개의 집권 대안으로 조합이 이루어질 유인이 강하게 작용하고 있는 대통령제 하의 정당들로서는[9] 선거에서의 승리를 위하여 다양한 집단의 지지를 결집시킬 수밖에 없기 때문에 정당의 득표추구적 성격이 더욱 강화될 가능성이 크다(Wolinetz 2002).

기본적으로 원내정당화의 취지가 정당의 원외조직으로부터 의

8_ 내각제와 달리 집권당이 의회 다수 의석을 차지하지 못하는 분점정부가 빈발하는 대통령제 하에서 의원 자율성 확보의 중요성에 대해서는 9장을 참고할 것.

9_ 정부형태의 차이가 정당행태에 미치는 영향에 대하여는 Samuels(2002)를 참고할 것.

원들이 자율성을 확보하여 국회에서 정책개발과 입법활동에 전념토록 하여 국회의 생산성을 높이자는 데 있기 때문에 당원들 또는 당원들의 대의기구에 의해 결정된 당론이 의원들의 원내활동을 지나치게 구속하는 것은 바람직하지 않다. 더욱이 이러한 당론 결정과정이 단합도가 높은 당내 특정 분파에 의해 주도된다면 정당을 지지하는 다수 유권자들의 선호와는 거리가 있는 특정 분파의 요구나 이익이 주로 반영될 우려도 있어 정당 지지기반의 외연을 확장하는 데나 일반 유권자들의 관심을 높이고 자발적인 참여를 늘리는 데도 도움이 되지 못할 것이다.

또한 우리처럼 지역구 선거를 통하여 선출된 의원들이 의회의 절대다수를 점하고 있는 상황에서는 의원들이 일차적으로는 지역구 유권자들을 대표하고 있기 때문에 의원들이 당원들의 의견을 존중해야 되겠지만 이에 구속되는 것은 바람직하지 않다. 특정 사안에 대한 당론과 다수 유권자들의 입장이 상이할 경우에도 당론이 의원에게 강요되어진다면 이는 의원의 대표성 문제도 야기할 수 있다. 만약 많은 의원들이 이러한 문제에 봉착하게 될 경우에는 정당의 입장에서도 당론을 의원들에게 강제하는 것은 부담스러울 수 있다.[10]

정당의 정책결정 과정에 있어 당원들의 의사가 반영되는 것은

10_ 전진영(2006)은 16대 국회 전자표결 자료분석을 통하여 당론, 지역구 여론, 이념성향 등 여러 요인들이 의원들의 투표행태에 중첩적으로 영향을 주고 있음을 보여주고 있다.

중요하며, 이를 위하여 주요 정책사안과 관련된 당원들의 의견을 수렴할 수 있는 제도적인 장치들이 강구될 필요가 있다. 하지만 정당이 정책을 결정하는 데 있어 당원들의 의견을 최대한 반영한다고 해도 의원들의 원내활동에 있어 자율성을 크게 침해하지 않는 범위로 한정하는 것은 우리처럼 소선거구제를 골간으로 하고 있는 선거제도를 갖고 있는 대통령제 하에서 국정의 원활한 운영을 위해서 중요하다고 본다.

4. 결론: 바람직한 정당의 의사소통 구조와 유권자정당

오랫동안 사당화된 정당구조가 유지되어 오면서 진성당원 수가 절대적으로 부족하였기 때문에 더 많은 진성당원 확보를 위하여 우리 정당들이 적극 노력할 필요가 있으며, 이를 위하여 당원들에게 일정한 권한이 부여될 필요가 있다. 그러나 주요 당직자 및 대의원 선출에 있어 당원들에게 부여된 배타적인 선거권과 피선거권에 추가하여 아직 진성당원이 매우 부족한 우리의 현실에서 공직후보 선출에 있어서도 당원들만이 선거권과 피선거권을 갖는다든지 당원 또는 당원들의 대의기구가 당론 결정권을 갖고 당소속 의원들에게 당론을 강제할 수 있는 권한을 부여하는 것이 바람직한지에 대해서는 의문이 있다. 이미 유권자들의 의식변화 등 정당 환경의 변화로 정당원들의 비중이 이전보다 줄어드는 추세일 뿐만 아니라 유권자들의 의견수렴을 위한 여론조사가 보편화되어 있고, 급속하게 발전된 정보통신기술을 활용한 정보전달과 여론형성이 가능해지고 있다. 이러한 상황에서 당원들에게 실질적인 권한이 부여된 당원중심 정당이라 하여도 이들에게 일정 한도 이상의 과도한 권한부여에 대하여는 보다 신중한 검토가 필요하다.

진성당원이 충분치 않은 상황에서 적은 수의 진성당원이란 사실상 대부분 열성적인 정당활동가(party activist)들이라고 볼 수 있고, 당원이 중심이 되는 정당을 건설한다는 명분을 내세우고 있지만 실질적으로는 이들 소수의 정당활동가들에 의해 사실상 정당이 포획되는 결과를 가져옴으로써 정당의 유연성을 떨어뜨리고 유권자들의 선호와는 거리가 있거나 왜곡된 후보 선출이나 정책결정이 이루어질 가능성도 크다고 본다. 또한 소수의 열성적인 정당활동가들에 의해 정당운영이 좌우될 경우, 자칫 이들 활동가들이 그들의 기득권을 계속 유지하는 방향으로 정당을 이끌고 갈 가능성도 배제할 수는 없다고 본다. 이렇게 될 경우 정당운영이 경직화되면서 유권자들의 선호 변화에 적응력이 떨어지는, 즉 움직임이 둔해지는 정당이 될 우려가 있다.

나아가 정당은 유권자, 공직후보자, 선출직 공직자로 이어지는 통로에 위치하고 있다고도 할 수 있기 때문에 정당의 구조를 참여적인 구조로 바꾸고 정당의 운영을 개방적으로 하게 될 경우 자연스럽게 선거가 없는 기간에도 정당이 의회와 같은 대의기구를 시민사회의 공론에 민감하게 반응하도록 만드는 기제로서 역할을 수행하는 것도 가능하다. 선진 민주국가 정당들의 경우에도 이처럼 보다 참여적인 정당구조를 만들고 정당운영을 개방적으로 하기 위하여 지금까지 주로 당소속 선출직 공직자집단과 소수의 열성적인 정당활동가 간에 이루어져 왔던 의사소통 구조를 이들 선출직 공직자 집단과 일반 당원 간의 의사소통 구조로 확장시켜야 된다는 주장들이 제기되고 있다(Teorell 1999; Hopkin 2001; Pennings and Hazan 2001). 하지만 우리의 경우는 진성당원이 매우 부족한 현실적 측면과 보다 개방적인 의사소통 구조를 만든다는 측면에서 선출직 공직자 집단과 일반 당원 간의 소통구조 대신 선출직 공직자 집단과 정당지지자(party supporter), 또는 더 나아가 정당투표자(party voter) 간의 한층 더 확장된 소통구조를 갖는 유권자정당으로 발전되어 나가는 것이 더욱 바람직하다고 본다.

정당의 의사소통 구조를 당원의 경계선을 뛰어넘는 보다 확장된 소통구조로 발전시킬 필요성은 우리 정당들의 주변 환경이 선진 민주국가의 정당 환경과 유사하게 빠른 속도로 바뀌고 있는 것과도 관련되어 있다. 선진 민주국가 정당들의 경우 1960년대 후반 이후 유권자들의 집단소속감의 약화 및 가치정향의 변화, 그리고 정당을 매개하지 않은 정치참여 능력이 크게 향상되는 인지적 동원(cognitive mobilization) 등이 이루어지면서 특정 집단의 지지를 뛰어넘어 지지기반이 확대되는 방향으로 변화되고 있다(Inglehart 1997; Scarrow, Webb and Farrell 2000; Dalton 2002).

우리의 경우에도 최근 들어 상이한 성장경험을 갖고 있으면서 교육수준이 크게 향상된 젊은 유권자들의 비율이 증가하고 정보통신기술이 급속히 발전하면서 유권자들의 가치정향과 인식능력 등이 과거와는 크게 달라지고 있거나 신장되고 있어 전통적인 정당조직에 의한 유권자 동원은 점점 더 어려워지고 있다.[11] 유권자들의 이러한 변화와 더불어 선거가 치러지는 방식 역시 크게 달라지고 있는데, 특히 선거과정에서 TV 등 대중매체, 여론조사, 그리고 인터넷 등의 활용이 보편화되고 있다. 이처럼 선거운동 기법이 크게 변화되면서 당원조직을 중심으로 하는 전통적인 선거운동 방식의 효율성이 현저하게 감소되고 있을 뿐만 아니라, 당비보다는 일반 유권자들이 낸 세금으로 조성된 국고 보조금에 정당재정의 절반 이상을 의존하는 정당자금 조달방식의 변화 등을 고려한다면 정당이 당원의 경계선을 뛰어넘는 확장된 소통구조를 갖는 유권자정당으로 발전될 필요성은 더욱 커지고 있다고 본다.

또한 정당이 더욱 개방적인 의사소통 구조를 갖게 될 때 점차 다양해지고 있는 보다 많은 유권자들이 관심을 갖고 있는 쟁점들이 다루어짐으로써 일반 유권자들이 체감할 수 있는 정책 대안 제시가 한층 더 가능해질 수 있을 것이다. 앞서 논의했던 정부 수준 정당의 비중을 높이는 원내정당화도 궁극적으로는 정당정치의 중심 무대를 국회 내로 이동시켜 정당들 간의 정책 경쟁을 활성화시키는 데 그 목적이 있으며, 정당이 보다 개방적인 의사소통 구조를 갖고 있을 때 이러한 목적달성은 더욱 극대화 될 수 있을 것이다. 더욱이 대부분 정당들이 충분한 수의 당원을 확보하고 있지 않은 상황에서는 확장된 소통구조를 가질 필요성이 더욱 크다고 본다. 즉 적은 수의 정당활동가들에 의한 정당의 포획을 가져올 가능성이 큰 폐쇄적인

11_ 최근의 인지적 동원 현상을 포함한 우리 유권자들의 인식능력 및 가치정향 등의 변화와 이러한 변화가 정당정치에 미치는 영향에 관해서는 정진민(1999, 2001)을 참조할 것.

정당의 의사소통 구조를 개방함으로써 다양한 유권자들의 의견수렴이 가능해지고 이념적으로 경직된 정책 대안보다는 보다 현실성 있는 정책 대안 제시가 이루어질 수 있을 것이기 때문이다. 이처럼 현실성 있는 대안 제시가 이루어질 때 비로소 유권자들이 체감할 수 있는 정책들이 구현될 수 있을 것이다.

최근 들어 우리 사회도 탈산업사회로의 변화가 진행 중인데, 유권자들의 이동성이 증가되면서 집단 소속감이 약화되고 있는 탈산업사회의 정당으로서 생존하기 위해서도 반드시 당원이 아니라 하여도 정당을 지지하는 유권자들의 지지를 확보해 가는 것이 중요해지고 있으며, 정당의 지지조직에 있어서도 당원조직 이외에 다양한 형태의 지지조직들이 활성화되는 구조를 가질 필요성이 있다. 정당의 지지기반과 관련해서도 특정 집단에 그 지지가 국한되어 있는 좁은 지지기반의 정당보다는 사회적 균열선을 뛰어넘는 폭넓은 지지기반을 갖는 정당이 새로운 환경변화에 보다 높은 적응력을 가질 수 있다고 본다.

정당의 역할에 있어서도 점차 사회 내 다양한 이익을 대표하는 이익단체나 시민단체들이 활성화되고 그 수도 늘어나게 되면서 점차 특정 집단의 이익을 대표하는 전통적인 역할 못지않게 대표된 이익들을 종합하고 조정하여 정책대안화하는 정책기능이 강화되는 쪽으로 무게 중심이 옮겨지는 추세에 있다. 이제 정당은 기존의 이익대표 기능에 추가하여 보다 다양해진 시민사회의 요구들을 중재하는 중재자(mediator 또는 broker)로서의 기능과 선거를 통한 엘리트 충원기능을 주요 기능으로 하는 방향으로 발전되어 나갈 가능성이 높아지고 있다고 본다.[12] 이처럼 달라지고 있는 정당의 역할 및 빠르게 변화하는 정당 환경 등을 고려할 때, 당원들이 정당의 안정된 토대로서 중요하지만 당원들만의 폐쇄적인 정당조직으로는 한계가 있다고 보며, 특히 정당이 유권자와 만나는 접점이라 할 수 있는 기초조직의 경우 당원들뿐 아니라 당원이 아닌 유권자들과도 함께 호흡하는 개방적인 유권자정당 형태를 유지함으로써 유연성을 잃지 않는 것이 중요하다고 본다.

12_ 이처럼 정당들이 포괄정당적 성격을 유지하면서 중재 기능과 같은 새로운 기능이 추가된 정당이라는 의미에서 'catch-all party minus'가 아닌 'catch-all party plus'라는 용어가 사용되고 있기도 하다(Puhle 2002, 76-78).

III부 | 대통령제 민주주의와 정당

7장 _ 한국의 대통령제 민주주의와 정치제도

해방 이후 우리의 정부형태는 제2공화국에서 9개월 동안 짧은 내각제 경험을 제외한다면 그동안 많은 정치적 변동이 있었음에도 불구하고 대통령제가 지속적으로 유지되고 있다. 대부분의 정치제도들이 자주 바뀌어 오면서 그 역사가 일천한 데 반하여 대통령제라는 정부형태는 예외적으로 오랜 기간 유지되고 있다고 볼 수 있다. 하지만 1987년 민주화 이후, 특히 최근 들어 우리의 대통령제가 많은 문제점을 안고 있다는 비판이 끊임없이 제기되고 있다.

이 장에서는 먼저 이러한 비판과 관련하여 우리 대통령제가 직

이 장은 『한국 권력구조의 이해』(나남, 2004)에 실렸던 글로 나남 출판사의 동의를 얻어 수정 · 본완하여 다시 싣게 되었음을 밝혀둔다.

면하고 있는 주요 문제들은 무엇이고 이러한 문제들이 어디에서 비롯되고 있는 것인가에 대하여 진단하고자 한다. 다음으로 대통령제에 대한 이러한 문제들을 해소하기 위하여 일부에서 제기되고 있는 내각제 또는 분권형 대통령제로의 개헌이 현행 대통령제의 대안이 될 수 있는 것인지, 아니면 대통령제 하에서 원활한 국정운영이 이루어질 수 있도록 정당, 선거, 의회, 정치자금 제도 등 중위수준의 정치제도 개혁이 이루어지는 것이 보다 더 합리적인지를 살펴보게 될 것이다. 마지막으로 현행 대통령제의 문제들을 극복하기 위하여 우리 정치가 처해 있는 현실들을 감안할 때 어떠한 구체적인 방안들이 고려될 수 있는지에 대하여 논의하고자 한다.

1. 현행 대통령제의 문제점

현행 대통령제를 운영하는 데 있어 우리가 직면하고 있는 가장 심각한 문제는 민주화 이후 대통령의 소속 정당이 국회의 소수당이 되는, 즉 분점정부(divided government)가 되는 경우가 빈발하게 되면서 대화와 설득을 통해 타협을 이루어내는 정치적 관행이 정착되지 못한 상황에서 국회와 대통령 또는 행정부 간 대립이 심화되고 국정운영의 교착상태가 장기간 지속되는 일이 반복되고 있다는 점이다. 더욱이 최근에 이루어진 당총재직 폐지와 같은 정당개혁으로 인하여 노무현 정부 출범 이후 대통령이 더 이상 소위 제왕적 당총재직을 겸하면서 정당을 장악하고 있지도 않고 국정원, 검찰, 국세

청과 같은 권력기구를 통한 정치적인 영향력 행사도 하지 않게 되면서 반복되는 교착상태의 장기간 지속은 대통령의 정책추진력을 크게 저하시키고 있다.

이처럼 과거의 권위주의적 또는 소위 제왕적 대통령제에서 보다 민주적인 대통령제로 전환되고 있는 상황에서 대통령의 정책추진력이 저하되면서 국정운영의 안정성에 문제가 야기되고 있는 데에는 현행 헌법의 내각제적 요소들도 일정 부분 관련되어 있다. 현행 우리의 대통령제는 주지하다시피 미국을 대표적인 모델로 하는 대통령제이면서도 과거 권위주의 정치체제의 유산이기도 한 내각제적인 요소들이 가미되어 있는 일종의 혼합형 대통령제라고 할 수 있다. 그리고 바로 우리 대통령제에 가미되어 있는 이러한 내각제적 요소들이 민주화 이후, 특히 최근 일련의 정치개혁이 이루어진 이후 국정의 원활한 운영에 지장을 초래하는 경우가 적지 않다.

대통령이 임명하는 국무총리 및 고위공직자들에 대한 국회의 인사청문회 및 임명동의권, 국무총리 및 국무위원에 대한 국회의 출석요구 및 질문권, 국무총리 및 국무위원에 대한 국회의 해임 건의권, 행정부의 법률안 제출권, 국무위원의 의원직 겸직 허용 등 내각제적 요소들은 과거 권위주의 체제 하에서 주로 대통령의 국회 정치과정에 개입을 가능케 하여 대통령의 권력 강화에 기여하거나 사실상 무력화되어 있는 국회가 대통령에 대한 견제권한을 갖고 있는 것처럼 보이기 위한, 즉 민주적 외관을 갖추기 위한 구색 맞추기에 불과하였다. 하지만 1987년 민주화 이후, 더욱이 최근 들어 우리의 대통령제가 민주적인 대통령제로 이행되면서 이러한 내각제적 요소, 특히 국무총리에 대한 국회의 임명동의권, 그리고 관행적으로 사실상 해임권이나 다름없는 국무총리 및 국무위원에 대한 해임건의권 등이 행정부에 대한 생산적인 견제와 균형보다는 오히려 국회의 행정부에 대한 과도한 개입을 조장시켜 대통령이 정책추진을 하는 데 있어 효율성과 안정성을 떨어뜨리는 경우들이 점차 많아지고 있다.

대통령제는 국가권력의 분립을 통하여 정해진 기간 동안 행정부의 수반인 대통령의 임기를 보장하고 보장된 기간 동안 안정적으로 정책을 추진하도록 설계되어 있는 제도이다. 하지만 민주화 이후 분점정부가 빈발하고 대통령의 권한이 축소되고 있는 반면 국회의 행정부에 대한 과도한 개입이 이루어지면서 대통령이 원하는 정책의제를 주도하고 이에 맞는 정책법안을 입법화시키는 데 한계가 있고, 이에 따라 정책추진의 효율성과 안정성이 크게 저하되고 있으며, 사회 내 다양한 이해관계에 대한 조정능력이 약화되고 있는 현상은 매우 심각한 문제가 아닐 수 없다.

또한 대통령제는 국가권력의 분립 못지않게 분립된 권력들 간의 상호 견제와 균형을 기본 작동원리로 하고 있기 때문에 대통령제가 원활하게 운영되기 위해서는 분립된 권력기구들이 그 역할을 제대로 수행하고 역할수행을 위한 역량을 갖추는 것이 중요한데 우리의 실정은 아직 이에 크게 미치지 못하고 있다. 특히 대통령제 하에서 분립된 권력기구들 중에서 의회의 역할이 매우 중요한데 우리의 경우 오랜 기간의 권위주의 체제 하에서 위축되어 왔던 국회가 민주화가 이루어진지 상당한 시간이 경과되었음에도 제대로 역할을 수행하지 못하고 있는 점이 원활한 국정운영에 적지 않은 문제를 초래하고 있다. 즉 국회의 의제설정 기능과 입법기능 수행도 기대치에 크게 미치지 못할 뿐만 아니라 사회 내 다양한 이해관계들을 조정해내지도 못하고 있다. 이처럼 국회가 본연의 기능과 역할을 수행하고 행정부와 균형을 취하기보다는 행정부에 대한 비생산적인 견제가 과도하게 이루어지고 있다(최장집 2003). 즉 의회와 행정부 간의 견제와 균형(checks and balances)을 통하여 원활한 국정운영을 위한 상호 협력체계 구축에 실패하고[1] 의회와 행정부 간의 정체와 교착(immobilism and deadlock)이 반복적으로 나타나고 있는 것이다.

국회를 구성하고 있는 의원들 역시 제도와 환경이 변화되고 있음에도 불구하고 아직도 과거의 관행과 행동양식에서 벗어나고 있지 못하다. 특히 국회에서 핵심적 역할을 수행하는 정당의 구조와 운영방식에 적지 않은 변화가 일어나고 있다는 데에 대한 인식이 부족하다. 오랫동안 강력한 제왕적 총재를 정점으로 하는 권력집중적인 정당구조와 비민주적인 정당의 운영방식이 대통령에게 권력을 집중시키고 국회의원들의 의정활동에 있어서 자율성을 심하게 제한함으로써 국회를 무력화시키는 데 크게 기여해 왔다. 하지만 최근 이루어진 정당개혁으로 인하여 우리 정당들의 중앙집중적인 구

1_ 대통령제 하에서 분립된 권력기구들 간의 견제와 균형을 반드시 대립 또는 갈등을 조장하는 것으로 볼 필요는 없으며, 슈가트와 케리(Shugart and Carey 1992, 19)의 해석처럼 대통령제에서의 권력분립은 분립된 권력기구들이 각기 생존을 위협받지 않고 다른 권력기구에 대한 견제를 할 수 있도록 하기 위한 것이기 때문에 권력의 분립은 권력기구들 간의 견제를 통한 상호의존을 보장하고 있는 것으로 볼 수도 있다

조는 보다 분권적인 방향으로 변화되고 있으며, 의원들의 자율성은 이전보다 상대적으로 신장되고 있어 과거처럼 더 이상 대통령의 국회에 대한 위로부터의 통제가 효과적으로 수행되고 있지도 못하다.

민주적인 대통령제의 원활한 작동을 위해서 이제는 의원들이 신장된 자율성을 국회 본연의 기능을 활성화시키는 데 십분 활용하고, 생산적인 국정운영을 위하여 정당과 정치인들이 대화와 설득을 통하여 절충과 타협을 이루어내는 관행을 정착시키는 것이 중요한데 이를 위한 진지한 노력이 이루어지고 있지 못하여 대통령제 하에서의 국정운영의 효율성과 안정성이 크게 떨어지고 있는 것이다. 즉 정당과 정치인들이 타협의 관행을 정착시키기보다는 과거의 대립과 투쟁의 행태에서 크게 벗어나지 못하고 있다. 대통령의 국회통제에 대한 반작용으로 야당들이 국회 밖에서 해왔던 집단적 행동과 같은 극단적인 항의를 통하여 국민들의 지지를 끌어내는 소위 장외투쟁의 효과가 민주적인 대통령제로 이행되면서 크게 감소되고 있음에도 불구하고 우리 정당들이 아직도 장외투쟁 전략을 구사하는 등 과거의 대립적 투쟁방식을 사용하고 있는 것이 한 예가 될 수 있을 것이다.

이처럼 정당과 정치인들 간의 대화와 설득을 통하여 절충과 타협을 이루어내는 관행이 정착되지 않은 상황에서 1987년 민주화 이후 등장한 지역적인 균열구도에 기초한 다당체계는 대통령의 소속 정당이 국회 내 다수당이 될 가능성을 더욱 낮게 하여 행정부와 국회 간의 교착상태가 초래될 가능성을 높임으로써 원활한 국정운영이 이루어지는 것을 어렵게 하는 또 다른 요인이 되고 있다. 메인워링(Mainwaring 1993)은 대통령제와 다당체계가 결합하였을 때 양당체계의 경우보다 대통령의 소속 정당이 의회 내 소수당이 될 가능성이 커서 주요 사안마다 대통령은 의회 내 다수의 지지를 얻어내기 위해 노력해야 되고, 정당 간 경쟁에 있어서 구심력보다는 원심력이 작용할 가능성이 커지며, 정당연합이 구성된다 하여도 내각제의 경우보다 안정성이 낮아서 행정부와 의회 간의 교착상태가 악화될 수 있다고 보고 있다.[2] 실제로 민주화 이후 우리의 대통령제가 원활하게 운영되지 못하고 있는 데에는 지역주의에 토대한 다당체계가 적지 않게 작용하고 있다고 본다. 대통령제의 실패를 논하고 있는 린쯔(Linz 1994)도 바로 그의 주장을 뒷받침하기 위한 사례로 대통령제와 다당체계가 결합한 남미 국가들을 주로 사용하고 있다.

2. 대통령제에 대한 대안 검토: 내각제와 분권형 대통령제

현행 대통령제가 여러 문제들에 직면하고 있는 상황에서 핵심과제는 의회와 대통령 간의 반복되고 있는 대립과 교착을 극복하여 보다 안정적이고 효율적인 국정운영을 이루어낼 수 있는 방안을 강구하는 것이라고 본다. 즉 이제 중요한 것은 어떻게 하면 갈등조장

2_ 25년 이상 대통령제가 지속되었던 7개의 사례 중 미국, 코스타리카, 베네수엘라, 우루과이, 콜롬비아, 필리핀의 유효 정당수는 3개 미만이었고, 오직 1932-1973년 기간의 칠레만이 다당체계 국가였다(Mainwaring and Shugart 1997, 466-467).

형 권력구조를 갈등완화 내지는 해소형 권력구조로 바꾸어내느냐의 문제라고 본다.

이와 같은 갈등완화 내지는 해소형 권력구조로 우선 내각제를 고려해 볼 수 있는데, 내각제의 가장 큰 장점으로 대통령제가 태생적으로 안고 있는 이원적 민주정통성(dual democratic legitimacy) 또는 분할된 다수(divided majority)의 문제가 없다는 점이 흔히 거론되고 있다. 대통령제를 채택했던 남미 국가들의 사례에 기초하여 신생 민주주의 국가에서 대통령제의 실패를 논의하고 있는 린쯔(Linz 1993, 1994)는 내각제가 정국의 불안정을 타파하고 체제의 수행능력을 제고시킬 수 있는 중요한 이유는 바로 이원적 정통성 또는 이중 정통성의 문제를 갖고 있지 않기 때문이다라고 주장하고 있다.

하지만 프랑스 3, 4공화국이나 이탈리아의 불안정한 내각제 경험에 비추어 볼 때 린쯔의 주장이 반드시 타당성이 있는지 의문일 뿐만 아니라, 메인워링과 슈가트(Mainwaring and Shugart 1997)가 지적하고 있듯이 내각제라 하여도 양원제의 경우 의회의 양원이 각기 다른 정당 또는 정당연합에 의해 장악되어 있을 때 이중 정통성의 문제는 나타날 수 있으며, 대표적인 예로 독일을 들 수 있다. 더욱이 내각제 하에서도 의회의 다수 의석을 확보하고 있지 못한 소수 내각(minority cabinet) 또는 소수 정부(minority government)는 자주 나타나고 있으며,[3] 내각제 하에서의 소수 정부는 내각에 참여하고 있지

3_ 스트롬(Strom 1990b, 58-59)에 따르면, 1945-1987년 기간 중 내각제를 채택하고 있는 15개 선진 산업국가들에서 출현했던 345개 내각 중 소수 내각

않은 정당이나 의원에게 공직 제공, 정책적 양보, 정치적 자원 공급 등의 유인들을 활용하여 의회 내 다수의 지지를 확보해 나간다는 점에서 이중 정통성 문제가 첨예해지는 대통령제에서의 분점정부와 유사하다고 볼 수 있다.

또한 호로위쯔 (Horowitz 1993)가 지적하고 있는 것처럼 린쯔(Linz 1993)가 대통령제 하에서 행정부와 의회 간의 분할된 다수의 문제들을 언급하면서 동시에 대통령제의 또 다른 문제점으로 승자독점(winner-takes-all) 정치를 논하는 것은 설득력이 약하다.[4] 오히려 분할된 다수의 문제는 대통령제 하에서 타협의 관행들(conciliatory practices)을 만들어낼 수밖에 없는 요인으로 작용할 수도 있다. 실제로 호로위쯔(Horowitz 1993)뿐 아니라 내각제 옹호론자인 린쯔(Linz 1994) 역시 미국 이외에도 콜롬비아, 베네수엘라, 브라질, 아엔데 정권 등장 이전의 칠레 등에서 타협의 관행들이 나타나고 있음을 인정하고 있다.

은 125개로 35%에 달하고 있으며, 노르웨이, 스웨덴, 덴마크 등의 경우는 소수 내각이 오히려 다수 내각보다 더 많았던 것으로 나타나고 있다. 내각제 국가에서 이처럼 소수 내각의 출현이 적지 않은 것은 내각이 의회의 다수의 지지에 기초하고 있다고 하지만 대부분의 경우 실제로는 의회 내 명시적인 다수의 지지를 받아서 성립되기보다는 의회 선거 후 협상 결과 구성된 내각이 의회 내 다수에 의해 불신임받지 않는 한 유지될 수 있고, 정당들이 때로는 연정에 참여하여 각료직을 배분받는 것이 정책적 영향력 행사나 보다 장기적으로 선거에 불리하게 작용할 수도 있다고 판단할 수 있기 때문이다. 소수 내각의 형성과 관련한 정당들의 행태에 대한 보다 상세한 설명은 스트롬(1990b, 68–74)을 참조할 것.

4_ 사실 영국과 같은 규율이 강한 양당체계 내각제의 경우에 가장 분명한 승자독점 정치가 나타날 수 있다.

내각제 옹호론자들은 내각제 하에서는 대부분 다당체계에 기초한 합의형(consensus) 정치체제가 나타날 가능성이 커서 사회 내 소수의 이해관계가 보다 잘 대표될 수 있다는 장점을 갖고 있다고 주장한다. 하지만 이익집단 정치의 활성화를 통해서도 사회 내 다양한 이해관계들은 대표될 수 있으며, 다당체계를 통하여 모든 사회 내 균열구조를 그대로 의회 내 균열구조로 옮겨놓는 것이 과연 바람직한가 하는 의문도 있다(Quade 1993). 더욱이 우리의 경우 내각제에 대한 국민들의 선호도가 낮을 뿐만 아니라 현재의 지역주의 정당체계를 고착화시킬 수 있다는 현실적인 문제점을 갖고 있다.

특히 내각제에서는 대통령제와는 달리 다수의 정당이 경쟁하는 정당체계의 파편화(fragmentation)가 초래될 가능성이 크다. 이처럼 파편화된 정당체계에서는 정치적 결과에 대한 책임소재가 불분명해지면서 책임정치의 실종을 야기하고, 유권자의 의사와는 거리가 먼 정치인 또는 정당들 간의 담합이 빈번해지며, 더 나아가서 기존 정당이나 정치인들의 기득권을 강화하는 정당정치의 카르텔화를 가속화할 가능성이 있다. 실제로 라데이레(Lardeyret 1993)는 비례대표제에 기초한 다당체계 내각제 하에서 새로운 의회 선거를 통하여 새로이 내각을 구성한다 해도 같은 인물들이 계속 등장할 가능성이 많음을 지적하고 있다.

내각제를 옹호하고 있는 린쯔(Linz 1994) 역시 외관상 불안정해 보이는 내각제도 사실은 정부의 안정성이 확보되고 있다는 주장의 근거로 새로운 내각이 구성되어도 핵심 각료들은 계속하여 그 직을 유지하는 경우가 자주 있음을 들고 있다. 결국 내각제 하에서 유권자들은 선거에서 특정 정당에 표를 던짐으로써 자신들의 정치적 선호를 표시하지만 정당들이 어떠한 조합으로 집권할 것인지, 누가 총리가 되어 국정을 책임질 것인지에 대하여는 정확하게 알지 못하며, 내각의 구성은 정당을 대표하는 정치인들 간에 막후 협상을 통해서 결정될 뿐인 것이다.[5]

더욱이 우리의 경우 지금처럼 정당들 간의 이념적 · 정책적 차별성이 뚜렷하지 않은 상황에서 주로 지역구 유권자들의 특수한 요구를 반영하는 의회 선거에 기초하여 내각이 구성되어 국정운영을 하게 될 경우 유권자들이 정부 선택을 할 수 있는 권한을 행사하였다고 볼 수 있는지도 의문이다. 즉 의회 선거가 정당들 간의 정책적 경쟁에 기초한 선거가 되지 못하는 상황에서 의회 선거에 기초한 내각 구성이 이루어질 때 정부의 책임성(governmental accountability)을 확보하기 위한, 파웰(Powell 1989)이 말하는 시민들의 통제(citizen control)가 제대로 이루어지고 있다고 보기도 어려울 것이다.

스트롬(Strom 2000)도 내각제의 가장 큰 문제점으로 책임성 확보의 취약함을 들고 있는데, 내각제는 대통령제와 비교하여 유권자와 최종 정책결정자 간에 더 많은 위임(delegation)의 단계들이 설정되어 있으며, 임기가 정해져 있는 대통령제와는 달리 의회 선거일이 언제가 될지 예측하기 힘들 뿐만 아니라, 선거일 결정이 총리와

5_ 선거 전에 유권자들이 어떠한 정당 또는 정당연합이 집권 대안들인지를 식별해낼 수 있는 정도와 관련하여 스트롬(Strom 1990b, 72-75)은 식별도(identifiability) 지표를 사용하고 있는데, 식별도가 가장 낮은 경우를 0, 가장 높은 경우를 1로 하였을 때 1945-1987년 기간 중 내각제를 채택하고 있는 15개 선진 산업국가들의 식별도 평균치는 0.39로 낮게 나타나고 있다.

다수당에 의해 정략적으로 이루어질 가능성이 크고 정책결정의 투명성도 낮아서 책임성 확보가 취약한 체제이고, 그만큼 도덕적 해이(moral hazard)의 문제가 발생할 소지가 많다고 보고 있다. 결국 내각제 하에서 유권자는 자신들이 지지하는 정당에 대한, 또는 지역구 선거를 통해 의회를 구성하는 경우에는 지역구 의원 후보에 대한 의사표출만이 가능하고 정작 실질적으로 국정운영을 하게 될 정부(내각)의 구성에 관해서는 의사표출의 기회가 없다.

이와는 대조적으로 대통령제 하에서는 정당들 또는 정치세력들 간의 조합이 대개는 두 명의 주요 후보를 제시하는 형태로 이루어질 가능성이 높고,[6] 유권자가 선거를 통하여 이들 중 하나를 국정운영의 최고 책임자로 직접 선출할 수 있어 최종적인 정부구성에 관한 유권자들의 명확한 의사표출의 기회가 확보되어 있다. 나아가 정당의 대통령 후보 선출과정에서부터 유권자들의 참여가 가능해질 경우에는 유권자들의 의사는 더욱 강하게 반영될 수 있는 것이다.

우리 정당정치의 경우에는 더욱이 이미 지역할거 구도에 기초한 정당 간의 권력 획득만을 목표로 하는 무원칙한 정치적 연합이

6_ 대통령제에서는 대통령직의 획득이 정당들의 가장 중요한 목표이고 오직 가장 많은 유권자 지지를 확보한 정당만이 이 목표를 이룰 수 있기 때문에 두 개의 집권 대안으로 조합이 이루어질 유인이 강하게 작용하고 있다. 따라서 대통령제 하에서는 내각제에서와는 달리 모든 정당이 전략을 수립하는 데 있어 대통령 선거에서의 현실적인 승리 가능성 또는 승리 가능성에 대한 정당의 주관적인 평가가 가장 중요한 기준이 되고 있다. 정부형태의 차이가 정당행태에 미치는 영향에 대하여는 사뮤엘스(Samuels 2002)를 참조할 것.

수차 이루어진 바 있으며, 이에 따라 정당, 정치인, 더 나아가서 정치 일반에 대한 유권자들의 불신과 냉소주의는 만연되어 있는 실정이다. 이처럼 정부형태로서 내각제를 택하기 이전에도 이미 정당 간의 무원칙한 연합은 나타나고 있기 때문에 연립정권이 일상화되는 내각제를 택하게 되었을 경우, 정치인들의 오직 권력 획득만을 목표로 하는 담합 및 탈산업사회 정당정치에서 흔히 나타나는 국고 보조나 매체 사용을 주요 정당들이 독점하는 정당정치의 카르텔화가 더욱 심화될 가능성이 크다.

대통령제 하에서도 기존 정당들이 새로운 정당들의 진입을 억제하면서 담합하는 정당정치의 카르텔화가 나타날 수 있지만, 연정의 가능성이 적은 대통령제보다는 복수 정당들 간의 연립정권이 빈번하게 발생하는 내각제에서 자신들의 집권을 위해서 타당의 진입을 봉쇄하며 기득권을 유지하려는 유인이 많이 작용하기 때문에 정당정치의 카르텔화가 이루어질 가능성이 더욱 크다(곽진영 2000). 그리고 이러한 정당정치의 카르텔화는 유권자들의 정치적 불신을 더욱 가속화시키게 될 것이다. 더욱이 내각제 하에서는 소수의 지지만으로도 정당 간의 협상결과에 따라서는 집권연정에 참여할 수 있을 것이기 때문에 현재와 같은 정당의 지역할거 구도가 제도적으로 보다 공고화될 뿐만 아니라, 나아가서 정당의 지역할거 구도가 더욱 세분화되어 정당체계가 파편화될 가능성도 있다고 본다.

정책적 차별성이 없이 지역적 차별성만이 있는 다수의 정당들이 정치인 또는 정당 간의 협상결과에 따라 언제든지 집권연정에 참여할 수 있다고 한다면 이들 정당들은 사실상 모두 집권당화하게 될 것이다. 결국 정당정치의 카르텔화가 심화될 것이고, 각 정당들은 다른 정당의 지역적 기반을 사실상 인정하고 상호 영역을 존중하게 될 것이며, 각 지역별로는 일당 우위 정당체계가 유지되어 나갈 것이다. 이러한 상황에서 중앙정치나 지방정치에 있어서 정책적 실패에 대하여 책임을 묻는 것은 쉽지 않을 것이다. 또한 정당 간에 지역적 차별성 이외의 차이가 존재하지 않는다고 할 때, 과연 이러한 정당체계가 탈산업사회화에 따라 더욱 다양해지고 있는 이해관계를 수렴하여 정책대안화하는 역할을 제대로 수행해 나갈 수 있을지도 회의적이다. 또한 지역적인 토대를 갖는 정당만이 존재할 때, 이러한 정당체계는 빠르게 변화하는 사회의 새로운 요구들에 대하여 적절한 대응을 하기도 어려울 것이다.

대통령제의 또 다른 대안으로 유권자가 직접 선출하는 대통령이 있지만 의회의 다수를 점하고 있는 정당 또는 정당연합에 내각을 구성하는 권한을 부여하는 준대통령제(semi-presidentialism, Duverger 1980)가 거론되고 있다.[7] 하지만 준대통령제 또는 분권형 대통령제는 국정운영의 책임소재를 불분명하게 할 뿐만 아니라, 지금까지 지속되어 온 대통령과 의회 간의 대립구조가 해소된다는 보장이 없으며, 분권형 대통령제를 갖고 있는 나라들은 대부분 우리와는 달리 강력한 의회가 주도하는 내각제 정부형태 하에서 강한 규율의 이념적 정당을 장기간 갖고 있었다는 점에 주목할 필요가 있다. 실

7_ 준대통령제는 수상-대통령제(premier-presidentialism, Shugart and Carey 1992), 이원집정부제(dual executive system)로도 불리워지며, 국내에서는 흔히 분권형 대통령제로 불리워지고 있다.

제로 프랑스 5공화국의 준대통령제는 3, 4공화국의 강한 의회와 약한 행정부로 인한 정치적 불안정을 해소하기 위해 도입된 것으로 대통령에게 비상대권, 의회해산권 및 새로운 총선 실시권 등 강력한 권한을 부여하고 있다.

분권형 대통령제를 대안으로 주장하고 있는 강원택(2001)은 우리 대통령제의 이중 정통성 문제를 프랑스적 갈등해소 방식으로 푸는 것이 적절하다고 보고, 그 이유로 우리 정당정치의 강한 규율과 정부형태에 있어 내각제적 요소를 지적하고 있다. 하지만 그동안 우리의 정당정치에서 정당의 규율이 강했던 것은 정당들이 정당지도자 중심의 사당화된 구조를 갖고 있었기 때문인데, 최근 정당개혁이 이루어지면서 막강한 권한을 갖고 있던 총재직이 폐지되는 등 분권형 정당구조로의 변화가 진행되고 있다. 이러한 변화가 지속된다면 과거처럼 강한 정당 규율이 유지되기 어려울 뿐만 아니라,[8] 앞으로 우리 정당들이 강한 규율의 이념적 정당으로 변화될 가능성도 크지 않다고 본다. 또한 정부형태에 가미되어 있는 내각제적 요소들 역시 제대로 작동되어 순기능을 하고 있다기보다는 오히려 대통령제 하에서의 원활한 국정 운영을 저해하는 요인으로 작용하고 있다. 따라서 분권형 대통령제가 적절하다고 보는 이유들이 이미 상당 부분 적실성을 상실하고 있다고 본다.

분권형 대통령제 역시 순수 대통령제와 마찬가지로 권력을 분

8_ 아직도 정당 내에 잔존하고 있는 권위주의적 관행과 행태들은 시간이 지나면서 점차 바뀌어 나갈 것으로 본다.

점하고 있어 분할된 다수의 문제로 인한 대립과 교착은 피할 수 없으며, 대통령제에서의 대립이 대통령과 의회 간의 대립이었다면 분권형 대통령제에서의 대립이 대통령과 의회의 지지를 받고 있는 총리 또는 내각 간의 대립으로 바뀌어져 있을 뿐이라고 볼 수 있다(Sartori 1997; Shugart and Carey 1992). 그리고 이와 같은 대통령과 총리 간의 대립은 대통령과 총리가 정파를 달리했을 경우, 즉 소위 동거정부(cohabitation)[9] 하에서 뿐만 아니라 프랑스의 퐁피두 대통령과 샤방 델마스 총리 및 지스카르 대통령과 시라크 총리의 예에서 보듯이, 우파 대통령과 우파 정부가 들어섰을 때에나 미테랑 대통령과 미셸 로카르 총리의 예처럼 좌파 대통령과 좌파정부가 들어섰을 때에도 나타나고 있다(조홍식 1998).

분권형 대통령제를 채택하고 있는 프랑스의 경우에도 대통령과 의회의 지지를 받고 있는 총리가 소속 정당을 달리하는 소위 동거정부가 성공적이었다면 동거정부의 출현을 억제하기 위하여 대통령의 임기를 7년에서 5년으로 단축하여 대통령 선거와 의회 선거의 주기를 맞추는 데 주안점을 둔 2000년 9월의 헌법 개정도 이루어지지 않았을 것이다.[10] 또한 대통령제 자체가 이미 이중 정통성

9_ 프랑스에서 동거정부는 1986-1988년 및 1993-1995년 기간 동안 좌파의 미테랑 대통령과 우파 내각, 그리고 1997-2002년 기간 동안 우파의 시라크 대통령과 좌파 내각의 형태로 세 차례 나타난 바 있으며, 미테랑이 1981년과 1988년 대통령 선거에서 승리한 지 얼마 지나지 않아 의회 선거를 밀월선거로 치르지 않았다면 미테랑 대통령 임기 내내 동거정부가 유지되었을 가능성이 컸다.

10_ 실제로 개정된 헌법에 따라 2002년 거의 동시에 치러진 대통령 선거와 의

에 기초하고 있는 분권형 정부형태라는 점에서 행정부의 권력을 또 다시 분점하는 분권형 대통령제는 중복적(redundant)인 분권형 체제라고도 볼 수 있다.

분권형 대통령제는 실제 운영에 있어 대통령제와 내각제의 중간 형태라기보다는 대통령이 의회 내 다수의 지지를 받느냐 여부에 따라 대통령제와 내각제가 교대해서 나타나는 체제라고 볼 수도 있는데, 대통령제가 나타나는 시기에는 의회해산권 및 새로운 총선 실시권 등 통상적인 대통령제 하에서 대통령의 권한 이상의 과도한 권력집중으로 인한 제왕적 대통령의 문제가, 내각제가 나타나는 시기에는 실질적인 권한을 갖고 있는 직선 대통령이 존재함에 따라 내각제이면서도 대통령과 총리 간의 권한배분 문제의 형태로 이중 정통성의 문제가 교대하여 나타날 가능성이 있다. 따라서 분권형 대통령제는 대통령제나 내각제의 장점을 살리지 못하면서 양 제도의 문제점이 중첩되어 나타날 수 있다는 점에서 내각제 채택보다도 더욱 바람직하지 못한 선택이 될 가능성이 많다고 본다. 실제로 린쯔(Linz 1994)는 1930년대 바이마르 공화국에서 민주적인 정치제도가 붕괴되는 데 있어, 선거제도와 파편화된 정당체계가 주 원인이라고 보는 사르토리(Sartori 1997)와는 달리 바이마르 공화국이 채택

회 선거의 결과 시라크 대통령을 지지하는 우파가 의회 내 과반수 의석을 차지한 바 있으며, 대통령의 임기가 하원의원의 임기와 같은 5년으로 단축됨에 따라 앞으로는 계속하여 두 선거가 거의 동시에 치러질 것이기 때문에 동거정부의 출현 가능성은 매우 낮아질 것이고, 이제 프랑스의 정부형태는 사실상 대통령제적 성격이 더욱 강화되었다고 보아야 할 것이다.

했던 정부형태, 즉 이원집정부제가 결정적으로 기여했다고 본다.

3. 민주적 대통령제와 정치제도

지금까지 살펴본 내각제와 분권형 대통령제의 문제점들을 고려한다면 새로운 정부형태로의 개헌보다는 현행 대통령제를 중위수준의 정치제도들의 개혁을 통하여 실제로 작동될 수 있는 민주적 대통령제로 전환시키는 것이 더욱 바람직하다고 본다. 여기에서는 주로 정부형태로서의 대통령제와 정치제도들 간의 조응성을 검토할 것이지만, 중위수준의 정치제도들 상호 간의 조응성 및 각 정치제도 내의 하위 제도들 간의 조응성 등도 중요하게 고려되어야 할 사항들이기 때문에 부분적으로 다루고자 한다. 즉 여기에서 다루어지는 조응성은 일종의 다층적 조응성의 문제가 될 것이다.

민주화 이후 민주적 대통령제 운영에 있어 가장 심각한 문제는 대통령의 소속 정당이 국회 내에서 다수 의석을 점하지 못하는, 즉 분점정부 상황에서 국회와 대통령 또는 행정부 간 대립의 심화와 교착상태의 장기간 지속이다. 이와 같은 대립과 교착은 국정운영의 효율성을 현저하게 감소시키고 있어 문제는 더욱 심각하다. 따라서 민주화 이후 반복적으로 나타나고 있는 분점정부 상황에 어떻게 대처해 나갈 것인가가 해결해야 할 가장 중요한 과제라고 본다.

우리 정치의 성숙도를 고려할 때 대통령의 소속 정당과 국회의 다수당이 일치하는 단점정부와 비교하여 분점정부가 국정운영에 큰 부담이 되고 있는 것이 사실이지만 제대로 운영되는 민주적 대통령제라고 한다면 분점정부의 출현은 반드시 기피할 것은 아니다. 오히려 분점정부 하에서 대통령제의 핵심 원리인 견제와 균형이 더욱 잘 작동될 수도 있을 것이며, 좀더 생산적이고 역동적인 국정운영이 이루어질 수도 있을 것이다. 따라서 분점정부의 출현 가능성을 낮추기 위한 노력과 병행하여 분점정부가 출현하였을 때 원활한 국정운영을 이루기 위한 방안들도 아울러 강구할 필요가 있다.

우선 분점정부의 출현 가능성을 낮추기 위해서 대통령 선거와 국회의원 선거 실시 시기를 재조정하고 이 두 선거를 동시선거(concurrent election)로 실시하는 방안을 강구할 수 있을 것이다. 즉 선거주기(electoral cycle)의 재조정 방안이다. 이는 미국의 예에서도 볼 수 있듯이 의회 선거가 대통령 선거와 동시에 치러질 때 분점정부 출현 가능성이 적어지는 반면, 대통령 임기 중에 치러지는 중간선거는 대통령 업적을 평가하는 선거의 성격을 띠게 되면서 분점정부의 출현 가능성이 커지기 때문이다.[11] 의회 선거가 대통령 선거와 동시에 치러지지 않더라도 의회 선거가 대통령 선거가 있은 지 얼마 되지 않아서 치러질 경우, 즉 소위 밀월 선거(honeymoon election)가 될 경우[12] 의회 선거의 결과가 대통령의 소속 정당에 유리하게

11_ 실제로 미국 연방하원 의원 선거의 경우 제2차 세계대전 이후 2006년까지 치러진 16차례의 중간선거에서 1998년과 2002년 2차례의 중간선거를 제외하고는 집권당이 모두 의석을 잃었으며, 중간선거에서의 평균 의석 감소 수는 24석이었다(Ornstein et al. 2000 ; O'Connor et al. 2007).

12_ 슈가트와 케리(Shugart and Carey 1992, 242)는 대통령 선거가 있은 지 1년 이내에 치러지는 의회 선거를 밀월 선거(honeymoon election)라 부르고 있

될 가능성이 높은데, 이는 칠레, 베네수엘라, 엘살바도르, 프랑스 등의 사례에서 확인되고 있다(Shugart and Carey 1992).

또한 지역구에 기초한 의회 선거는 전국적인 정책선호(national policy preferences)에 기초한 대표성보다는 지역구 유권자들의 특수한 요구(local particularism)에 기초한 대표성을 갖게 될 가능성이 크다.[13] 지역구 단위의 의회 선거를 전국 단위의 대통령 선거와 상이한 시기에 치를 경우, 의회 선거에서 국가적인 쟁점의 비중은 더욱 낮아지게 될 것이고, 이에 따라 의회 선거의 결과는 대통령 선거의 결과와 더욱 달라지게 될 것이다. 결국 의회 선거와 대통령 선거를 동시에 치르거나 근접해서 실시할 경우, 의회 선거에서의 국가적인 쟁점의 비중이 높아질 뿐만 아니라[14] 대통령 후보의 후광효과(coattail effect)도 작용하여 두 선거결과의 차이는 그만큼 좁혀질 수 있을 것이다.

하지만 대통령 선거나 의회 선거를 동시에 치르면서 선호하는

다. 대통령 선거와 의회 선거가 근접해서 실시되어도 의회 선거가 대통령 선거가 치러진 이후가 아닌 이전에 실시될 경우에는 대통령 선거를 앞두고 각 정당들이 유권자들의 정당지지 동향을 탐색하는 선거가 될 것이기 때문에 대통령 선거 이후에 치러지는 밀월 선거와는 성격이 다른 선거가 될 것이다. 슈가트와 케리(Shugart and Carey 1992, 243)는 대통령 선거 이전에 근접해서 실시되는 의회 선거를 반밀월(counterhoneymoon) 선거라 부르고 있다.

13_ 두 종류의 대표성은 상호 배타적인 것은 아니지만 연속선상의 양 끝에 위치하고 있다고 볼 수 있다. 이에 대한 보다 상세한 설명은 슈가트와 케리(Shugart and Carey 1992, 1장)를 참조할 것

14_ 의회 선거에서 정당투표를 통한 전국단위의 비례대표 의원 선거도 국가적인 쟁점의 비중을 높일 수 있다는 점에서는 비슷한 효과를 가져올 수 있을 것이다.

대통령 후보와 같은 정당 소속 의원 후보를 한 티켓(team ticket)으로 하지 않는 한 동시선거나 밀월 선거를 실시하는 방안이 실현된다 하여도 분점정부의 출현 가능성을 배제할 수 없다. 때문에 더욱 중요한 것은 분점정부 출현시 원활한 국정운영을 위해 어떠한 정치제도 개혁들이 이루어져야 하느냐는 것인데, 이러한 제도 개혁들을 고려하는 데 있어 가장 중요한 것은 대통령의 대의회 설득력이 작동될 수 있도록 하는 것이다. 이를 위해서 시급히 요청되는 것은 의원들의 표결을 포함한 원내활동에 있어 자율성을 확보하는 것이다. 이런 점에서도 의원들의 자율성을 높이기 위한 상향식 후보 선출 및 원내정당화와 더불어 교섭단체 대표의원과 의장이 주도하고 있는 국회 내의 주요 의사결정을 국회 운영위원회에서 결정하고 본회의가 심의하도록 하는 등의 의회제도 개혁이 조속히 이루어질 필요가 있다.

그동안 우리 정당들이 강한 규율을 갖고 있었고 정치적 갈등 역시 정당을 중심으로 반영되어 온 것은 사실이다(강원택 2001). 하지만 강한 정당의 규율은 대개는 정당의 뚜렷한 이념적 정체성이나 인물 중심 정당의 비민주성에서 기인하고 있는데, 우리의 경우 그동안 강한 정당의 규율은 후자에서 비롯된 것이었다. 즉 정당의 비민주성에서 비롯된 강한 정당 규율이 민주화 이후 빈발하고 있는 분점정부 하에서 의원들의 교차투표를 어렵게 하여 의회와 행정부의 관계를 경직시킴으로써 교착상태를 만들고 원활한 국정운영을 어렵게 하고 있는 것이다. 따라서 현재 진행 중인 정당개혁을 가속화시켜 국회의원 후보 선출권을 지역구의 당원이나 정당을 지지하는 유권자들에게 돌려주는 상향식 후보 선출방식이 정착되고 의원들의 자율성이 보장되는 원내정당화가 이루어진다면 의원들의 자율성이 크게 신장될 것이기 때문에 이러한 문제들은 어느 정도 해소될 수 있다고 본다.[15]

대통령제 하에서 정당체계가 다당체계인 경우 분점정부의 출현 가능성은 더욱 높아질 뿐만 아니라, 다당체계에서는 정당의 이념 지향성과 규율이 강한 경향이 있기 때문에 행정부와 의회 간의 대립으로 인한 정치적 교착상태가 더욱 악화될 수 있다. 우리의 경우 양당체계를 가져올 가능성이 높은 소선거구 단순다수제의 선거제도를 갖고 있음에도 불구하고 1987년 민주화 이후 지역 간 대립구조가 선거과정에서 핵심적인 균열구조로 정착되면서 아직도 양당체계가 정착되고 있지 못하다.

최근 지역 간 대립구조의 핵을 이루어 왔던 양김 씨의 퇴장, 정치적 성향을 달리하는 새로운 세대의 등장으로 인한 유권자들의 세대교체 등으로 인하여 지역주의에 기초한 정당체계가 동요하고 있어 현행 선거제도의 골간이 유지된다면 우리의 정당체계가 대통령제와 보다 친화성이 있는 양당체계로 정착될 가능성은 높아지고 있다. 앞서 논의한 것처럼 국회의원 선거를 대통령 선거와 동시에 실시하거나 밀월 선거로 실시한다면 유권자들은 지지하는 대통령 후

15_ 의원들의 자율성이 일단 신장된 이후에는 정당의 규율이 어느 정도 유지될 필요가 있다. 이는 정당의 규율이 지나치게 약화될 경우에는 대통령-의회 관계의 안정성 및 정치과정에 있어서의 예측 가능성이 너무 떨어질 우려가 있기 때문이다. 이런 점에서 대통령제 하에서 적당한 수준의(moderate) 정당 규율이 바람직스럽다는 메인워링과 슈가트(Mainwaring and Shugart 1997, 465)의 주장은 설득력이 있다.

보와 같은 정당의 국회의원 후보에 투표할 가능성이 높고, 정치인들은 대통령 선거에서 승리할 가능성이 높은 정당의 국회의원 후보가 되는 것이 유리하다고 판단할 것이기 때문에 대통령 선거에서 현실적으로 승리 가능성이 높은 두 개의 큰 정당과 그 이외의 정당들 간의 격차는 심하게 벌어져서 양당체계로 귀결될 가능성은 더욱 높아지게 될 것이다.

지금처럼 지역적인 균열구도에 기초한 다당체계는 대통령제와 친화성이 없는 정당체계일 뿐만 아니라, 정책적 차별성 없이 지역적 차별성만이 존재하는 상황에서 다수의 소규모 정당으로 파편화된 정당체계는 정치인 또는 정당들 간의 정략적인 협상결과에 따라 집권연정이 형성될 가능성이 커서 정책적 실패에 대하여 책임을 묻는 것이 쉽지 않을 것이기 때문에 책임정치가 정착되기도 어려울 것이다. 더욱이 시민들의 집단에 대한 소속감이 약화되고 있는 탈산업사회의 정당으로서 생존하기 위해서는 사회적 균열선을 뛰어넘어 폭넓은 유권자들의 지지를 얻어낼 수 있는 포괄정당적 성격을 갖게 될 가능성이 큰데, 특정 지역이나 특정 계급에 그 지지가 국한되어 있는 소규모의 정당들보다는 폭넓은 지지기반을 갖고 있는 규모가 큰 정당에서 이와 같은 탈산업사회의 정당으로 발전되어 나가기가 더욱 용이하다고 할 수 있다.

또한 주요 사회집단들의 이익을 대표하는 정당의 전통적 기능은 점점 더 이익단체나 시민단체들에 의해 수행되고 있고, 이러한 이익대표체계는 우리 사회가 탈산업사회화하면서 더욱 파편화되고 있기 때문에 앞으로 정당의 기능은 파편화된 이익들을 조정하여 정치공동체의 통합을 이루어내는 쪽으로 더 많은 비중이 실릴 필요가 있다. 이 과정에서 정당과 이익집단 또는 시민단체 간의 일종의 분업체계가 형성될 수도 있다고 본다(정진민 1998). 이처럼 변화된 기능을 수행하는 데 있어 사실상 이익집단화할 가능성이 높은 규모가 작은 정당보다 규모가 큰 정당이 보다 적합할 것이다. 그리고 이와 같이 규모가 큰 정당 간의 경쟁에 기초한 정당체계에서 책임정치도 더욱 잘 구현될 수 있을 것이다. 따라서 우리가 대통령제를 유지하는 한 정당체계는 다당체계보다는 대통령제와 보다 친화성이 있는 지역적 균열선을 가로지르는 기반을 갖는, 즉 탈지역적인 양당체계로 발전되어 나가는 것이 바람직스럽다.

대통령제 하에서 정당체계가 양당체계로 발전되어 나가고 정당과 이익집단 또는 시민단체 간의 분업체계가 이루어진다 하여도 대통령제와 양당체계 하에서 소수 이익의 대표성 보장이 취약해질 수 있다는 우려를(안순철 2001) 해소할 필요가 있다. 이를 위하여 소수 이익의 대표성을 높이고 새로운 사회세력의 제도정치권 진입을 용이하게 하며 양당체계 하의 규모가 큰 정당들이 사회의 빠른 변화에 적절하게 대응해 나감으로써 유권자들의 요구에 신속한 반응을 보이도록 하는 것이 중요하다. 즉 규모가 큰 거대 정당이라 하여도 사회의 새로운 요구를 신속하게 수렴하고 소수 이익의 대표성을 높이기 위하여는 정당의 정책결정이 보다 개방적으로 이루어지고, 특히 선거 전에 공직 후보 선출을 포함한 정당의 의사결정 과정에 보다 폭넓은 참여가 이루어질 필요가 있다. 내각제에서는 정당들 간의 연합이 대개 선거 후에 일어나지만 대통령제 하에서는 다당체계인 경우에는 정당들 간의 연합이, 양당체계인 경우에는 다양한 사회세력들 간의 연합이 선거 전에 이루어질 수 있다. 그리고 이러한 선거 전 연합은 정당의 후보 선출과정이 보다 개방적으로 이루어질 수 있다면 더욱 용이해질 수 있고, 따라서 다양한 사회세력의 제도정치권 진입이 그만큼 촉진될 수 있다고 본다.

앞서 논의한 정당정치로의 변화를 촉진하기 위해서는 현재의 정치자금 제도도 바뀔 필요가 있다. 우선 원내 교섭단체에게 균등하게 배분하는 기본비율, 의석비율, 득표비율의 혼합형태로 되어 있는 현재의 국고 보조금 배분방식을 국회예산에서 원내 교섭단체에 대한 지원이 이미 상당 부분 이루어지고 있고, 의석수 중심의 배분이 정치인의 이합집산을 용이하게 하는 점 등을 감안하여 기본적으로 득표비율에 기초한 배분으로 바꿀 필요가 있다(김민전 2003). 나아가서 국고 보조금 배정에 있어 각 당의 득표율뿐 아니라 소액 당비 납부율에 매칭해서 분배함으로써 진성당원에 기초한 정당으로의 발전을 촉진시킬 필요가 있다. 또한 현행 국고 보조금의 유용을 막기 위해 용도를 엄격히 제한할 필요가 있으며, 특히 정당의 정책개발 활성화를 위해 국고 보조금의 일정 비율 이상을 정당 부설 정책연구소 또는 연구재단에 별도 지급하는 방안을 강구할 필요가 있다.

중앙당 조직의 경량화와 원내정당화를 촉진하고 정당의 후보 선출을 위한 민주적인 경선을 정착시키기 위하여 1년에 260억 원에 달하는 정당에 대한 경상보조 중 일부를 당내 경선 보조자금으로 전환할 필요가 있다. 아울러 대선과 총선 및 지방선거에 대한 선거자금 국고 보조도 일정 부분 의원의 자율성 확보 등 후보자들의 정당으로부터의 자율성 유지를 위해 정당을 경유하지 않고 후보자 개인에게 직접 지급하도록 하며, 소액다수주의 정착을 위하여 소액 정치자금을 모금한 액수에 비례하여 지급되도록 하는 것이 바람직하다.

소수의 규모가 큰 정당들 간의 정책적 경쟁에 기초한 정당체계로 발전되어 나가기 위해서 선거제도는 지금의 소선거구 단순다수제를 유지하면서 여기에 소선거구제의 불비례성을 완화시키고 정당들 간의 정책적 경쟁을 촉진하기 위하여 비례대표제가 부분적으로 결합된 형태가 바람직하다고 본다.[16] 선거제도 개혁과 관련하여 정치권 일부에서 제기되고 있는 득표 순위에 따라 당선자를 내는 중대선거구제는 현행 소선거구제와 비교하여 사표처리 비율은 낮아지지만 후보자 간 득표율의 집중도에 따라 매우 낮은 득표나 지역구 내 밀집된 소수의 지지만으로도 당선이 가능하다. 또한 중대선거구제는 정당이 다수의 후보를 공천하게 되어 정당 중심의 선거보다는 계파가 지원하는 후보 중심의 선거가 치러짐으로써 정책적 동질성을 기초로 하는 정당발전을 저해하며, 후보들이 각종 연고나 사조직에 의존하게 되어 선거비용이 늘어나는 등의 문제점을 안고 있다. 때문에 선출방식으로 정당명부식 비례대표 방식과 결합되지 않은 중대선거구제는 바람직스럽지 않다(강원택 2003). 다만 지금처럼 적은 비율의 비례대표 의석으로는 정당명부식 비례대표제의 효과를 충분히 살릴 수 없기 때문에 비례대표제에 기초한 의석비율은

16_ 물론 정당체계는 선거제도에 의해서만 영향을 받는 것은 아니며, 사회적 균열구조와도 밀접한 관련이 있다. 사회적 균열 또는 쟁점 차원(issue dimension)의 수가 늘어나면 정당의 수도 늘어날 가능성이 매우 높다. 레이파트(Lijphart 1999, 87-89)는 36개 민주국가의 유효 정당수와 쟁점 차원수 간에 매우 높은 상관관계($r = 0.84$)가 있음을 경험적으로 보여주고 있다.

지금보다 확대시킬 필요가 있으며, 이 경우 소수 정당들의 난립을 억제하기 위하여 비례대표제에 기초한 의석 배분에 참여할 수 있는 요건을 일정 수준 이상 유지할 필요가 있다.

민주적인 대통령제의 원활한 국정운영을 위한 의회제도의 개혁과 관련해서는 앞서 언급한 국회 내 의사결정 방식의 변화 이외에 국회의장, 상임위원장 등 주요 국회직을 의원들에 의한 선거를 통하여 선출하는 방식이 채택될 필요가 있다. 또한 의회 본연의 입법 기능과 예결산 기능을 강화시키기 위하여 국회의 법안 생산 및 심의 능력과 예산 · 결산의 심사 및 분석 능력을 크게 제고시킬 필요가 있으며, 이를 위하여 국회의 전문인력과 기구를 대폭 확충시키고 예산결산위원회를 상임위원회로 위상을 격상시킬 필요가 있다. 아울러 의원들의 전문성 제고를 위하여 상임위원회 최소 복무연한을 규정하고, 상임위원장을 선출할 때 해당 상임위원회 복무기간을 우선적으로 반영하는 방안도 고려해 볼 수 있을 것이다. 또한 의안 발의, 의안 수정안 동의, 예산 수정안 동의에 있어 일정 수 이상의 의원 찬성이 있어야 한다는 등의 개별 의원들의 입법활동을 제약하는 걸림돌로 작용하고 있는 법적인 규정들은 폐지되어야 할 것이다 (장훈 2003).

정당, 정치자금, 선거, 의회제도의 개혁과 더불어 우리의 대통령제가 민주적인 대통령제로 전환되면서 원활한 국정운영을 어렵게 하는 요인으로 작용하고 있는 현행 헌법의 내각제적 요소를 최소화시킴으로써 보다 철저한 권력의 분립을 이룰 필요가 있다. 예를 들어, 사실상 해임권이나 다름없는 국무위원 등에 대한 해임건의권은 폐지하고 국무위원의 의원직 겸직도 금지함으로써 정치인들의 행정부가 아니라 분야별 외부 전문가들의 행정부가 되도록 할 필요가 있다.[17] 또한 최근의 정당개혁으로 대통령이 더 이상 집권당의 총재를 겸임하지 않고 있어 행정부와 국회를 연결하는 고리로서의 역할을 하고 있지 않은 상황에서 원활한 국정운영을 위한 행정부와 국회 간에 긴밀한 협력관계를 유지할 필요가 있기 때문에 이제는 집권당뿐 아니라 반대당과의 협력체제가, 특히 반대당이 의회의 다수당인 경우에는 더욱 더 긴밀하게 유지되어야 할 것이며, 필요하다면 이를 위한 상설적인 제도적 장치가 마련될 필요가 있다.

지금까지 민주주의의 공고화를 이루어내는 데 있어 우리가 직면하고 있는 여러 문제들 중에서 통치성(governability)[18] 약화의 문제가 가장 심각하고 시급하게 해결되어야 할 문제라는 인식에서 주로 이에 집중하여 논의했지만 통치성 약화 문제 이외에도 중요한 문제로 책임성(accountability)을 강화시키는 문제가 있다. 특히, 유권자들은 이미 선출된 정책결정 담당자의 업적에 대한 평가에 기초하여 정치적으로 책임을 묻기 위한 중요한 기제로 선거를 활용할 수 있다. 이런 점에서 현행 5년 단임제 대통령제는 유권자들이 정치적 책

17_ 남미 대통령제 국가들의 경우 대통령의 의회 내 지지기반 확보를 위해 의원들의 각료직 겸직을 허용하고 있지만(Cox and Morgenstern 2001, 181), 이를 통한 정치적 연합이 내각제 국가에서의 연정처럼 안정성을 확보해 준다고 볼 수는 없다.

18_ 여기에서 통치성이란 주로 통치에 있어 효율성(effectiveness or efficiency in governing)을 의미하며, 효율적 정부(effective government)란 정부가 추구하는 정책을 실행할 수 있는 능력을 갖고 있는 정부(a government that has the capacity to implement the policies that it pursues)를 말한다(Sartori 1997, 112).

임을 묻기가 어렵다는 점에서 유권자들의 의사와 부합되지 않는 방향으로 정책이 추진될 수도 있다. 또한 린쯔(Linz 1994)가 지적하고 있듯이 단임제 대통령의 경우 대통령이 약속했던 정책의 집행에 필요한 시간이 충분히 확보되지 않음에 따라 졸속한 정책 집행 및 이로 인한 비효율적인 국정운영이 초래될 수 있고, 대통령직을 성공적으로 수행한 경우 축적된 정치적 자산을 단임제로 인해 더 이상 활용할 수 없는 등의 문제가 있다.

이러한 문제들을 해결하기 위해서 현행 5년 단임제는 4년 중임제로 대체되는 것이 바람직하다. 중임제가 채택될 경우 적어도 한 번 선출된 대통령이 차기 선거를 의식함으로써 유권자들의 의사에 보다 부합되는 방향으로 정책을 추진할 유인을 갖게 될 것이고, 유권자들은 대통령의 업무수행 결과에 대해 정치적 책임을 물을 수 있는 기회를 갖게 될 것이다. 중임제는 또한 단임제에 따른 대통령의 조기 권력누수(lame duck) 현상을 완화하는 데에도 기여할 수 있을 것이다. 두 번째 임기에 다시 출마할 수 없게 되는 데 따른 정치적 책임을 묻기 위해서는 정당정치의 제도화를 통해서 연속성을 갖는 정당을 만드는 것이 중요하다.

4. 결론

1987년 민주화 이전까지 우리의 대통령제는 오랫동안 국회는 약화되고 대통령으로의 권력 집중이 심화되면서 제왕적 또는 권위주의적 대통령제가 유지되어 온 바 있다. 이제 우리의 대통령제는 민주화 이후, 특히 최근 정당개혁이 진행되면서 본격적으로 보다 민주적인 대통령제로 전환되고 있는 과정에 있다고 볼 수 있다. 제왕적 또는 권위주의적 대통령제 하에서는 대통령의 소속 정당은 예외 없이 국회의 다수당이었던 데 반하여 민주화 이후에는 대통령의 소속 정당이 국회의 소수당인 소위 분점정부가 빈번하게 출현하고 있는 것 자체가 민주화 이후 대통령제가 그 이전의 대통령제와는 질적으로 달라졌음을 잘 보여주고 있는 것이다.

현행 대통령제와 관련하여 아직도 우리의 대통령제는 강력한 대통령제라는 주장이 있다. 물론 우리 정당이나 국회가 충분히 역할을 수행하지 못하고 있고, 이에 따라 입법과정 등에서 행정부의 역할이 크고, 아직도 우리 정치에 있어 대통령 중심의 권위주의적 관행이나 문화가 강하게 잔존하고 있는 것은 사실이다. 하지만 이전과 비교하여 민주화 이후 대통령의 권한이 지속적으로 약화되어 온 것 또한 사실이고, 이제 중요한 것은 대통령의 권한 약화보다도 정치제도 개혁이 성공적으로 이루어져서 정당이나 국회가 제 역할을 수행함으로써 이들 정치제도가 강화되는 것이 시급히 요청된다고 본다. 아울러 이처럼 변화된 정치제도 내에서 행동하는 행위자들의 의식개혁도 이루어져야 할 것이다.

더욱이 2001년 말부터 시작된 당총재직 폐지, 대통령 후보와 당대표의 분리, 대통령 후보 선출을 위한 상향식 국민경선제 채택 등의 정당개혁으로 인하여 더 이상 대통령이 집권당의 국회의원들에 대한 공천권을 장악하고 있는 총재직을 겸하지 않게 됨에 따라 우리의 대통령제는 한층 더 민주적인 대통령제로 전환될 수 있는 계기가 마련되었다고 본다. 결국 1987년 민주화 이전에 대통령의 권력이 확장되어 왔던 것과는 대조적으로 민주화 이후에는 대통령의 권력이 축소되고 있는 과정에 있으며, 최근 정당개혁이 진행되면서 이러한 추세는 더욱 가속화되고 있다. 이제 중요한 문제는 이처럼 대통령의 권력이 축소되면서 보다 민주적인 대통령제로 이행되고 있지만 민주적인 대통령제의 원활한 운영을 위한 제도적 장치들은 아직 충분히 구비되어 있지 않거나, 아니면 구비되어 있음에도 제대로 작동되고 있지 못하다는 데 있다고 본다.

결론적으로 당총재직 폐지 등 정당개혁으로 이제 비로소 민주적인 대통령제가 본격적으로 운영되기 시작하는 시점에 정부형태 변경을 통하여 대통령제를 우리 정치 현실에의 적실성도 분명하지 않은 다른 형태의 정부형태로 바꾸려고 하기보다는 대통령제와 조응성을 높이는 방향으로 중위수준의 정치제도들을 개혁하고 새로운 제도들에 적응하려는 노력을 통하여 민주적인 대통령제를 제대로 운영하는 것이 비용부담을 줄이는 보다 합리적인 방안이라고 본다.

8장 _ 민주화 이후의 정치제도 : 원내정당화를 중심으로

민주화 이후 민주주의의 공고화를 위한 바람직한 정치제도에 관하여, 특히 민주주의 정치과정의 핵심 제도라 할 수 있는 정당과 의회의 형태 및 운영방식을 둘러싸고 그동안 많은 논의가 있어 왔다. 이와 관련하여 2001년 이후 추진되었던 일련의 정치제도 개혁의 토대 중 하나는 원내정당화였다. 최근 들어 그동안 추진되어 왔던 제도개혁이 더 이상 진전되지 못하고 있는 상황에서 원내정당화 및 이와 관련된 제도개혁들에 대한 의문들이 제기되면서 제도개혁의 방향을 어떻게 설정할 것인지에 대한 혼란이 가중되고 있다.

원내정당화에 대한 문제 제기 중 대표적인 예로는 원내정당화 및 원내정당화의 일환으로 추진되어 왔던 당정분리, 정책정당화 등에 대해 이러한 시도들이 정치의 영역을 좁히는 반정치적(反政治

的)이라는 비판이 있다(최장집 2005; 박상훈 2006). 하지만 이러한 문제 제기는 상당 부분 원내정당이 왜 우리 정당의 바람직한 발전 모델로 제시되었고 이를 통해 정치발전이 어떻게 이루어질 수 있는 것인지 등에 대하여 그동안 충분히 설명되지 못한 데에서부터 비롯되었다고 본다. 또한 최근의 정치제도 개혁에 대한 비판에 있어 아쉬운 점은 비판의 대상이 되고 있는 제안들을 대체할 구체적인 대안 제시가 충분히 이루어지고 있지 않다는 점이다.

예를 들어 우리 사회에 존재하고 있는 갈등을 민주적인 경쟁을 통하여 표출시키고 정당을 매개로 하여 해소해 나감으로써 그 효과로 사회의 통합을 이룰 수 있다고 하지만(최장집 2005), 표출된 갈등이 구체적으로 어떤 형태의 정당을 매개로 하여 어떤 방식으로 해소됨으로써 사회통합을 이루어낼 수 있는 것인지, 특히 현재의 대통령제 하에서 정당을 매개로 한 갈등의 해소가 실제로 어떻게 가능할 것인지 등에 관한 구체적인 방안은 제시되고 있지 않다. 정당과 같은 정치제도에 관한 논의에서 무엇보다 중요한 것은 제도의 작동 가능성이다. 이는 제도 자체가 현실의 문제들을 해결하는 것은 아닐지 몰라도 제대로 작동되지 않는 제도를 갖고서는 문제 해결은 더욱 어려워지고 지체될 수밖에 없기 때문이다.

우리 정치현실을 고려한 보다 구체적인 논의를 통하여 제도개혁을 둘러싼 혼란을 극복하고 작동 가능한 정치제도를 모색할 필요가 있다는 취지에서 이 장에서는 원내정당화를 중심으로 우리 정당과 의회의 바람직한 형태 및 운영방식을 집중적으로 다루고자 한다. 여기에서 원내정당화에 대한 논의를 전개하는 데 있어 주요 고려사항은 우리가 갖고 있는 대통령제라는 정부형태, 유권자들의 교육수준 및 가치정향의 변화, 매체환경의 변화 등 우리 정당과 의회를 둘러싸고 있는 제반 환경적인 요인과 민주국가 정당들의 일반적인 변화 추세이다. 이 장에서는 이러한 기본적인 고려 속에서 대통령제가 앞으로도 계속 유지된다는 전제 하에 첫째 원내정당화의 주요 내용은 무엇이며 왜 우리 정당과 의회가 원내정당을 중심으로 운영되는 것이 바람직한지, 둘째 원내정당과 맞물려 논의되고 있는 대중정당이 우리의 정치환경에 비추어 볼 때 적실성이 있는 것인지, 셋째 논란이 되고 있는 정당의 책임성 문제와 관련하여 원내정당에 있어 정당의 책임성은 어떠한 방식으로 확보될 수 있는 것인지 등을 논의하고자 한다.

1. 원내정당을 중심으로 한 정당과 의회의 운영

원내정당화의 핵심 내용은 우선 후보 선출 및 선거운동 지원과 같은 선거 관련 업무와 당원관리, 정책홍보, 자금모금 등 주로 정당의 원외조직(원외정당) 관장사항을 제외한 정책개발, 입법 등 나머지 정당의 업무들은 정당의 원내조직(원내정당)에서 주도적으로 다루도록 하자는 것이다. 그리고 이처럼 정당의 주 활동무대를 의회 밖에서 의회 안으로 옮김으로써 의회가 실질적인 정치의 중심 장이 되면서 활성화될 때 단순히 정당 간의 힘겨루기를 하는 의회가 아니라 실제로 일을 하는 의회로 변화될 수 있다고 보는 것이다. 이를 위하여 정당의 인력과 자원도 원내정당의 정책역량 강화에 더 많이 투입되도록 하며, 특히 원내정당이 주도적으로 그 역할을 수행하기 위해서는 원외정당으로부터 원내정당의 자율성 및 원내정당의 주요 구성원인 의원들의 자율성이 상당 수준 확보될 필요가 있다는 것이다.[1] 즉 여기에서 원내정당의 핵심 키워드는 정책역량과 자율성의 강화이다.

원내정당화의 또 다른 핵심내용은 원내정당화의 궁극적인 목표가 정당의 지지자를 포함한 보다 많은 유권자들의 선호를 반영한 구체적인 정책 경쟁을 활성화시키자는 데 있기 때문에 정당이 개방적인 의사소통 구조를 갖는 것이다. 즉 정당과 정당을 지지하는 유권자들과의 의사소통이 좀더 직접적으로 이루어지도록 하자는 것이다. 이를 위하여 원내정당은 소수의 열성적인 당원들만의 폐쇄적인 구조가 아닌 정당의 정책결정이나 후보 선출 등 정당의 중요한 의사결정 과정에 있어 당원뿐 아니라 당원이 아닌 일반 유권자들의 요구에 대한 반응성이 강화된 개방적인 정당구조를 지향하고 있다. 또한 정당의 중요한 의사결정권이 중앙당에 집중된 집권화된 구조를 탈피하여 지역의 당조직 운영과 후보 선출 등을 해당 지역 당원

1_ 원내정당화에서 의원들의 자율성이 강조된다고 하여 정당의 규율이 극도로 약화된 원자화된(atomized) 정당(Sartori 1997)을 상정하고 있는 것은 아니다. 이는 내각제뿐 아니라 대통령제 정당의 경우에도 대통령-의회 관계의 안정성과 정치과정에서의 예측 가능성을 확보하기 위해서는 정당규율이 필요하고 중요하기 때문이다. 하지만 대통령제 정부형태가 원활하게 작동되기 위해서는 정당 간 갈등이 지나치게 고조되지 않고 사안에 따라서는 상대 정당의 부분을 포함하는 다수의 형성이나 정당 간 합의가 가능한 구조를 갖는 것이 중요하기 때문에 대통령제 정당의 경우 정당규율이 유지되면서도 절제될 필요가 있다.

이나 정당을 지지하는 유권자들이 자발적으로 참여하여 결정하고 이들의 정책 제안이나 평가가 활성화되는 분권화된 수평적 연결망 조직을 지향하고 있다. 즉 또 다른 원내정당의 핵심 키워드는 반응성과 개방성이며, 분권화된 수평적 정당조직을 통하여 반응성이 강화된 개방적 정당을 실현시키려 하고 있는 것이다.

(1) 일하는 생산적 의회와 원내정당

원내정당 모델은 무엇보다도 우리의 정부형태인 대통령제에서 의회가 원활하게 작동되도록 하는 데 그 주 목적이 있다. 대통령제 하의 의회는 행정부와는 별개로 실질적인 입법을 통하여 사회적 요구를 법률로 전환하는 소위 전환(transformative)형 의회로서, 정책결정이 의회 밖에서 이루어지고 의회는 주로 정당 간 찬반토론을 위한 경합장(arena)으로서 역할을 하는 내각제 하의 의회와는 그 성격을 크게 달리 하고 있다(Polsby 1975; 김민전 1999). 대통령제 하의 의회와 내각제 하의 의회가 이처럼 성격을 달리 하는 것은 의회 선거를 통해 입법부를 구성하고 입법부를 장악한 다수 세력의 지도부가 내각을 구성함으로써 행정부를 장악하는 내각제와는 달리, 대통령제는 행정부의 수장인 대통령과 의회의 구성원을 모두 국민이 직접 선출하며 각각 일정한 임기를 보장받고 있다는 데 기인하고 있다. 즉 대통령제는 입법, 행정 두 권력기관이 모두 민주적 정통성을 갖고 있는, 소위 이원적 민주정통성(dual democratic legitimacy)에 토대한 정부형태라는 점에서부터 비롯되고 있다.

입법부와 행정부의 융합이 아닌 분립이 이루어져 있는 대통령제에서의 의회는 단순한 찬반토론만이 아닌 실제로 일을 하는 의회이며, 의회가 실제로 일을 함으로써 생산성을 높이기 위해서는 무엇보다도 협력적인 정치가, 즉 의회 내 정당 간 그리고 의회 구성원 사이에 대화와 설득을 통한 절충과 타협이 원활하게 이루어질 필요가 있다. 이는 임기와 관계없이 내각과 의회를 선거를 통해 새롭게 구성함으로써 갈등을 해소해 나가는 내각제와 달리, 대통령과 의회의 임기가 고정되어 있는 대통령제에서는 절충과 타협을 통한 의회의 원활한 운영이 이루어지지 않고서는 의회에서의 갈등 해소나 생산성 제고가 현실적으로 가능하지 않기 때문이다.

더욱이 이러한 필요성은 영국 의회나 미국 의회의 하원처럼 다수결에 의한 다수파의 의회 지배가 제도화되고 있지 못한 우리의 상황에서는 더욱 커질 수밖에 없다. 우리 국회의 경우 상임위원장 배정 등이 교섭단체 간의 합의에 의해 배분되고 있어 소수당이 반대하는 사안과 관련하여 소수당 소속 상임위원장이 상임위 운영을 파행적으로 끌고 갈 수 있다.[2] 또한 소수당이 강력하게 반대하는 법안의 경우, 소수당의 물리적 저지로 처리되지 못하거나 지체되는 경우가 적지 않은 실정이다. 이러한 상황에서 의원들이 표결에 있어 자율성을 갖지 못하고 일사불란한 정당투표가 일상화된다면 법안

2_ 야당이 다수당인 경우뿐 아니라 야당이 소수당인 17대 국회에서도 입법 등 정책결정 과정에서 야당 소속 상임위원장들이 행사하고 있는 강한 영향력에 대한 상세한 설명은 김주찬 · 이시원(2005)을 참고할 것.

처리를 위한 실질적인 심의가 이루어져야 될 상임위 단계에서부터 물리적 충돌이나 교착상황이 발생하고 본회의 운영도 파행을 면치 못할 가능성이 크다.

의회의 상임위와 본회의의 운영이 파행적으로 이루어지는 것은 대통령제 의회의 경우 더욱 심각한 문제이다. 이는 대통령제의 의회는 실제로 일을 하는 의회이고, 이를 위해서는 의회의 운영이 지나치게 정당 중심으로 이루어지기보다 상임위와 본회의가 실질적인 심의를 함으로써 의회운영의 중심이 되도록 할 필요가 있기 때문이다. 원내정당화 논의에서 원내정당이 주로 선거와 관련된 업무들을 제외한 주요 업무들을 다루도록 할 뿐만 아니라, 의원들의 자율성이 확보된 분권화된 정당형태를 강조하는 것은 바로 의회 내 정당 간의 대립적인 정치를 완화시키고 상임위와 본회의 중심의 운영이 되도록 하기 위해서이기도 하다.[3] 이는 상임위와 본회의에서 의원들이 자율성을 갖고 심의를 할 경우 원내 표결결과의 불확실성은 높아질 수밖에 없고, 이에 따라 다수결에 의한 의회운영이 이루어질 가능성도 커지기 때문이다. 사실 그동안 정당개혁의 일환으로 추진되어 왔던 정당 후보의 상향식 선출 역시 일차적으로는 정당의 민주

3_ 상임위와 본회의가 실질적인 심의를 함으로써 의회운영의 중심이 되기 위해서는 의원들의 자율성 확보 못지않게 전문성 제고도 시급하다. 의원들의 전문성 축적을 위하여, 예를 들어 상임위원 임기를 의원 임기와 동일하게 하고 상임위원장 선출시 선임자 우선주의를 적용하는 방안 등도 고려할 수 있다. 또한 상임위원장 선출에 있어 선임자 우선주의가 확립되면 위원장의 자율성이 강화됨에 따라 정당 간 대립구도를 완화시킬 수 있는 중요한 원내제도인 상임위의 자율성 확보에도 도움이 될 수 있을 것이다.

적 운영을 위해서 시도되었던 것이지만 의원들의 자율성 확보가 중요한 대통령제 하의 정당에서는 더욱 요청되는 제도개혁이다.

대통령제의 의회가 원활하게 운영되기 위해서는 의원들의 자율성 못지않게 원내정당의 자율성 확보도 긴요한데, 이는 원외의 선거를 중심으로 한 대립적인 정치로부터 지나친 영향을 받아 원내에서 협력적인 정치가 원활하게 이루어지는 데 지장이 초래되지 않도록 하기 위해서이다. 더욱이 우리는 민주화 이후 정당을 실질적으로 장악하고 있던 정당지도자들 간의 대통령 선거를 둘러싼 경쟁의 심화가 의회를 그들의 유리한 정치 입지 확보를 위한 경합장으로 만들어 왔던 경험을 갖고 있다. 이에 비추어 볼 때 의회가 사회 내 분출하는 갈등을 해소하여 사회통합을 이루어내는 역할을 제대로 수행하기 위해서도 원내조직이 원외조직으로부터 자율성을 확보할 필요가 있다. 즉 정당의 원내조직이 자율성을 확보하여 유권자들이 실생활에서 직면하고 있는 현실의 문제들을 해결할 수 있는 정책을 적시에 생산해내기 위해 절충과 타협이 일상화(routinization)되는 원내정당 중심의 정당정치로 전환될 때 사회적 갈등의 해소와 통합이라는 의회의 기능도 활성화될 수 있을 것이다.

또한 생산적이고 협력적인 의회정치의 실현을 위한 원내정당화가 실효를 거두기 위해서는 의회제도의 개혁이 병행하여 이루어지는 것이 중요하다. 이를 위해 의원들의 전문성 제고와 관련하여 논의했던 상임위 위원의 임기 연장 및 상임위원장 선출시 선임자 우선주의 적용 이외에도 상임위의 상시 운영체제, 본회의 전원위원회의 활성화 등이 이루어질 필요가 있다. 특히 해당 분야 이해당사자들과 전문가들이 참여하는 상임위의 공청회 등을 사회갈등을 흡수하고 조정하는 의회의 기능이 수행되는 통로로 적극 활용할 필요가 있으며, 상임위 공청회의 활성화는 입법의 질을 향상시키는 데에도 기여할 수 있을 것이다.

(2) 원활한 의회-행정부 관계와 원내정당

원내정당 중심 정당정치로의 전환은 대통령제 하에서 의회와 행정부 간의 관계와 관련해서도 중요한 함의를 갖고 있다. 입법권력과 행정권력이 융합되어 있는 내각제와 달리 의회와 행정부가 각기 정통성을 부여받고 있는 대통령제에서 두 권력기구 간 관계는 긴장될 가능성이 많기 때문에 효율적인 국정운영을 위해서는 두 권력기구 간에 협력적인 동반자 관계가 유지되는 것이 중요하다. 이를 위해서는 특히 행정부와 입법부를 매개하는 집권당과 반대당 간에 절충과 타협이 일상화될 필요가 있다. 이러한 의회 내 정당 간 절충과 타협의 일상화는 우리가 민주화 이후 경험하고 있듯이 대통령제에서 빈번하게 나타나는 대통령의 정당이 의회의 소수당이 되는 분점정부(divided government) 상황에서 더욱 요청된다.[4] 이는 분점정

4_ 민주화 이후 빈발하고 있는 분점정부의 유형과 분점정부 출현으로 초래된 파행적 정치상황에 대한 보다 상세한 설명은 김용호(2001)를 참고할 것. 사실 정치적 교착과 파행에 관한 한 17대 국회 들어와서 보았듯이 대통령의 정당이 의회의 다수당인 단점정부(unified government)의 경우에도 분점정부와 상황은 크게 다르지 않다.

부 상황에서 정당 간 원활한 절충과 타협 없이는 대통령 또는 행정부와 의회 간에 대립이 심화되고 정치적 교착과 파행상태가 장기간 지속되는 것을 극복하기가 쉽지 않기 때문이다.

대통령의 반대당이 의회의 다수 의석을 점하고 있는 분점정부 상황에서 의원들의 표결을 포함한 원내활동에 있어 자율성이 확보되어 있지 못하여 일사불란한 정당투표가 상시화된다면 대통령이 원하는 주요 정책의제들의 입법화는 현실적으로 매우 어려워질 것이다. 대통령의 정책의제 실현이 좌절되거나 대통령의 반대당인 의회 다수당이 주도하는 정책의제들의 입법화 시도에 대하여 거부권 행사 등을 통하여 대통령이 저항하는 일이 반복된다면 행정부와 의회 간의 대립이 심화되고 정치적 교착상태가 장기간 지속될 가능성이 크다.

이처럼 행정부와 의회 간의 대립이 심화될 가능성이 높은 분점정부 상황에서 대통령이 원하는 주요 정책의제들의 입법화가 이루어지려면 최소한 대통령의 대의회 설득력이, 특히 소수당 대통령의 상대당인 다수당 의원들에 대한 설득력이 작동될 수 있는 토대가 마련될 필요가 있다. 원내표결 등에 있어 의원들의 자율성 확보는 바로 이러한 대통령의 설득력이 작동되기 위한 기본 전제라고 할 수 있다. 결국 의원들의 자율성 확보를 강조하고 있는 원내정당은 대통령제 하에서, 특히 대통령제에서 빈발하는 분점정부 상황에서 소수당 대통령의 정책의제를 입법화하는 길을 열어줌으로써 의회와 행정부 간의 관계가 원활하게 작동될 수 있도록 하기 위해서도 필요로 하는 정당형태이다.

민주주의 정치과정에서 의회와 행정부의 관계를 제대로 파악하기 위해서는 킹(King 1976)이 주장하였던 것처럼 정당의 역할을 중요하게 고려하지 않을 수 없다. 이처럼 정당의 역할을 고려했을 때 의회와 행정부 간의 보다 다양한 관계양식에 대한 이해가 가능해지며, 대통령제와 내각제 하에서 주로 작동되는 의회와 행정부의 관계양식이 다르다는 것이 보다 더 잘 드러날 수 있다. 킹 등(King 1976; Andeweg and Mijzink 1995; Norton 1998)에 따르면, 정당의 역할을 고려한 의회와 행정부의 관계양식은 내각을 구성하는 여당 지도부와 여당 평의원이 대립하는 당내양식(intra-party mode), 여당과 야당이 대립하는 여야대립양식(opposition mode), 의회가 독립된 행위자로 행정부를 상대하는 비정당양식(non-party mode), 연립정부를 구성하는 정당 간에 나타나는 정당 간 양식(inter-party mode), 주로 정책적 이슈를 둘러싸고 상임위를 중심으로 여야정당을 교차하여 형성되는 교차정당양식(cross-party mode) 등으로 분류될 수 있다.

의회와 행정부 간의 여러 가지 관계양식 중에서 대체로 영국, 독일 등 유럽의 내각제 국가의 경우에는 교차정당양식이나 비정당양식 등이 나타나기도 하지만 여야대립양식이나 정당 간 양식이 주류를 이루고 있다. 이와는 대조적으로 미국과 같은 대통령제 국가의 경우 여야대립양식 등이 나타나기도 하지만 교차정당양식이나 비정당양식이 보다 일상화되어 있다.[5] 이처럼 내각제와 대통령제 하

5_ 최근 들어 미국 의회 내 민주, 공화 양당 간의 분극화가 심화되면서 양당 중 어느 한 당의 과반수 이상이 찬성하고 다른 당의 과반수 이상이 반대하는 정당투표(party vote)가 이루어지는 사안들이 증가하고 정당투표를 따르는 의원들이 늘어나고 있지만 여전히 소속당의 다수와는 다른 선택을 하는 의원

에서 의회와 행정부의 관계양식이 상이하게 나타나는 것은 각 정부형태에 부합하는 의회의 특성이 다를 뿐만 아니라 정부형태에 따라 보다 더 잘 작동될 수 있는 정당형태가 같지 않다는 것을 시사해 주고 있다.

대통령제에서는 입법, 행정 두 권력기관이 별도의 선거를 통해서 구성되며, 이처럼 별도의 선거를 통해서 구성된 의회가 행정부와 원활한 관계를 유지하여 일하는 의회로서 생산성을 높이기 위해서는 의회 내 정당 간 절충과 타협이 원활하게 이루어질 필요가 있다. 이러한 필요는 대통령제 하에서 의회와 행정부의 관계양식이 여야대립양식보다는 교차정당양식이나 비정당양식의 성격을 띠게 될 때 보다 더 잘 충족될 수 있다. 그리고 의회와 행정부 간에 이러한 교차정당양식이나 비정당양식의 관계가 가능하기 위해서는 원외정당으로부터 원내정당의 자율성 및 원내정당 구성원인 의원들의 자율성이 확보될 필요가 있다. 즉 원내정당 중심의 정당정치로의 전환이 이루어질 필요가 있는 것이다.

우리 국회의 경우에도 민주화 이후, 특히 1996년 구성된 15대 국회 이후 의원발의 법안 중 여당이나 야당의 단독발의 법안보다는 여야 공동발의 법안 및 법안을 심사하는 과정에서 원안을 폐기하고 여야합의로 발의되는 위원회 대안이나 위원회 자체안이 증가하는 추세에 있다(박찬표 2002b; 최정원 2004). 이러한 변화 추세는 교차정당양식이나 비정당양식이 보다 빈번하게 작동하기 시작했음을 보

들이 적지 않다.

여주는 것이라고 할 수 있다. 이는 또한 우리 정당들의 경우에도 아직은 미흡한 수준이지만 정당의 원내조직과 의원들의 자율성이 커지는 원내정당화가 진행되고 있는 것으로 해석할 수도 있다. 이와 관련하여 주요 정당들이 원내정당화를 지향하기 시작한 것이 16대 국회 기간 중이었던 2002년부터였다는 것도 주목할 필요가 있다. 또한 의원발의 법안의 경우 가결률은 아직도 저조하지만 제안건수는 크게 증가하고 있다. 이와는 대조적으로 총 발의 법안에서 정부제출 법안이 차지하는 비율 및 정부제출 법안의 가결률이 지속적으로 떨어지고 있으며, 정부제출 법안이 가결되는 경우에도 원안 가결이 아닌 수정된 법안의 형태로 가결되는 일이 늘어나고 있다. 이러한 변화들 역시 우리 국회도 최근 들어오면서 아직도 크게 부족한 실정이지만 실제로 일을 하는 전환형 의회로 바뀌고 있는 징후로 해석될 수 있을 것이다.

(3) 의회의 대행정부 견제와 원내정당

대통령제에서 대통령과는 별도의 선거를 통해서 구성된 의회가 수행하는 중요한 기능 중 하나는 행정부를 견제하는 일이다. 물론 의회의 행정부 견제는 권력에 대한 견제가 민주정치의 기본 원리 중 하나라는 점에서 내각제 국가에서도 이루어져야 되지만, 국가권력의 분립과 분립된 권력들 간의 견제와 균형은 정부형태의 속성상 대통령제 국가에서 더욱 중요하다. 하지만 원내정당의 자율성이 확보되지 않아 중요한 정책결정이 의회 밖에서 이루어지고 일사불란한 정당투표가 일상화될 경우, 특히 대통령의 정당이 의회의 다수당인 단점정부 상황에서는 의회가 사실상 무력화되어 대통령의 종속기구로 전락될 가능성이 크다. 이러한 상황에서 의회의 행정부 견제가 제대로 이루어지기는 쉽지 않을 것이다.

대통령이 집권당 총재를 겸하지 못하도록 하는 데에서부터 출발했던 당정분리도 정당의 민주적 운영을 위해서 시도되었던 것이지만, 단점정부 상황에서 집권당이 자율성을 확보함으로써 의회가 대통령의 종속기구로 전락되지 않도록 하기 위해서도 필요하다.[6] 우리의 경우에는 더욱이 내각제적 요소인 의원들의 총리 및 국무위원 겸직이나 정부의 법률안 제출권 등이 의회를 약화시키는 요인으로 작동되는 측면이 있고, 특히 의원들의 총리나 국무위원 겸직은 대통령의 집권당 통제 수단으로 활용될 소지가 많아서 이러한 필요성은 더욱 크다. 다만 인사 및 공직자 후보 선출 등 주로 정당의 운영과 관련된 당정분리를 당정 간의 정책적 협력이 이루어져야 될 사안에까지 지나치게 확대 적용하는 것은 효율적인 국정운영을 위하여 바람직하지 않다.

또한 단점정부 상황에서 대통령의 소속당인 의회의 다수당에 대한 대통령의 강력한 영향력이 일방적으로 행사되어 다수당 의원들의 원내활동이 대통령의 뜻을 알아 일사불란하게 이루어진다면

6_ 또한 정당의 자율성이 확보되지 못할 경우 정당이 대통령과 같은 특정 지도자와 정치생명을 같이 하게 될 가능성이 많아 자생력을 갖는 것도 어려워질 것이다.

대통령의 반대당인 의회의 소수당은 다음번 집권을 의식하여 이에 강력하게 맞서거나 또는 대통령의 정책의제 실현을 최대한 방해함으로써 제대로 된 실적을 내지 못하도록 할 가능성이 많다. 이렇게 될 경우 의회 내 정당들 간의 관계는 과도하게 전투적인 관계로 변질되어 의회의 대행정부 견제가 제대로 이루어지기 힘들 뿐만 아니라 일하는 생산적인 의회를 만드는 것 역시 매우 어려워질 것이다. 결국 분점정부뿐 아니라 단점정부 상황에서도 의회의 대행정부 견제기능이 제대로 수행되기 위해서는 의회 및 원내정당의 정책역량 강화[7]와 더불어 의회와 행정부 간의 관계에 있어 보다 많은 경우에 교차정당양식이나 비정당양식의 관계가 유지될 필요가 있다. 이를 위해서도 정당의 원내조직 및 의원들의 자율성이 강조되는 원내정당화는 요청된다고 할 수 있다.

7_ 의회의 행정부에 대한 실질적인 견제가 이루어지기 위해서는 의회의 법안 생산 및 심사 능력과 예 · 결산 심의 및 분석 능력을 크게 제고시킬 필요가 있으며, 이를 위해 의회의 전문인력과 기구를 더욱 확충시켜 나갈 필요가 있다. 또한 원내정당의 정책역량 강화를 위하여 원내정당의 정책위원회 및 상임위에 대응하는 정책위 산하 분과위원회의 활성화로 평의원들의 정책적 영향력을 제고시키고 정책위와 정책연구소 간의 유기적인 협조체제를 강화시킬 필요가 있다. 이처럼 의회의 전문성이 높아질 때 행정부에 대한 실질적인 견제도 가능해질 뿐만 아니라 정쟁 위주의 의정활동이 정책 경쟁이 활성화되는 의정활동으로 전환될 수 있을 것이다.

2. 대중정당의 퇴조와 원내정당화

의회 내 정당이 원외조직으로부터 자율성을 갖고 정책개발, 입법 등 정당의 주요 업무를 주도해 가는 원내정당 중심의 정당정치로의 전환은 6장에서 논의한 조직 수준 정당, 정부 수준 정당, 유권자 수준 정당 등 세 수준의 정당 중 어느 수준의 정당에 비중을 둘 것인지의 문제이기도 하다. 원내정당화는 세 수준의 정당 중 조직 수준 정당보다는 정부 수준 정당과 유권자 수준 정당 중심으로의 전환을 의미한다. 이러한 전환은 매체의 발전으로 정부 수준 정당과 유권자 수준 정당 간의 직접적인 연계가 이루어지면서 더욱 촉진되고 있으며, 6장에서 논의했듯이 선진 민주국가들의 경우 조직 수준 정당이 정부 수준 정당을 통제하는 대중정당 모델이 쇠퇴하면서 유권자 수준 정당과 정부 수준 정당 간의 직접적인 연계는 더욱 강화되는 추세이다. 실제로 매체의 발전으로 인하여 이들 선진 민주국가의 정당에 대한 일반 유권자들의 인식 형성에도 정당조직의 활동보다는 각 정당을 대표하는 선출직 공직자들이 어떤 사람들이고 이들이 어떤 정책 대안을 제시하고 있는지가 점점 더 크게 영향을 주고 있다.

우리의 경우에도 2001년 말 이후 정당개혁이 이루어지면서 주요 정당들이 채택하고 있는 대통령과 국회의원 후보 선출에 당원뿐 아니라 당원이 아닌 일반 유권자들도 참여하는 상향식 후보 선출, 중앙당 등 원외 정당조직의 경량화, 정책과 입법기능 등 주요 정당기능의 원내정당으로의 이동 등도 기본적으로는 정부 수준 정당의 비중을 높이면서 정부 수준 정당과 유권자 수준 정당의 연계를 강화시키는 방향으로 이루어져 왔다. 이처럼 정부 수준 정당과 조직 수준 정당 간의 연계보다 정부 수준 정당과 유권자 수준 정당 간의 연계가 강화되면 정당들은 이상적인 이념 추구보다는 유권자들이 실생활에서 직면하고 있는 주요 문제들을 해결하기 위한 보다 현실성 있는 정책개발과 입법활동에 더욱 비중을 두게 될 것이다. 그리고 정부 수준 정당과 유권자 수준 정당의 연계가 강화되었을 때 더욱 비중을 두게 되는 정책개발과 입법활동은 바로 원내정당의 핵심적 기능이기도 하다. 따라서 원내정당화는 보다 많은 유권자들의 요구에 부합하는 현실성 있는 정책의 개발과 입법을 목표로 하는 정책정당을 지향하는 것이기도 하다.[8]

선진 민주국가에서 정부 수준 정당이 강화되면서 유권자 수준 정당과 직접 연계되는 방향으로 전환되고 있는 것은 오랫동안 이들 국가의 기본 정당 모델이었던 대중정당이 퇴조하는 추세와도 맞물려 있다. 20세기 초 이래 이들 선진 민주국가의 주요 정당들은 주로는 계급이나 종교에 기초하여 강한 이념성을 갖는 대중정당으로서 정당을 지지하는 특정 집단의 정체성을 중심으로 하여 지지집단을 통합하고 지지집단의 이익을 대표하는 기능이 강조되었다. 하지만

8_ 임성호(2003)도 유권자와 의원 사이에 더욱 직접적인 연계가 이루어지는 원내정당의 경우, 그 지지기반이 특정 집단에 고착되지 않게 되어 경직된 이념보다는 보다 융통성 있는 실용적 판단에 따라 정책개발을 추진할 수 있다는 점에서 이념정당과 구별되는 정책정당이라고 성격지을 수 있다고 보고 있다.

1960년대 이후 선진 민주국가의 주요 정당들은 대중정당으로부터 선거에서의 승리를 목표로 지지기반의 외연을 최대한 확장시키면서 포괄정당적 성격이 강화되는 방향으로 변화되어 왔다. 이처럼 정당들이 포괄정당적 성격을 강화하게 되면서 특정 집단이나 계급에 국한되었던 지지기반의 외연을 확장하여 특정 집단이나 계급에 속하지 않은 보다 많은 유권자들로부터도 지지를 확보하려 한다는 점에서 유권자정당적 성격이 강화되고 있다고도 볼 수 있다.

선진 민주국가 주요 정당들의 포괄정당적 또는 유권자정당적 성격이 강화되고 있는 추세는 이들 국가에서 진행 중인 탈산업사회 및 정보사회로의 변화와 밀접하게 관련되어 있다. 탈산업사회화 및 정보사회화가 진행되면서 산업구조, 계급구조의 변화뿐 아니라 유권자들의 교육수준 및 인식능력, 그리고 정보접근성 등이 크게 향상됨에 따라 독자적인 판단과 선택이 가능해지고, 개인의 자율성이 중시되며, 집단 소속감이 약화되는 등의 가치정향이 변화되면서 유권자들의 정치적 선택에 있어 유동성이 커지고 있다. 이러한 유동성 증가는 정치적 선택에 있어 단순히 집단 소속감이나 정당 소속감을 따르지 않고 관심 있는 쟁점에 대한 정당이나 후보의 입장을 중요하게 고려하는 유권자, 즉 쟁점지향적(issue-oriented) 유권자들의 증가와도 맞물려 있으며, 정당 경쟁구조 역시 유권자들의 가치정향 변화와 쟁점의 다양화에 따라 사회적 균열선들이 서로 가로지르는(cross-cutting) 보다 유동적인 다차원적 구조로 바뀌고 있다. 이와 같은 유권자들의 개인화 및 유동화 추세와 정당 경쟁구조의 다차원화는 지지집단의 응집력이 약해지는 정당 환경의 변화를 가져오고 있다.

이러한 변화에 적응하기 위하여 선진 민주국가의 주요 정당들은 비교적 단순한 정당 경쟁구조를 갖고 있던 시기에 특정 집단에 그 지지가 국한되어 있던 대중정당처럼, 사실상 이익단체적 성격이 강하다고도 할 수 있는 한정된 지지기반의 정당에서 탈피하여 사회적 균열선을 뛰어넘는 폭넓은 지지기반을 갖는 정당으로 변화되어 왔다. 또한 이들 정당들은 변화하는 환경 속에서 생존하기 위해서 열성적 당원 못지않게 자원봉사자, 후원자 등 광범위한 유권자들의 지지를 얻어내고 지지조직에 있어서도 당원조직 이외에 자원봉사 조직, 후원금을 내는 후원회 조직 등 정당의 정책을 지지하는 유권자들의 다양한 지지조직들이 활성화되는 방향으로 바뀌고 있다.[9] 이는 변화된 환경에서 당원중심의 대중정당 유지가 유동성이 커진 다수 유권자들의 요구와 선호를 제대로 반영하지 못하여 지지기반을 축소시킴으로써 정당의 주변화(marginalization)를 초래할 수 있다고 보았기 때문이다.

선거에서 득표를 극대화하기 위하여 특정 지지집단을 뛰어넘어 지지를 호소하는 포괄정당적 성격이 강화된 정당에서 정당의 정체성 및 이념적 차별성의 약화, 조직 약화, 사회균열 구조와의 연계(cleavage anchorage) 약화 등이 나타나고 있는 것은 사실이다. 하지만 달라진 정당 환경을 고려해 볼 때 적어도 실제 집권을 목표로 하는

9_ 최근의 정당정치에 있어서 유권자들의 유동성 증가 추세 및 당원 중심의 정당에서 정당의 정책을 지지하는 유권자 중심의 정당으로의 변화 추세에 대하여는 Dalton, McAllister and Wattenberg(2000), Farrell and Webb(2000), Dalton(2002)을 참조할 것.

주요 정당이라고 한다면 이전의 대중정당으로의 복귀는 현실적으로 쉽지 않을 것이다.

고도로 산업화된 우리의 경우에도 사회경제적 구조, 유권자들의 가치정향 및 인식능력 등에 있어 탈산업사회 및 정보사회의 특징들이 이미 나타나고 있으며, 이러한 변화 추세는 앞으로 더욱 강화될 것으로 예상된다. 우리 정당의 발전 모델로 뚜렷한 이념적 차별성을 갖는 대중정당이 제시되기도 하지만(박찬표 2002a ; 최장집 2005) 빠른 속도로 진행되고 있는 사회변화 및 유권자 특성의 변화 추세를 고려할 때, 이러한 대중정당 모델이 적실성을 갖기는 쉽지 않다고 본다. 특히 지지율이나 의석수에서 규모가 큰 주요 정당들의 경우 대중정당 모델의 적실성은 더욱 떨어진다고 본다.

물론 우리 정당들의 경우 정책적 차별성을 갖는 정당으로 제도화되는 것이 중요한 과제이기 때문에 정당이 처해 있는 변화된 환경 속에서 포괄정당적 성격을 갖게 된다 하여도 정당의 정체성과 이념적 차별성이 약화되는 것은 문제가 아닌가라는 의문이 있을 수 있다. 하지만 여기에서 포괄정당적이라는 의미는 정당이 과거 서구의 대중정당처럼 특정 집단이나 계급으로 지지기반을 한정시키지 않는다는 의미일 뿐, 정당의 지지가 상대적으로 집중되어 있거나 상대적으로 저조한 집단이나 계급은 현실적으로 존재할 수밖에 없을 것이다. 다시 말하여 정치적 스펙트럼상의 한 쪽 끝에서 다른 쪽 끝까지 모든 유권자로부터 고르게 지지를 끌어내는 정당이라는 의미로 포괄정당적이라는 용어가 해석되어서는 안 될 것이다.

실제로 선진국 주요 정당들의 포괄정당적 성격이 강화되면서 과거의 대중정당 시기와 비교하면 정당의 정체성과 이념적 차별성이 일정 정도 약화되고 있지만, 각 정당이 유권자들의 실생활과 직결된 구체적인 정책을 제시하는 데 있어 여전히 상대적으로 높은 지지를 확보하고 있는 집단의 이해관계는 중요한 고려사항이다. 때문에 선진국 주요 정당들의 포괄정당적 성격이 강화되고 있음에도 불구하고 사회 내 이해관계를 대표하고 사회균열을 반영하는 정당의 이익대표 기능 수행에 따른 정당 간 정책 경쟁이 이루어지고 있다. 다시 말하여 선진국 주요 정당들이 보다 많은 유권자들의 선호에 맞추어 경쟁적으로 정책개발을 하지만 각 당의 주요 지지집단의 이해관계도 중요하게 고려하지 않을 수 없기 때문에 적어도 유권자들이 쉽게 식별할 수 있을 정도의 정당 간 정책적 차별성은 유지되고 있는 것이다. 우리 정당들의 정책적 차별성을 이 정도의 수준으로만 유지할 수 있어도 그동안 주로 지역적 기반의 차이에 기초하였기 때문에 아직도 낮은 수준에 머무르고 있는 현재의 정당 간 정책적 차별성보다는 크게 높아진 수준이 될 것이다. 하지만 우리 정당들이 정책적 차별성을 갖는 정당으로 제도화된다 하여도 유권자의 유동성이 커지고 있는 정당 환경의 변화를 고려한다면 오로지 특정 지지집단의 이익만을 대표하는 대중정당의 형태를 현실적인 대안으로 보기는 어렵다.

정당을 둘러싸고 있는 환경과 정당의 성격이 이처럼 변화되면서 정당의 기능에도 변화가 일어나고 있다. 특히 정당의 전통적 기능 중 사회 내 이익을 대표하는 기능의 경우, 이익단체뿐 아니라 최근 들어 역할이 증대되고 있는 시민단체들이 보다 효율적으로 수행해 나감에 따라 정당의 이익대표 기능은 상대적으로 약화되고 있다. 더욱이 탈산업사회화가 진행됨에 따라 단일쟁점 집단(single issue group)들이 급격하게 증가되면서 이익대표체계는 더욱 파편화되는 추세에 있다. 이러한 이익대표체계의 변화 추세를 감안한다면 이익대표 기능뿐 아니라 다양한 사회운동 단체들에 의해 대표되고 표출된 이익들을 종합하고 조정하여 현실성 있는 정책으로 전환하는 정책기능을 통하여 사회통합을[10] 이루어내는 정당의 역할이 강화될 필요가 있다.

우리 사회의 경우도 특히 민주화 이후 특수한 이익의 표출이 급증하고 있는 데 비해 이처럼 표출된 특수 이익들을 공공의 이익을 위해 조정하고 종합해내는 데는 실패하고 있는 일종의 과잉 민주주의(hyper-democracy)의 상황이라고 할 수 있다. 이러한 상황에서는 이익대표 기능 못지않게 이익조정 기능이 강화된 정당이 요구된다. 즉 이익대표 기능을 통한 사회갈등의 표출이 이익단체, 시민단체 등 사회운동 단체들의 주 역할이라면[11] 정당은 표출된 갈등을 조정하고 이를 완화 내지는 해소할 수 있는 정책기능 수행에 더욱 주력하고, 의회는 바로 정당이 이러한 정책기능을 수행하는 장이 될 필요가 있다.

10_ 여기에서의 사회통합은 사회 내 다양한 집단적 요구들의 조정을 통한 통합을 의미한다는 점에서 6장에서 언급하였던 정체성을 중심으로 특정 지지 집단의 통합을 추구하는 대중정당의 사회적 통합 기능과는 구별될 필요가 있다.

11_ 이런 점에서 사회 내 다양한 집단들의 요구를 조직화하고 대변하는 시민사회의 각종 사회운동 단체들은 더욱 시민들과 밀착되고 그 역량이 지금보다도 강화될 필요가 있다. 민주주의를 제도정치와 사회운동의 관계로 파악하고 있는 조희연(2007)도 민주주의의 공고화를 위한 시민사회의 주체적 활성화를 강조하고 있다.

정당 간 원활한 절충과 타협을 일상화함으로써 정당 간 대립을 완화시키는 데 주안점을 두고 있는 원내정당화가 중요해지는 것도 이러한 요구 및 필요와 관련되어 있다. 이는 정당 간 대립이 심화될 경우 제도정치권이 제도권 밖의 사회적 갈등을 완화시키기보다는 오히려 증폭시킴으로써 사회적 갈등을 제도권 안으로 수렴하여 사회통합을 이루어내는 데 실패할 수 있기 때문이다. 더욱이 포괄정당적 성격을 갖게 됨에 따라 정당 간 이념적 차이가 과도하게 크지 않게 될 때 원내정당에서 강조되고 있는 의회 내 절충과 타협 역시 보다 용이하게 이루어질 수 있기 때문에 의회가 사회적 갈등을 사회적인 합의로 전환시키는 본연의 역할을 수행하는 데에도 도움이 될 수 있을 것이다. 또한 주요 정당들이 포괄정당적 성격을 띠게 되면서 특정 집단이나 계급에 고착된 지지기반을 두기보다는 보다 많은 유권자들의 선호에 맞추어 경쟁적으로 구체적인 정책들을 개발하게 되면 유권자들의 실생활에 직접적으로 영향을 주는 문제들의 현실적인 해결과는 유리된 과도한 이념적 분극화도 제어될 수 있을 것이다.

원내정당화가 궁극적으로는 정당정치의 중심 무대를 의회 내로 이동시켜 보다 많은 유권자들의 선호를 반영한 구체적인 정책경쟁을 활성화시키자는 데 그 목적이 있다고 본다면 정당이 개방적인 의사소통 구조를 갖고 있을 때 이러한 목적 달성은 더욱 극대화될 수 있을 것이다. 최근 본격화되고 있는 정당의 인터넷 활용은 이와 같은 정당의 개방적인 의사소통을 더욱 활성화시키는 데 도움이 될 수 있을 것이다(Norris 2003; Rommele 2003). 인터넷을 통하여 당원뿐 아니라 일반 유권자들의 여론수렴, 정책평가, 정책제안 등이 보다 용이하게 이루어질 수 있을 것이며, 정당의 기초조직 수준에서 당소속 선출직 공직자들에 대한 정기적인 평가도 이루어질 수 있을 것이다.

더욱이 우리 정당들은 오랫동안 정책적인 차별성을 갖지 못한 채 특정 정치지도자의 개인적인 정치적 목적을 실현하기 위한 선거기구로 기능하여 왔다. 따라서 정당의 정강정책에 동조하여 참여한 자발적인 진성당원은 확보되기 어려웠다. 이처럼 진성당원이 충분치 않은 상황에서는 정당활동가와 다를 바 없는 적은 수의 당원들만에 의한 폐쇄적인 정당의 의사소통 구조를 확장함으로써 유권자들의 요구에 대한 반응성을 강화시킬 필요성은 더욱 크다. 이를 위하여 정당의 후보 선출이나 정책결정과 같은 중요한 의사결정 과정에 당원뿐 아니라 정당을 지지하거나 관심을 갖고 있는 유권자들도 참여할 수 있는 통로를 열어놓을 필요가 있다. 예를 들어 후보 선출을 앞두고 짧은 기간 내에 무리하게 당원수를 늘림으로써 '당비대납', '유령당원', '종이당원' 등의 문제를 야기시키는 대신 정당의 후보 선출에 참여를 희망하는 일반 유권자도 쉽게 참여할 수 있게 하는 것이 바람직하다.

원내정당화가 실효를 거두기 위해서는 정당의 정책결정이나 후보 선출 등 정당의 중요한 의사결정 과정에 있어 반응성이 강화된 정당구조로의 변화와 병행하여 이루어져야 된다는 점이 특히 강조될 필요가 있다. 이는 정당이 보다 개방적인 정책결정 구조를 갖게 될 때 조직화되지 못한 이익을 포함한 다양한 유권자들의 의견이 수렴되면서 이념적으로 경직된 정책 대안보다는 유권자들이 체감할 수 있는 보다 현실성 있는 정책 대안 제시가 활성화될 수 있을 것이기 때문이다. 후보 선출에 있어서도 내각제와 달리 대통령제에서는 정치세력들 간의 연합이 선거 전에 이루어질 수 있기 때문에 정당의 보다 개방적인 후보 선출과정은 이러한 선거 전 연합을 통한 다양한 사회세력들의 제도정치권 진입에 도움이 될 수 있을 것이다. 또한 정당의 반응성이 강화되어 보다 많은 유권자들의 선호와 요구에 민감하게 될 때 정당 간 이념적 차별성이 약화되면서 우려될 수 있는 정치 엘리트들의 기득권 강화와 정당정치의 카르텔화도 제어될 수 있을 것이다.[12]

3. 원내정당과 정당의 책임성

원내정당화는 정당의 원내조직과 의원들이 자율성을 확보하여 보다 많은 유권자들의 선호에 부합하는 정책개발을 할 수 있도록 하고 의회 내에서 정책적인 절충과 타협이 보다 용이하게 이루어지게 함으로써 의회의 생산성을 높이는 데 주안점을 두고 있다. 이와 같은 원내정당화에 대해 정당의 책임성을 강조하는 책임정당(responsible party)론자들로부터 정당의 책임성이 약화되는 것 아니냐는 비

12_ 이념적 차별성 약화에 따른 정치 엘리트들의 기득권 강화와 정당체계의 카르텔화에 대한 보다 상세한 설명은 Katz and Mair(1995, 1996), 정진민(1998), 곽진영(2001)을 참고할 것.

판이 있을 수 있다. 이러한 비판과 관련하여 여기에서는 원내정당화에 따른 정당의 책임성 문제에 대해 검토해 보고자 한다.

선거에서 특정 지지집단의 선호에 부응하여 뚜렷한 차별성을 갖는 정책공약을 제시하고 선거 이후 이러한 정책공약을 실현시키기 위한 노력을 일관되게 경주한다는 의미에서의 정당의 책임성(responsibility)을 강조하는 입장에서 보면 정당 간 정책적 절충과 타협에 비중을 두고 있는 원내정당화가 진행되면서 이러한 정당의 책임성은 일정 정도 약화될 수 있다. 정당이 선거 경쟁에서 이념적 정체성과 정책적 비전을 선명하게 제시하고 유권자가 정당에게 이념적 · 정책적 지향을 위임하고 구속함으로써 유권자와 정당 간에 구체적이고 직접적인 관계가 형성될 수 있다고 보는 견해(박찬표 2002a; 최장집 2005)는 정당의 책임성을 강조하는 입장을 잘 보여주고 있다. 이처럼 유권자가 선거에서 뚜렷한 차별성을 갖는 정당에 대한 투표를 통하여 정당의 이념적·정책적 지향을 구속함으로써 정당의 책임성이 확보될 수 있다고 본다면 원내정당화에 따라 정당의 책임성은 상대적으로 약해질 수 있다. 하지만 지지자를 포함한 보다 많은 유권자들이 실제로 정책이 결정되는 시점에 갖고 있는 선호에 부합하려고 하는 정당의 반응성(responsiveness)은 조직 수준 정당보다 유권자 수준 정당과의 연계에 비중을 두고 있는 원내정당화에 의해 더욱 높아질 수 있다.[13] 또한 정당의 책임성이 지나치게 강조될 경

13_ 원내정당의 반응성을 보다 높이기 위하여 선거 때뿐 아니라 선거가 없는 평상시에도 유무선 인터넷 등 새로운 정보통신 기술을 활용하여 수시로 주요

우 초래될 수 있는 정당 간 대립적 구도를 완화시켜 보다 협력적인 정당구도를 가져오는 데에도 도움이 될 수 있다.

정당의 책임성을 강조하는 책임정당에서 중요한 것은 정당을 지지하는 특정 계급이나 집단을 구성하는 대중들을 위해서 가장 바람직한 것이 무엇인가에 대한 정당 또는 정당 엘리트들의 정책 대안을 이들 대중들로부터 위임받아서 실현시키고자 노력하고 이에 대해 책임을 진다는 점이다. 따라서 책임정당론에서 유권자들이 선거를 통하여 정당에게 이념적·정책적 지향을 위임하고 구속한다고 하지만 실제 선거에서 유권자들이 선택하게 되는 이념적·정책적 비전은 정당 또는 정당 엘리트들에 의해 제시되고 이를 유권자들이 선택하도록 만드는(imposed) 측면이 있다. 이런 점에서 책임정당론은 일정 정도 엘리트주의적인 성격을 갖고 있다고도 볼 수 있다.

이와는 대조적으로 정당의 책임성 못지않게 정당의 반응성을 중시하는 원내정당의 경우에 중요한 것은 선거 때뿐 아니라 선거 이후에도 끊임없이 지지자를 포함한 보다 많은 유권자들의 선호를 고려한 정책을 경쟁적으로 개발하고 조율해 가는 노력을 경주하고 다음번 선거에서 지난 선거 이후 이루어낸 정책성과에 대해 유권자들로부터 심판을 받는다는 점이다. 이런 점에서 본다면 원내정당은

현안 문제들과 관련하여 당원뿐 아니라 일반 유권자들로부터도 폭 넓은 여론을 수렴하고 유권자들이 정당의 정책을 평가하며 정책대안을 제안할 수 있는 제도적 장치를 마련할 수 있을 것이다. 이를 위하여 예를 들어 유권자 정책 패널을 상시적으로 운영할 수도 있을 것이다.

원내정당과 의원들의 자율성을 강조함으로써 정당을 대중으로부터 유리시키고 엘리트 정당화하는 게 아니냐는 일부의 우려와는 달리, 실제로는 유권자를 동원의 대상이 아닌 정책형성 과정에 참여하는 주체로 생각하고 있다는 점에서 오히려 반엘리트주의적인 정당형태라고 볼 수 있다.

결국 원내정당의 경우 단순히 정당이 선거에서 정당의 지지집단에 제시한 정책공약이 무엇이었고 집권 이후 이 공약을 얼마나 충실하게 실천해냈느냐에 대한 지지집단의 평가보다는 정당이 선거 이후 지지자뿐 아니라 지지자를 포함한 보다 많은 유권자들의 선호에 부응하여 어떻게 정책을 형성해 가고 정책의 집행을 통하여 얼마나 정책이 의도했던 결과들을 만들어냄으로써 유권자들을 만족시켰는지, 즉 정책의 효율성(effectiveness)에 대한 평가를 중요시한다고 볼 수 있다.[14] 이런 점에서 원내정당의 책임성은 정책공약의 이행을 통한 책임성보다는 정책형성 과정과 정책성과에 대해 책임을 묻는 책임추궁성(accountability)의 성격이 강하다고 볼 수 있다.[15] 또

14_ 지지집단을 얼마나 충실하게 대변하느냐라는 대표능력 못지않게 정책형성 및 정책수행 능력을 중시하는 원내정당의 경우 선거에서 제시된 정책이나 프로그램에 기초하여 예상되는 기대치에 대한 사전적 평가보다는 지난번 선거 이후 실제로 이루어낸 정책성과에 대한 사후적 평가에 비중이 실려 있다. 따라서 원내정당에 있어 선거를 통한 민주적 통제(democratic control)는 선거에서 제시된 정책공약에 정당을 구속시켜 사전적으로 확보되기보다는 지난번 선거 이후 이루어낸 정당의 정책성과에 대한 평가를 통하여 사후적으로 확보된다고 볼 수 있다.

15_ Accountability는 통상 책임성으로 번역되어 사용되지만 이 장에서는 선거에서 제시한 정책공약의 일관된 실현에 초점이 맞추어져 있는 책임정당의

한 책임정당의 책임성이 선거에서 제시된 정책공약을 일관되게 관철시키려 한다는 점에서 다소 경직된 책임성이라고 한다면, 원내정당의 책임성은 선거에서 제시된 정책공약을 이행함에 있어 선거 이후 지지자를 포함한 보다 많은 유권자들의 변화하는 선호에 맞추어 끊임없는 정책조율을 시도해 간다는 점에서 보다 유연한 책임성이라고도 할 수 있다.

정당의 책임성과 관련하여 정당정치 논의에서 책임정당정부(responsible party government)론이 흔히 당위론적으로 거론되고 있다(최장집 2005; 박상훈 2006). 하지만 이러한 책임정당정부론이 정당환경이 변화되는 상황에서도 현실성을 갖고 있는지, 그리고 특히 우리와 같은 대통령제 국가에 있어서 적실성을 갖고 있는지에 관해서는 좀더 검토해 볼 필요가 있다. 책임정당정부론은 정당이 지지집단의 선호를 반영하여 집권했을 때 추구하게 될 뚜렷한 차별성을 갖는 정책들을 선거에서 분명하게 제시하고 집권하게 되면 선거에서 약속했던 정책들을 일관되게 추진하며 다음번 선거에서 정책추진이 약속대로 이루어졌는지에 대해 심판을 받는다는 것을 주 내용으로 하고 있다.

이러한 책임정당정부론의 기저에는 유권자는 개인으로서보다는 특정 사회집단이나 계급의 일원으로 존재하며, 정당은 정당을

책임성(responsibility)과 구별하기 위하여 책임추궁성으로 번역하여 사용하였다. 마넹 등(Manin et al. 1999)은 책임추궁성을 정책결과(outcome)와 유권자들의 제재(sanction) 간의 관계로 해석하고 있다.

지지하는 특정 사회집단의 요구를 실현하는 도구라는 생각이 깔려 있다. 이런 점에서 책임정당정부론은 특정 지지집단의 이익을 대표하는 정당의 기능이 강조되고 강한 정당규율과 의회 내에서의 일사불란한 정당투표가 일상화되어 있는 대중정당 모델과 보다 잘 부합된다고 할 수 있다. 따라서 앞서 논의했던 것처럼 정당 환경 변화에 따라 대중정당의 적실성이 떨어지고 있다고 한다면 책임정당정부론의 적실성 역시 감소되고 있다고 볼 수 있을 것이다. 하지만 여기에서 보다 더 중요한 문제는 책임정당정부론이 당위론적으로 맞다 하여도 대통령제 국가에서 현실적으로 실현 가능한가 하는 것이다.

우선 정당의 정책공약에 대한 책임성을 강조하는 책임정당정부 또는 정당정부는 이중 정통성에 기초하여 행정권력과 입법권력이 분리되어 있어 일관된 정책을 추진하기가 어려운 대통령제보다 행정부의 수뇌부가 바로 입법부 다수 세력의 지도부인, 즉 입법권력과 행정권력이 융합된 정부형태인 내각제에서 더 잘 발현될 수 있다.[16] 더욱이 대통령제 정부형태에서 자주 출현하는 의회의 다수당과 대통령의 정당이 다른 분점정부 상황에서 정당정부를 강조할 경우, 정당 간의 대립 심화로 정책결정이 지체되어 적시에 이루어지지 못하거나 아예 이루어지지 못하는 정책 정체 또는 불임(immobilism)의 상황이 초래될 수도 있다. 또한 대통령제에서 대통령이 자신의

16_ 하지만 내각제 국가라 해도 정당들 간의 연정을 통한 집권이 일상화되어 있는 다당체계 내각제 국가의 경우에는 정책결정이 연정에 참여한 정당들 간의 타협의 산물일 가능성이 많기 때문에 각 정당의 책임성을 완벽하게 구현해내기는 여전히 쉽지 않다.

정책의제 실현을 위하여 의회 내 집권당의 지지를 확보하려 한다 하여도 정당정부적 특성이 지나치게 강조될 경우, 행정부가 아닌 의회가 주 활동무대가 되어야 할 집권당이 자칫 행정부의 수장인 대통령에 예속됨으로써 집권당의 역할 강화가 아니라 집권당의 역할 약화를 가져올 수 있다. 이러한 집권당의 역할 약화는 특히 집권당이 의회의 다수당인 경우에는 의회의 대행정부 견제기능 약화로 이어져 의회의 약화 및 집권당과 반대당 간의 대립 심화로 의회의 생산성 저하를 가져올 수도 있다.

기본적으로 대통령제에서는 내각제에서처럼 정당지도자를 정점으로 하는 정당이 집단적으로 행정부를 장악하여 집권한다는 의미보다는 정당의 후보로 선거에 나서서 승리한 대통령 중심의 집권이라는 의미가 더욱 강하며,[17] 집권당을 포함한 정당의 주 활동무대는 행정부보다는 의회이다. 따라서 대통령제 하에서 대통령은 정당정부를 강조하면서 집권당을 예속시키려 하기보다는 오히려 집권당의 자율성 확보를 지원하면서 자신의 정책의제를 입법화시키기 위하여 집권당 의원들뿐 아니라 반대당 의원들까지도 개별적 또는 집단적으로 설득하기 위하여 적극 나서는, 즉 행정부의 가장 중요한

17_ 대체로 행정부 앞에 정당명을 붙이는 내각제 국가와는 달리 미국과 같은 대통령제 국가의 경우 공화당 행정부, 민주당 행정부보다 더 흔하게는 예를 들어 레이건 행정부, 클린턴 행정부, 부시 행정부라고 부르는 것은 내각제와 대통령제 하에서 집권의 의미가 같지 않음을 보여주는 것이다. 우리의 경우에도 흔히 김영삼, 김대중, 노무현 정부라고 하지 신한국당 정부, 국민회의 정부, 열린우리당 정부라고는 잘 부르고 있지 않다.

대의회 로비스트의 역할을 하는 것이 바람직하다. 이는 대통령이 원하는 주요 정책의제들의 입법 성공률이 유권자 지지율과 함께 대통령 리더십의 기반이 되기 때문이다. 만약 대통령의 입법 성공률이 낮아지게 되면 대통령의 국정수행 능력은 그만큼 떨어질 수밖에 없기 때문에 대통령제에서 대통령이 의회와 협력적 관계를 유지하는 것은 매우 중요하다. 그리고 이러한 중요성은 대통령의 정당이 의회의 소수당이 되는 분점정부 상황에서 더욱 커지게 된다.

4. 요약 및 결론

원내정당화는 의회와 의회를 주 활동무대로 하는 정당 원내조직의 자율성과 정책역량을 강화시킴으로써 대통령제 하에서 행정권력과 입법권력 간의 단순한 권력분립이 아니라 두 권력기구가 권력을 공유하면서 상호 견제와 균형을 이루어 효율적인 국정운영을 하는 데 초점이 맞추어져 있다. 정당 간 절충과 타협을 중시하는 원내정당은 대립적인 정당구도를 완화시켜 상임위와 본회의 중심의 의회운영이 이루어지게 함으로써 대통령제에 보다 부합하는 실제로 일을 하는 생산적인 의회를 구현해내기 위한 분권화된 정당형태이다.

또한 의원들의 자율성 확보를 중시하는 원내정당은 대통령의 정당이 의회의 소수당인 분점정부 상황에서도 대통령의 대의회 설득력이 작동되어 대통령 또는 행정부와 의회 간에 협력적 관계가 유지되도록 함으로써 대통령제의 원활한 작동을 위해서도 필요한 정당형태라고 볼 수 있다. 그리고 대통령제 하에서 의회의 대행정부 견제가 분점정부뿐 아니라 대통령의 정당이 의회의 다수당인 단점정부에서도 제대로 이루어지기 위해서도 집권당을 포함한 정당의 원내조직과 의원들의 자율성이 강조되는 원내정당화는 요청되고 있다.

나아가서 정당의 원외조직으로부터의 자율성 확보를 중시하는 원내정당화는 정당의 의사소통 구조가 확장되어 참여적인 구조와 개방적인 운영이 이루어지는 정당 변화와 병행될 필요가 있다. 이는 이러한 정당 변화를 통하여 원내정당화에 따라 비중이 커지게 되는 정부 수준 정당이 유권자 수준 정당과 더욱 긴밀하게 연계됨으로써 보다 많은 유권자들의 요구에 부응할 수 있게 될 때 책임성 못지않게 반응성이 강조되는 원내정당화의 취지를 한층 더 살릴 수 있기 때문이다.

특히 대통령의 정책의제를 입법화하기가 좀더 어려워지는 분점정부 상황에서는 원내정당화를 통하여 정당들 간에 협력적인 관계가 유지될 수 있는 토대가 마련될 필요성은 더욱 커진다. 이는 이러한 토대가 있어야 대통령의 정책의제가 실현될 가능성이 높아질 수 있기 때문이다. 또한 원내정당 간 협력이 원활하게 이루어질 때 대통령이 자신의 정책의제를 성공적으로 입법화하지 못하거나 정책이 의도했던 결과를 가져오지 못함으로써 지지율이 저조해지는 상황에서 집권당이 독자적으로 대통령의 의제와는 일정 정도 차별성을 갖는 정책의제의 입법화를 통하여 지지도의 동반 하락을 만회할 수 있는 기회를 갖는 것도 가능해질 것이다. 나아가서 원내정당화를 통해 정당들 간 협력적인 관계가 유지될 때 분점정부 대통령의 반대당인 의회의 다수당도 입법권력을 책임지고 있다는 생각에서 반대를 위한 반대가 아니라 보다 책임 있는 행동을 하게 될 것이다.[18] 끝으로 정당의 책임성 못지않게 반응성을 중시하는 원내정당화는 정당의 책임성을 확보하는 양태와 방식을 책임정당과 달리 함으로써 대통령제의 원활한 작동에 기여할 수 있는 정당형태를 지향하고 있으며, 정치 환경의 변화에 따라 정당의 포괄정당적 또는 유권자정당적 성격이 강화되고 있는 추세와도 궤를 같이 하는 것이라고 볼 수 있다.

18_ 이와 관련하여 미국 의회 선거에서의 유권자 투표행태에 관한 최근의 연구(Jones and McDermott 2004)는 대통령의 실적에 대한 평가(대통령의 소속정당에 책임을 묻는 형태로) 뿐 아니라 의회의 실적에 대한 평가(의회 다수당에 책임을 묻는 형태로)도 유권자의 지지정당 선택에 중요하게 작용하고 있음을 경험적 분석을 통하여 보여주고 있다.

9장 _ 생산적 국회운영을 위한 대통령-국회 관계와 정당

민주화된 지 20여 년이 지났지만 아직도 우리 정치는 사회 내 분출하는 갈등을 해소하여 사회통합을 이루어내는 역할을 제대로 수행하지 못한 채 소모적인 정쟁이 지속되는 적대적인 대결구조에서 벗어나지 못하고 있다. 이처럼 우리 정치가 민주화된 지 적지 않은 시간이 지났음에도 불구하고 소모적이고 적대적인 형태로 이루어지고 있는 데에는 민주정치의 중심 무대인 국회의 운영에 있어 교착과 파행이 반복되는 대결적인 행태가 지속되고 있는 것과도 밀접하게 관련되어 있다.

이 장에서는 교착과 파행의 대결적인 국회운영의 악순환 구조에서 벗어나 어떻게 생산적인 국회운영을 이루어낼 것인가와 관련하여 국회운영에 영향을 주는 주요 요인들 중 하나인 대통령과 국회 관계를 정당을 중심으로 살펴보고자 한다. 여기에서 대통령과 국회 관계라는 요인에 초점을 맞추어 보는 이유는 대통령제 민주주의에서는 입법권력과 행정권력이 분리되어 있고, 대통령은 행정권력의 수장이지만 동시에 가장 중요한 입법자(chief legislator)이기도 하기 때문이다.

우선 대통령은 법안을 제출할 수 있으며, 특히 우리의 경우는 같은 대통령제 국가인 미국과 달리 행정부도 법률안 제출권을 갖고 있어 의원들의 도움 없이도 법안 제출이 가능하다. 나아가 국민의 지지, 정책전문성 등 대통령이 보유하고 있는 각종 정치적 자원들을 활용하여 입법과정에 영향을 미칠 수 있다.[1] 즉 대통령은 대통령의 소속 정당인 집권당 의원들뿐 아니라 반대당 의원들도 집단적 또는 개별적으로 설득하여 법안의 통과나 저지를 위한 지지 또는 반대 연합을 구축함으로써 입법 또는 입법 저지를 목표로 실질적인 활동을 할 수 있다. 대통령은 또한 원치 않는 법안이 국회를 통과했을 때 거부권 행사 또는 통과 전 행사위협을 통해 입법 저지도 가능하다.

이처럼 입법과정에서 중요한 역할을 수행하는 대통령과 국회의 관계가 원만하게 형성되지 않고서는 국회운영에 있어 교착과 파행이 반복되는 대결적인 양상을 벗어나는 것이 쉽지 않다고 보고, 이 장에서는 어떻게 생산적인 국회운영을 이루어낼 수 있을 것인지

1_ 대통령이 입법과정에 영향력을 행사하기 위하여 활용할 수 있는 정치적 자원에 관한 구체적인 설명은 Rieselbach(1995), Davis(1995) 등을 참고할 것.

를 대통령과 국회 관계에 초점을 맞추어 논의하고자 한다. 그리고 이러한 논의를 전개하는 데 있어 대통령-국회 관계가 어떻게 형성되느냐에 실질적으로 크게 영향을 미치는 정당을 중심으로 보고자 한다.

이를 위하여 먼저 민주화 이후 파행적인 국회운영이 어떤 양상으로 나타났고 파행적인 국회운영을 야기하는 구조적 요인은 무엇인지를 살펴보고자 한다. 이어서 대통령제 민주주의 하에서 국회가 생산적으로 운영되기 위해서는 정당 및 의원들 간의 절충과 타협에 기초한 국회에서의 협력적인 정치가 왜 중요한지에 대해 논의하고자 한다. 다음으로 이처럼 국회에서 협력적인 정치를 통한 생산적인 국회운영을 이루기 위하여 대통령과 국회 관계 또는 대통령과 국회 내 대통령의 소속 정당인 집권당 및 반대당과의 관계가 어떻게 변화되어야 하는지를 살펴보고, 이러한 변화를 가져오기 위한 구체적인 방안을 모색해 보고자 한다. 마지막으로 국회에서 협력적인 정치가 실현되기 위해 국회 내 정당과 국회 밖 정당 간의 관계는 어떻게 설정되는 게 바람직하고, 이를 위해 필요한 것은 무엇인지를 검토하고자 한다.

1. 파행적 국회운영의 양상 및 구조적 요인

민주화 이후 지난 20여 년에 걸쳐 나타난 바 있는 파행적인 국회운영은 대통령과 국회 관계에 영향을 주는 요인들을 활용하여 네

가지 유형으로 분류해 볼 수 있다. 일반적으로 대통령과 의회 관계에 영향을 주는 요인들로는 대의회 설득력을 중심으로 한 대통령의 리더십, 법률제정과 관련된 대통령의 헌법상 권한, 집권당과 반대당 간의 의석분포, 정당의 구조 및 운영방식, 정당 간 이념적 거리 등이 포함될 수 있다.[2] 이러한 요인들 중에서 여기에서는 주로 정당 관련 요인인 집권당과 반대당 간의 의석분포와 정당의 구조 및 운영방식을 중심으로 국회운영의 양상을 분류하였다.

첫 번째 유형은, 정당이 중앙집중적인 구조를 가지고 비민주적으로 운영되면서 대통령의 소속 정당이 국회의 다수당인 단점정부(unified government) 상황에서 국회의 파행적 운영이 반복되며 국회가 무력화되기도 하는 상황이다. 그 예로는 1990년 1월 3당 합당 이후의 13대 국회, 14대 국회, 1998년 2월 김대중 정부 출범 이전의 15대 국회, 1998년 9월 국민회의와 자민련 간의 다수 연합이 성립된 이후의 15대 국회, 새천년민주당, 자민련, 민국당 간 3당 다수 연합이 성립되었던 2001년 4월부터 2001년 9월까지의 16대 국회 등을 들 수 있다. 다만 이들 사례 중 국민회의와 자민련 간 연합 시기의 15대 국회와 새천년민주당, 자민련, 민국당 간 3당 연합 시기의 16대 국회의 경우는 집권세력이 단일 정당이 아닌 정치적 성향을 달

2_ 대통령과 의회 관계에 영향을 주는 요인들 중 슈가트 등(Shugart and Carey 1992)은 대통령의 입법 관련 헌법상 권한을 강조하고 있으며, 그 이외 요인들로 대통령과 의원들의 선거구 차이 및 상이한 임기, 대통령이나 의회지도자와 같은 주요 행위자들의 전략적 목표(Andres et al. 2000) 등을 고려할 수 있다.

리 하는 정당들 간의 연합이라는 점에서 이전의 단점정부와 비교하여 결속력이 약하며, 반대당이 여전히 국회내 제1당의 위상을 점하고 있어 대통령의 대국회 영향력은 상대적으로 약하였다.

두 번째 유형은, 정당의 비민주적인 운영이 이루어지면서 대통령의 소속 정당이 국회의 소수당인 분점정부(divided government) 상황에서 국회의 파행적 운영이 반복되며 대통령이 무력화되기도 하는 상황이다. 1990년 1월 3당 합당이 이루어지기 이전의 13대 국회, 김대중 정부 출범 이후 1998년 8월까지의 15대 국회, 2000년 5월부터 2001년 4월까지와 2001년 9월부터 2003년 2월 노무현 정부 출범 이전까지의 16대 국회 등이 여기에 해당된다.

세 번째 유형은, 노무현 정부 출범 이후 정당이 보다 분권화된 구조를 가지고 민주적으로 운영되지만[3] 단점정부 상황에서 국회의 파행적 운영이 반복되며 국회의 무력화가 가능한 상황으로 2005년 4월까지의 17대 국회를 예로 들 수 있다. 하지만 2005년 4월까지의 17대 국회의 경우 정당민주화로 의원들이 상당한 자율성을 갖게 되었고, 집권당의 대통령에 대한 종속성이 아직도 지속되고 있지만 당정분리 원칙이 채택됨에 따라 어느 정도 완화되어 있어 정당민주화 이전의 단점정부처럼 파행적인 국회운영이 반복됨에도 불구하

3_ 2001년 말 당시 집권당이었던 새천년민주당의 총재직 폐지, 당정분리 등 정당개혁으로부터 시작되었던 정당민주화는 2002년 대통령 후보 선출을 위한 국민경선과 지방선거 후보 선출에 있어 상향식 경선 등이 주요 정당들의 새로운 후보 선출방식으로 채택되면서 2003년 노무현 정부가 출범할 즈음에는 정당의 구조나 운영방식이 이전과 많이 달라졌다고 본다. 김용호(2004)도 노무현 정부 출범 이후 정치과정이 이전과는 많이 달라졌다고 보고 있다.

고 국회가 실제로 무력화될 가능성은 크게 낮아졌다.

네 번째 유형은, 정당이 민주적으로 운영되지만 분점정부 상황에서 국회의 파행적 운영이 반복되며 대통령이 무력화되기도 하는 상황으로 정당민주화가 어느 정도 자리잡은 노무현 정부가 출범한 이후의 16대 국회와 2005년 4월 이후의 17대 국회가 여기에 해당된다. 16대 국회 말에 있었던 대통령 탄핵 사태는 대통령이 무력화되는 극단적인 사례라고 할 수 있다.

정치적 교착으로 인한 파행적 국회운영을 나타내는 유용한 지표 중 하나는 국회의 공전이다. 여기서 국회의 공전이란 본회의가 성원은 되었으나 정당 간 의견대립 등으로 인하여 회의가 진행되지 못하고 자동 유회되거나 의사정족수의 부족 또는 의사일정의 미합의 등으로 예정된 회의 자체가 개회되지 못하는 상황을 의미한다. 이러한 공전의 지표로 국회의 본회의가 열리지 못한 비개의일수를 사용할 수도 있지만(박명호 2005), 본회의가 열리지 못하게 된 데에는 국회 내 정당 간 정치적 교착으로 인한 경우만 있는 것은 아니기 때문에 공전의 지표로 단순히 비개의일수를 사용하는 것은 한계가 있다. 즉 국회 본회의의 비개의일에는 국회 내 교섭단체 간 갈등에서 비롯된 의사일정의 미합의 등으로 실제 공전된 경우도 있지만, 상임위 활동이나 국정감사 등을 위하여 휴회 결의를 하고 휴회를 하여 본회의가 열리지 못한 경우도 있기 때문이다. 따라서 여기에서 파행적 국회운영이 어느 정도 나타났는지를 보기 위한 지표로 사용된 공전일수에는 휴회결의에 따른 휴회일수를 제외한 비개의일수만을 포함하였다. 민주화 이후 파행적 운영이 어느 정도 나타났는지를 보기 위하여 1988년 13대 국회부터 17대 국회 3년차까지

〈표 4〉 민주화 이후 기간별 국회 공전비율

국회	기간	단점/분점	회기일수	공전일수	공전비율
13대	88.5-90.1	분점	284	13	4.5
13대	90.1-92.5	단점	346	76	21.9
14대	92.5-96.4	단점	648	154	23.7
15대	96.5-98.2	단점	372	61	16.4
15대	98.2-98.8	분점	157	96	61.1
15대	98.9-00.5	단점	512	162	31.6
16대	00.5-01.4	분점	291	146	50.1
16대	01.4-01.9	단점	145	91	62.7
16대	01.9-03.2	분점	466	149	31.9
16대	**03.3-04.4**	분점	**325**	**130**	**40.0**
17대	**04.5-05.3**	단점	**199**	**77**	**38.7**
17대	**05.4-07.7**	분점	**524**	**165**	**31.5**

주 : 굵은 글씨는 정당구조와 운영의 변화가 이루어진 노무현정부 출범 이후의 국회
출처 : 장성훈(2004), 국회경과보고서(237회 국회-268회 국회) 등을 참조하여 재구성

단점 또는 분점정부 기간별 국회 공전비율을 살펴보면 위의 〈표 4〉와 같다.[4]

〈표 4〉에서 보듯이 민주화 이후 이루어지고 있는 국회운영에서 공통적으로 나타나고 있는 현상은 분점정부나 단점정부 상황에 관계없이, 또한 정당의 구조 변화나 민주적인 운영 여부에 관계없이

4_ 여기에서는 국회 본회의의 공전일수만을 보고 있어 본회의 휴회 중 상임위의 공전까지 포함하게 되면 국회 공전일수는 더 늘어나게 될 것이다.

정치적 교착으로 인한 파행적인 국회운영이 반복되고 있고, 정당민주화에 따라 정도의 차이가 있기는 하지만 단점정부 상황에서는 국회의 무력화 가능성이, 분점정부 상황에서는 대통령의 무력화 가능성이 상존하고 있다는 점이다. 이와 같은 파행적 국회운영의 반복이 심각한 문제가 되는 이유는 해결해야 할 국가적 과제들이 산적되어 있음에도 불구하고 국회운영이 표류되면서 국민들의 요구에 부응하는 정책들을 적시에 생산해내지 못함에 따라 만연되고 있는 정치적 불신을 가중시키기 때문이다.

이처럼 반복되는 파행적 국회운영의 구조적 요인으로 여러 가지를 생각해 볼 수 있겠지만, 우선 정당들 간의 대결적인 관계가 지속되고 있다는 것이 중요한 요인 중의 하나라고 할 수 있다. 이는 민주화 이후 오랫동안 주요 정당들이 공천권을 실질적으로 장악하고 있는 정당지도자를 중심으로 한 중앙집중적인 구조를 가지고 비민주적으로 운영되어 왔던 것과도 관련되어 있다. 특히 이들 정당지도자들은 사실상 각 정당의 대통령 후보였기 때문에 대통령 선거를 중심으로 전개되는 대결적인 구도가 그대로 국회 내 정당 간의 관계에 반영될 수밖에 없는 구조를 가지고 있었다.[5]

비민주적으로 운영되는 중앙집중화된 정당구조는 정당의 지도

5_ 이 밖에 노무현 정부 출범 이전에는 집권당의 국회 과반수 의석을 확보하기 위한 인위적인 노력도 집권당과 반대당 간의 대결적인 관계를 가져오는 요인으로 작용하였고, 지역정서 등을 활용하는 감성의 정치가 정책경쟁에 기초한 논리의 정치를 압도하고 있었던 것도 정당 간 대결적인 관계를 야기하는 주요 요인이었다.

자가 대선에서 승리하여 대통령이 된 이후에는 대통령의 소속 정당인 집권당의 대통령에 대한 종속적 관계로 이어지게 되고, 이는 파행적인 국회운영의 또 다른 주요 요인으로 작용하게 된다. 즉 집권당의 대통령에 대한 종속적 관계는 대통령을 수장으로 하는 행정부와 집권당이 하나가 되어 반대당에 맞서는, 마치 내각제에서 의회의 다수 의석을 확보하여 내각을 장악한 여당과 야당 간의 대립적인 구도[6]와 유사한 결과를 낳게 되는 것이다. 그리고 이러한 대립적인 구도는 내각제에서보다 국회 내 집권당과 반대당 간의 협상과 타협이 더욱 중요한 대통령제에서 파행적인 국회운영의 주요 요인으로 작용하여 왔다. 마지막으로 국회 내 정당 간 대결적인 관계와 집권당의 대통령에 대한 종속적인 관계라는 두 요인과 연계되어 있는 보다 근원적인 파행적 국회운영의 요인으로는 오랫동안의 비민주적인 정당운영에서 비롯된 집권당 및 반대당 소속 의원들의 자율성 부족이 자리잡고 있다.

지금부터는 우리와 같은 대통령제 민주주의에서 국민들의 요구에 부응하는 입법이 적시에 이루어지는, 또는 반응성(responsiveness)과 적시성(timeliness)을 갖고 있는 정책 생산이 가능한 생산적인 국회운영이 실현되기 위해서는 국회에서의 협력적인 정치가 왜 중요한지를 먼저 살펴보고자 한다.

6_ 여당과 야당이 대립하는 구도 또는 대립적 양식(opposition mode)은 내각제에서 보다 일반화되어 있는 의회와 행정부의 관계양식이다(King 1976; Andeweg and Mijzink 1995; Norton 1998).

2. 대통령제 민주주의와 생산적 국회운영

민주적인 정치체제라 해도 정부형태로 대통령제와 내각제 중 어느 것을 택하느냐에 따라 그 특성과 작동방식이 달라질 수 있다. 내각제의 경우, 특히 영국처럼 행정부가 원하는 것을 다수결로 통과시키는 것이 가능한 다수제(majoritarian) 내각제의 경우 의회 선거에서 패배한 소수파는 의회와 내각을 장악한 다수파가 주도하는 입법을 포함한 국정운영에 대하여 의회 내 토론을 통하여 이를 비판하고 다음번 선거를 겨냥한 대안을 제시할 수 있을 뿐이다. 또한 내각제에서는 만약 다수파가 집권 기간 중 국민의 지지를 잃어 다수파 내 균열이 발생하고 표결 등 의회운영 과정에서 이탈자가 나옴에 따라 의회 내 다수의 지지가 위협받는 등 갈등이 고조되게 되면 선거를 통한 새로운 내각과 의회의 구성으로 갈등의 해소가 이루어질 수 있다.

이러한 내각제와 달리 대통령과 의회의 임기가 고정되어 있고 별도의 선거를 통해서 선출 또는 구성되는 대통령제에서는 절충과 타협을 통한 의회의 원활한 운영이 이루어지지 않고서는 대통령이 의회에서 다수의 지지를 위협받거나 상실함에 따른 갈등상황의 해소가 현실적으로 가능하지 않다. 또한 입법부와 행정부가 분립하고 있는 대통령제에서는 의회가 내각제에서처럼 내각이 제출한 법안에 대해 단순한 찬반토론을 하는 장소가 아니라 심의와 협상을 통해 실질적인 입법을 하는, 즉 실제로 일을 하는 장소이다. 이를 위해서는 무엇보다도 의회 내 정당들뿐 아니라 의원들이 자율성을 갖고 대화와 설득을 통하여 절충하고 타협하여 합의를 도출해 가는 협력적인 정치가 일상화될 필요가 있다.

더욱이 이러한 필요성은 민주화 이후 대통령의 반대당이 국회의 다수 의석을 점하는 분점정부 상황이 자주 발생하고 있다는 점을 고려한다면 더욱 크다. 분점정부 상황에서 의원들의 표결을 포함한 원내활동에 있어 자율성이 확보되어 있지 못하여 일사불란한 정당투표가 상시화된다면 대통령이 원하는 주요 정책의제들의 입법화는 8장에서 논의한 것처럼 매우 어려워질 것이다. 이러한 상황에서는 대통령이 국회의 결정에 저항하는 일이 반복될 가능성이 커지면서 정치적 교착상태의 지속과 심할 경우 국정마비 상황을 초래할 수도 있다. 이와 같은 분점정부 상황에서 대통령이 원하는 주요 정책의제들의 입법화가 이루어지려면 반대당인 다수당 의원들에 대한 대통령의 설득력이 작동될 수 있어야 하며, 원내표결 등에 있어 의원들의 자율성 확보는 이를 위해서도 매우 중요하다.

권력분립과 분립된 권력 간의 견제와 균형을 기본 원칙으로 하는 대통령제는 기본적으로 입법이 어렵게 이루어지도록 만들어져 있는 시스템이다. 이러한 시스템에서 입법이 이루어지기 위해서는 타협이 불가피하며, 성공적인 입법을 위한 정책연합은 대부분 그 규모가 크고 정당의 경계선을 넘어서 형성될 가능성이 많다(Krehbiel 1998). 더욱이 다수결에 의한 다수파의 의회 지배가 제도화되고 있지 못한 우리의 상황에서는 성공적인 입법을 위한 타협은 어느 정도 불가피할 수밖에 없다.

그동안 우리 국회는 원내 교섭단체 대표회담 중심의 국회운영이 이루어져 왔는데, 이는 국회 내 의사결정에 있어 교섭단체를 구성하고 있는 소수당의 실질적인 거부권 행사를 가능케 함으로써 다수당에 의한 독단적 국회운영을 어렵게 하는 제도적 장치로 기능하여 왔다. 또한 교섭단체 간의 합의에 의해 국회 상임위원장 배분이 이루어지고 있어 소수당이 반대하는 사안의 경우 상임위 운영이 파행적으로 진행될 수 있다. 나아가 원내 교섭단체를 구성하는 소수당뿐 아니라 교섭단체를 구성하지 못하는 소수당이라 하여도 이들이 물리력을 동원하여 강력하게 반대할 경우 법안 처리를 비롯한 의사진행이 상임위 단계에서부터 어려워지면서 본회의 운영도 제대로 이루어지기가 쉽지 않다. 이처럼 소수당의 실질적인 의사진행 방해가 국회의 여러 제도나 관행상 가능하기 때문에 분점정부가 아닌 대통령의 소속당이 국회의 다수 의석을 점하는 단점정부라 하여도 일사불란한 정당투표가 이루어질 경우 교착상황이 가능하다는 점에서는 크게 다르지 않다.

국회에서 민주적인 의사결정이 효율적으로 이루어지기 위해서는 다수결이 불가피하지만, 우리처럼 국회에서 실질적인 입법이 이루어지는 대통령제를 채택하고 있고 더욱이 다수결에 의한 국회운영이 제도화 되고 있지 못한 상황에서는 다수결이 정당투표와 연결될 경우 소수당이 의사결정 과정에서 배제되는 데 대하여 강하게 반발하게 되어 파행적인 국회운영이 초래될 가능성이 크다. 그리고 이와 같은 일이 반복될 경우 국회에 대한 국민들의 불신은 더욱 커질 것이다. 따라서 이러한 상황을 피하기 위해서는 의사결정 과정에 있어 당파성은 절제될 필요가 있으며, 의원들의 자율성은 존중될 필요가 있다. 같은 대통령제 국가인 미국의 경우에도 당파성이 강화된 1990년대 의회와 대통령 관계에 관한 한 연구(Sinclair 2000)는 강화된 당파성으로 인하여 보다 많은 정치적 교착이 나타나고 있는 분점정부와는 달리 단점정부에서는 대통령의 정책의제가 입법화될 가능성이 커지지만, 이 경우에도 의회 소수당을 자극하여 특히 상원에서 의사진행 방해[7]가 행해지지 않도록 하는 것이 중요함을 지적하고 있다.

또한 당파성이 절제된 상황에서 의원들이 자율성을 갖고 상임위와 본회의에서 실질적인 심의를 할 수 있을 때 원내 표결결과의 불확실성이 높아짐에 따라 개별 의원들의 다수결에 의한 국회운영 또는 국회 의사결정에 있어 다수결 제도의 정착도 보다 용이하게 이루어질 수 있을 것이다. 김민전(2005b)도 다수당이 당론을 정하고 다수결로 처리하겠다고 하면 다수당의 안이 항상 승리할 수밖에 없기 때문에 소수당은 이에 응할 수 없고 결국 물리적으로 의사진행을 방해하고자 할 유혹에 빠질 가능성이 커지지만, 표결의 결과가 불확실할 경우에는 소수당도 이를 거부할 명분이 없다고 보고 있다.

결국 우리와 같은 대통령제 민주주의에 있어 국회는 심의와 협상을 통해 실제로 입법이 이루어지는 장소이며, 대통령제에서의 국

7_ 소수당의 실질적인 의사진행 방해가 가능하다는 점에서 우리 국회와 유사한 미국의 상원에서 의원들이 가지고 있는 무제한 토론권(filibuster)을 이용한 의사진행 방해는 이를 종결(cloture)짓기 위해서 전체 100명의 상원의원 중 60명 이상의 지지를 얻어야 하기 때문에 상원의 절대 다수의 지지를 확보하지 않고서는 의사진행 방해를 종결시키기가 쉽지 않아 종종 소수당의 유용한 원내 저지수단으로 활용되고 있다.

회가 생산적으로 운영되기 위해서는 절충과 타협을 통한 협력적인 정치가 일상적으로 이루어질 필요가 있다. 우리의 경우 이러한 협력정치의 필요성은 민주화 이후 분점정부가 자주 발생하고 있고 다수결에 의한 국회운영이 제도화되어 있지 않기 때문에 더욱 크다. 지금부터는 생산적 국회운영을 위해 대통령과 국회 관계가 어떻게 재정립될 필요가 있는지를 본격적으로 논의하기에 앞서 먼저 이러한 관계 재정립에 있어 왜 정당이 중요하며 생산적 국회운영을 위한 협력정치의 조건은 무엇인지를 살펴보고자 한다.

3. 대통령-국회 관계와 정당

생산적인 국회운영에 기여할 수 있는 대통령과 국회 관계에 관한 실질적 논의가 이루어지기 위해서는 무엇보다도 국회 내 정당을 고려하지 않을 수 없다. 이는 우선 국회 구성원인 의원들 대부분이 정당에 소속되어 있고 소속 정당이 의원들의 원내활동에 크게 영향을 주고 있기 때문이다. 또한 이들 국회 내 정당들 중 하나는 대통령이 속해 있는 집권당이어서 대통령과 국회 간의 관계도 보다 구체적으로는 서로 성격을 달리 하는 대통령과 국회 내 집권당 관계 및 대통령과 국회 내 반대당 관계로 구분하여 보는 것이 보다 현실적이기 때문이다. 따라서 국회에서 협력적인 정치를 실현하기 위한 대통령과 국회 관계를 모색하는 데 있어서도 국회 내 집권당과 반대당 간 의석분포의 차이에 따라 나누어 살펴볼 필요가 있다. 이는 국회 내 정당 간 의석분포에 있어 대통령의 소속당인 집권당이 국회의 다수당인지 소수당인지에 따라, 즉 단점정부인지 분점정부인지에 따라 국회와 대통령이 처하게 되는 정치적 환경이 달라질 수 있기 때문이다.

대통령의 소속당인 집권당이 국회 다수당인 단점정부 상황에서 집권당에 대한 대통령의 영향력이 강력할 경우, 원내활동에 있어 다수당 의원들은 더욱 대통령에 추종하게 되면서 집권당의 결속력은 강화될 것이며, 이에 맞서 대통령의 반대당인 국회의 소수당은 더욱 대결적으로 나올 가능성이 크다. 그 결과 국회 내 정당들 간의 관계가 과도하게 전투적으로 변질되면서 일하는 생산적인 국회운영을 기대하기는 더욱 어려워질 것이다. 따라서 단점정부 상황에서 협력적인 정치가 가능하기 위해서는 집권당과 집권당 소속 의원들이 대통령으로부터 자율성을 확보하여 반대당과 반대당 소속 의원들과 대화와 설득을 통한 절충과 타협이 국회의 상임위와 본회의를 무대로 하여 원활하게 이루어질 필요가 있다.

대통령의 반대당이 국회의 다수당인 분점정부 상황에서 의원들의 자율성이 확보되어 있지 못하여 주로 정당투표가 이루어지게 될 경우, 대통령이 원하는 정책의제의 입법화는 좌절되면서 국회의 다수 의석을 점하고 있는 대통령의 반대당이 주도하는 입법화 시도에 대하여 대통령의 저항이 반복될 가능성이 크다. 이러한 상황에서는 대통령 또는 행정부와 국회 간의 대립이 심화되어 정치적 교착상태가 지속되면서 생산적인 국회운영은 어려워질 것이다. 따라서 분점정부 상황에서 협력적인 정치가 가능하기 위해서는 반대당 의원들의 자율성이 확보되어 있어 이들에 대한 대통령의 설득이 작동될 수 있는 여지가 있어야 하지만, 반대당과 집권당 간에 대결적 구도가 유지되는 상황에서 반대당 의원들의 자율성이 확보되기는 쉽지 않다. 이처럼 반대당 의원들의 자율성 확보를 어렵게 하는 집권당과 반대당 간의 대결적 구도는 집권당이나 집권당 의원들이 대통령으로부터 자율성을 확보하고 있지 않은 상황에서 더욱 고착될 가능성이 크다.

결국 단점정부뿐 아니라 분점정부 상황에서도 국회 내 집권당과 반대당 간의 협력적인 정치가 이루어지지 않고서는 생산적으로 국회가 운영되기는 쉽지 않다고 본다. 그리고 이러한 협력적인 정치가 이루어지기 위해서는 무엇보다도 국회 내 정당과 의원들의 자율성 확보가 요체이고, 특히 집권당과 집권당 소속 의원들이 대통령으로부터 자율성을 확보하는 것이 중요하다. 따라서 대통령은 국회를 상대함에 있어 집권당의 자율성 확보를 지원하면서 집권당뿐 아니라 반대당 소속 의원들과도 폭넓은 집단적 또는 개별적인 협력관계를 유지해 나갈 필요가 있다. 생산적 국회운영을 위한 협력정치의 조건들을 대통령과 국회 내 집권당 및 반대당 간의 관계에 초점을 맞추어 정리한다면 다음의 도표와 같다.

〈도표 2〉 생산적 국회운영을 위한 협력정치의 조건

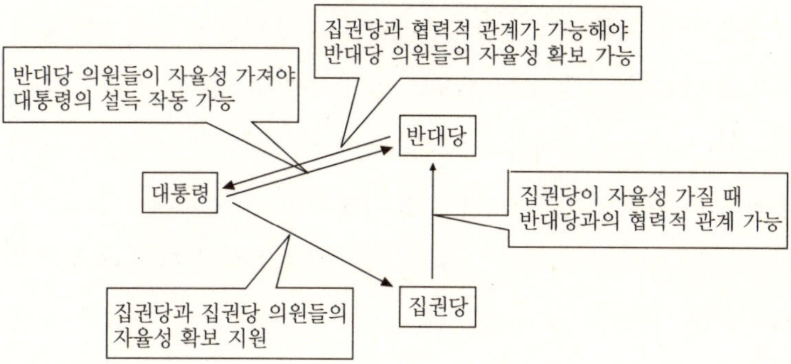

4. 생산적 국회운영과 대통령-국회 관계

교착과 파행이 반복되는 국회운영의 악순환 구조를 벗어나기 위해 시급한 것은 생산적인 국회운영이 이루어질 수 있도록 대통령과 국회 간의 관계를 재정립하는 일이며, 이를 위해 가장 중요하게 고려되어야 할 요소는 앞서 언급한 것처럼 정당이다. 따라서 생산적인 국회운영을 목표로 대통령과 국회 관계를 재정립하기 위해서는 무엇보다도 국회 내 정당과 의원들의 자율성이 확보되어 협력 정치가 이루어지고, 이들에 대한 대통령의 설득에 기초한 입법적 리더십(legislative leadership)[8]이 발휘될 수 있는 방안들이 강구될 필요가 있

8_ 대통령의 입법적 리더십에서의 리더십(leadership)은 영합적(zero-sum) 상황에서 대통령이 승리하고 국회 또는 국회 내 반대당은 패배하는 지배(domin-

다. 특히 대통령이 집권당의 자율성을 존중하면서 집권당뿐 아니라 반대당 소속 의원들과도 협력관계를 유지해 나감으로써 입법적 리더십을 발휘할 수 있도록 제도적인 뒷받침이 이루어질 필요가 있다. 지금부터는 국회에서 협력적인 정치가 이루어지고 대통령의 입법적 리더십이 발휘되는 방향으로 대통령과 집권당, 대통령과 반대당, 대통령과 국회 지도부, 그리고 집권당과 반대당 간의 관계를 재정립하기 위한 방안들을 모색해 보고자 한다.

(1) 대통령과 집권당

국회에서 협력적인 정치가 이루어지고 대통령이 입법적 리더십을 발휘하는 데 있어 주요 장애물 중의 하나는 집권당의 대통령에 대한 종속적인 관계이다. 집권당의 대통령에 대한 종속적인 관계는 권위주의 정부 하에서 오랫동안 대통령이 집권당의 총재직을 겸하면서 실질적으로 공천권을 행사함으로써 집권당을 장악하여 온 데에서부터 비롯되고 있다. 2001년 말 이후 정당민주화의 실현으로 대통령이 더 이상 집권당의 총재직을 겸하지 않고 대통령이 공직후보 공천 등 집권당의 운영에 관여하지 않는 당정분리가 이루어지면서 이러한 종속적 관계에 변화가 시작되었지만 아직도 과거로부터의 관행이 완전히 청산되고 있지는 못하다. 더욱이 이러한 상황에

ation) 와는 구별될 필요가 있다(LeLoup and Shull 1999).

서 국무위원의 의원직 겸직은 정당민주화 이후 대통령의 중요한 집권당 통제수단으로 활용되고 있다.

대통령제에서 대통령이 국회 내 집권당의 지원을 받는 것은 당연하지만 집권당이 대통령에 종속되어 있을 경우 오히려 집권당의 약화를 초래할 수도 있다. 또한 반대당으로서도 대통령에 종속됨으로써 약화되어 있는 집권당을 상대하기보다는 직접 대통령을 상대하고자 할 것이기 때문에 반대당과 대통령의 입장이 다른 경우 이들 간의 직접적인 충돌은 더욱 잦아질 것이다. 이러한 집권당의 약화를 막고 집권당이 국회를 무대로 제 역할을 수행하도록 하기 위해서는 대통령이 공천 등 집권당 운영에 개입하지 않는 당정분리 원칙을 지속적으로 견지해 나가는 것이 필요할 뿐만 아니라 의원들의 국무위원 겸직도 금지되는 것이 바람직하다.

당정분리 원칙을 정착시킴으로써 집권당 및 집권당 소속 의원들의 자율성을 확보해 나가면서 다른 한편 집권당과 대통령 간의 정책조율을 위해서는 청와대 내에 당청협조기구를 설치하여 활용할 수 있을 것이다.[9] 이는 당정분리 원칙을 지켜 나가면서도 정책결정 과정에 있어서는 국정의 안정적이고 효율적인 운영을 위하여 집권당과 대통령 간의 정책적인 협력이 필요하기 때문이다. 특히 정당

9_ 권위주의 정부 하에서 대통령이 공천권을 가지고 집권당을 장악하여 일방적으로 통제하던 것과는 달리, 당정분리 원칙 하에서의 당청협조는 대통령과 집권당이 대등한 관계에서 쌍방향으로 의견이 수렴되는 협력을 목표로 한다는 점에서 차이가 있다. 또한 이러한 당청협조는 반대당과의 협력도 포함하고 있다는 점에서도 권위주의 시기와는 차이가 있다.

의 주요 기능 중 하나는 여론을 수렴하는 것이기 때문에 정책결정을 위한 조직화된 여론수렴의 주요 통로로 집권당을 활용할 수도 있어 이를 위해서도 집권당과 대통령 간의 정책협조를 보다 제도화할 필요가 있다.

집권당과 대통령 간의 정책조율을 위하여 당청협조기구는 대통령과 집권당의 대표, 원내대표 등 지도부 간의 당청회의뿐 아니라 집권당의 정책위의장 등 정책 관계자들과 내각의 국무위원들이 당청 지도부와 함께 참여하는 확대된 당청회의를 운영하는 업무를 수행할 수도 있을 것이다. 이러한 당청회의를 통하여 대통령이 원하는 입법의제에 대한 협력을 요청할 수 있고, 집권당의 의견을 청취하고 이를 수렴할 수 있을 것이며, 해당 사안을 다루고 있는 행정부처와 집권당 간의 정책조율도 이루어질 수 있을 것이다. 또한 청와대 당청협조기구와 집권당 정책위원회에 의해 공동 운영되는 정책협조 회의 및 간담회를 수시로 개최하여 보다 실무적인 정책조율 작업이 행해질 수도 있을 것이다. 하지만 집권당과 대통령 간의 정책조율을 위한 당청협조가 이루어진다 하여도 당정분리 원칙에 기초하여 대통령으로부터 집권당의 자율성 확보가 지켜지는 것은 중요하다. 이를 위해서 집권당은 당청협조 과정에서 대통령에 예속된 관계가 아니고 실질적인 동반자 관계가 유지될 수 있도록 노력해야 할 것이며, 그러기 위해서는 무엇보다도 행정부의 정책전문성에 대응할 수 있는 수준으로 집권당의 정책역량을 크게 강화할 필요가 있다.

(2) 대통령과 반대당

생산적인 국회운영을 위해서는 대통령과 반대당 간의 협력적 관계를 형성 발전시켜 나가는 것 역시 집권당과의 협력적 관계 못지않게 중요하기 때문에 정책결정 과정에 있어 대통령과 집권당 간의 정책협조가 반대당을 과도하게 압박하거나 반대당과의 대결적인 구도로 되지 않도록 유의할 필요가 있다. 이는 대통령의 정책의제를 입법화하기 위하여 집권당의 지지를 조직화할 필요가 있지만 이로 인해 대통령이 반대당으로부터 필요한 협력을 이끌어내는 것이 어려워지는 상황까지 초래되는 것은 바람직하지 않기 때문이다. 또한 대통령이 때로는 국회를 우회하여 직접적인 대국민 설득을 통하여 국민적 지지를 확보하려는 노력도 할 수 있지만, 이 경우에도 이로 인해 반대당과의 협력적 관계가 어려워지는 상황이라면 자제할 필요가 있다. 이는 대통령이 주로 매체를 활용하여 자신의 입장에 유리한 방향으로 여론을 바꾸어 협상력을 높이기 위하여 대중호소(going public) 방식(Kernell 1997)에 과도하게 의존하게 될 경우 반대당과의 신뢰 상실로 협상이 어려워지고 상호 양보 없는 대치상태로 치달을 수도 있기 때문이다.[10]

10_ 미국의 경우에도 대통령이 대중호소 방식을 통하여 쟁점에 대한 입장을 적극적으로 홍보하고 의회 내 반대당 역시 반대되는 수사를 구사하여 대중호소 방식으로 대응하게 되면 쟁점은 훨씬 더 논쟁적으로 되면서 대통령-의회 관계는 더욱 어려워지게 되는 경우가 많다(Andres 2005).

대통령과 반대당의 협력을 확보하기 위해서도 당청협조기구를 활용할 필요가 있으며, 당청협조기구를 통한 대통령과 반대당 간의 소통과 협력을 위한 회의나 간담회도 가질 수 있을 것이다. 특히 국회에 제출될 법안의 경우 당청협조기구를 통하여 반대당과의 사전 협조가 이루어질 수도 있을 것이며, 이러한 필요성은 집권당이 국회의 소수당인 분점정부 상황에서 더욱 커질 것이다. 내각제와 달리 대통령제에서는 정책의 성공적인 추진을 위하여 반대당에 대한 정책 설명 및 설득이 중요하며, 특히 정책을 지지할 가능성이 있는 반대당 소속 의원 또는 분파의 지지를 획득하기 위한 노력을 최대한 경주할 필요가 있다.

반대당 역시 생산적인 국회운영을 위해 상응하는 노력을 할 필요가 있다. 지금까지 국회의 반대당은 주로 차기 정권획득을 목표로 대통령과 집권당에 대한 비판과 견제에는 매우 적극적이어서, 예를 들어 반대당은 국회의 행정부 견제수단인 탄핵소추, 임명동의, 해임건의, 국정조사, 특별검사 임명 등에 관한 권한을 사용하여 대통령 또는 행정부를 압박하여 왔다(오승용 2004; 이준한 2004). 하지만 정작 중요한 정책 사안에 있어서는 무대책이거나 대통령이나 집권당의 실책에 따른 반사이익을 얻는 데 급급했던 게 적지 않았던 것이 사실이다. 생산적인 국회운영을 위해서는 반대당이 대통령과 집권당에 대한 비판과 견제뿐 아니라 사안별 협력을 해나가는 것이 중요하며, 행정부 견제뿐 아니라 입법과정에서도 더욱 적극적인 역할을 수행할 필요가 있다.

(3) 대통령과 국회 지도부

대통령은 집권당과 반대당의 지도부 및 소속 의원들뿐 아니라 실제로 국회운영의 책임을 맡고 있는 국회 의장단, 상임위 위원장단, 상임위 간사단 등과도 수시 접촉을 통하여 긴밀한 협력관계를 유지할 필요가 있다. 특히 상임위 위원장단이나 간사단은 정당 지도부와 함께 의원들에 대하여 적지 않은 영향력을 행사할 수 있는 위치에 있기 때문에 이들과의 협력적 관계 유지는 중요하다.[11] 국회 지도부 중에서도 국회의장의 역할은 더욱 강화될 필요가 있다. 이를 위해서는 무엇보다도 국회의장 선출방식에 변화가 필요하며, 특히 집권당이 다수당인 경우 국회의장을 지금처럼 대통령이 사실상 내정한 후 형식적으로 선출하여서는 안 될 것이다.

원내의 정당 간 조정을 원활히 하기 위해서는 국회의장이 지금과 같이 단순한 사회자로서가 아니라 입법부의 명실상부한 수장으로서 국회의 정책결정 과정에 있어 리더십을 발휘할 필요가 있다. 이 점에서 우리와 같은 대통령제 하에서의 국회의장은 명목적 사회자에 불과한 내각제 하에서의 국회의장과는 구별되어야 한다(임성

11_ 미국 의회에서도 정당 지도부와 상임위 지도부는 상임위 배정 등 그들이 가지고 있는 정치적 자원을 활용하여 의원들에게 영향력을 행사할 수 있을 뿐만 아니라, 입법 사안들과 관련한 의회의 상황이나 의원들의 태도를 알아보는 풍향계가 될 수 있기 때문에 대통령과 의회 간의 의사소통에서 중요한 역할을 하고 있다(Fleisher and Bond 2000).

호 1998). 실질적인 입법부 수장으로서의 국회의장의 권한을 강화하기 위하여는 이현우(2002)가 제안하고 있는 것처럼 우선 국회의장의 임기를 국회의원의 임기와 마찬가지로 4년으로 늘릴 필요가 있으며, 이는 국회의 연속성을 위해서도 바람직하다. 또한 최소한 법에 명시된 국회의장의 권한은 생산적 국회운영을 위해 최대한 활용할 필요가 있으며, 예를 들어 의사일정에 대한 원내정당 간 합의가 이루어지지 않았을 때 국회의장은 국회법에 따라 의사일정 작성권을 행사할 필요가 있다.[12]

이처럼 역할이 강화된 국회의장과 대통령 간의 협력적 관계를 상시적으로 유지해 나가는 것은 생산적 국회운영을 위하여 중요하다. 이를 위한 한 방안으로 대통령의 입법의제나 입법일정 등에 대하여 사전에 설명하고 협조를 요청하는 것을 상시화해 가는 것도 국회의장을 비롯한 국회 지도부 구성원들과의 협력관계를 공고하게 하는 데 도움이 될 수 있을 것이다. 그리고 필요하다면 이러한 대국회 협조 업무를 처리하기 위한 전담기구, 예를 들어 청와대 내에 대국회 협조기구를 설치하여 운영할 수도 있을 것이다.

12_ 이 밖에도 국회법에 명시되어 있는 국회 내 무질서를 관리할 수 있는 권한을 실질적으로 행사할 수 있도록 국회의장에게 불량의원 징계권, 속기록 삭제권 등을 부여할 필요가 있으며, 나아가 특별위원회 구성이 필요할 때 국회의장에게 구성 여부와 참여위원을 결정할 수 있는 권한을 부여할 수도 있을 것이다(이현우 2002).

(4) 집권당과 반대당

생산적인 국회운영을 위해서는 대통령과 집권당 및 반대당 간의 협력적 관계 못지않게 집권당과 반대당이 상호 정책경쟁을 하면서도 협력적 관계를 유지해 가는 것이 중요하다. 이를 위하여 무엇보다도 집권당은 당정분리 원칙의 견지와 정책역량의 강화 등을 통하여 대통령으로부터 자율성을 확보할 필요가 있다. 더욱이 집권당과 대통령의 이해관계가 항시 일치하지 않는다는 점에서도 집권당의 자율성은 확보될 필요가 있다. 또한 의원들은 대통령과 상이한 임기와 선거구를 갖고 있어 이들이 받게 되는 압력과 제약도 같지 않기 때문에 집권당이 종종 대통령의 정책의제와는 다른 독자적인 정책의제를 갖게 된다는(Groeling and Kernell 2000; Shugart and Haggard 2001) 점에서도 집권당의 자율성 확보는 필요하다.

반대당도 대통령의 실패는 우리의 성공이라는 시각을 탈피할 필요가 있다. 어찌 보면 반대당 역시 또 다른 의미에서 대통령으로부터 자율성을 확보할 필요가 있다. 즉 반대당도 국회운영을 하는데 있어서 지나치게 대통령을 의식하는 것으로부터 어느 정도 자유로워질 필요가 있다. 집권당과 반대당이 서로를 국정운영의 동반자로 생각하지 않고 반대당은 대통령과 집권당의 실패를 목표로 하고 집권당은 반대당을 국정운영의 장애물로 인식하는 한 국회가 생산적으로 운영되고 사회갈등의 조정을 통한 통합이라는 국회 본연의 기능을 수행하는 것은 어려워질 수밖에 없다.

지금까지의 논의를 정리하면 대통령과 집권당 간에는 효율적인 국정운영을 위한 정책 조율이 이루어지면서도 당정분리의 원칙에 따라 상호 자율성이 존중되는 협력의 틀이 마련될 필요가 있다. 또한 대통령과 집권당 간의 협력체제 못지않게 대통령과 반대당, 대통령과 국회 지도부, 그리고 집권당과 반대당 간에 있어서도 상호 경쟁하면서도 협력적 관계를 유지해 나가는 것이 중요하다. 이러한 토대가 마련되어야 대통령과 국회 간에 생산적인 국회운영을 위한 협력적 동반자 관계가 형성될 수 있을 것이다. 생산적 국회운영을 위한 대통령과 국회 관계는 아래 〈도표 3〉처럼 요약 정리될 수 있다.

〈도표 3〉 생산적 국회운영을 위한 대통령과 국회 관계

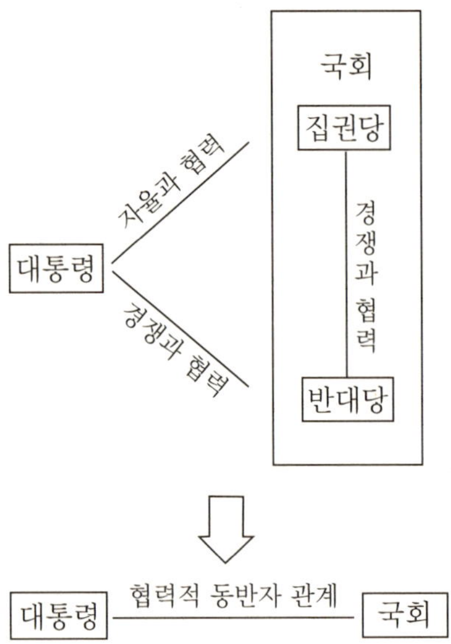

5. 생산적 국회운영과 원내정당-원외정당 관계

국회 내 정당 중에서도 특히 대통령의 소속 정당인 집권당이 대통령으로부터 자율성을 확보하는 것 못지않게 원내 집권당뿐 아니라 반대당 모두 선거 중심의 활동을 하는 국회 밖 정당 또는 원외정당으로부터도 자율성을 확보할 필요가 있다. 이러한 원외정당으로부터의 자율성은 정당 소속 의원들의 표결을 포함한 원내활동에 있어서도 확보될 필요가 있다. 이는 원내정당과 의원들의 자율성이 확보될 때 원외의 선거를 중심으로 한 대결적인 정치로부터 과도하게 영향을 받는 일을 줄임으로써 국회에서 보다 협력적인 정치가 이루어지는 데 도움이 된다고 보기 때문이다.

의원들의 원내표결에 있어 원외정당에서 민주적으로 정하여진 당론은 강제될 필요가 있다는 주장이 있고, 정당민주화가 이루어지기 이전 정당지도자에 의해 결정된 당론에 의원들이 따르는 것과는 성격이 다르다. 하지만 대통령제에서는 앞서 논의한 것처럼 의원들의 자율성이 확보되는 것이 생산적인 국회운영을 위하여 중요하기 때문에 당원들에 의해 민주적으로 결정된 당론이 존중된다 하여도 당소속 의원들이 이에 구속되는 것은 바람직하지 않다. 또한 현실적으로도 아직 부분적이긴 하지만 상향식 후보 선출방식이 채택되고 정치자금 제도가 투명화됨에 따라 정당 지도부가 과거처럼 공천권을 행사하거나 정치자금을 조달하는 것이 어렵게 된 상황에서 당론을 강제할 수 있는 정당규율이 이전처럼 강해지기는 쉽지 않을 것이다.

당론 강제에 관한 한, 당론이 의원총회에서 민주적으로 결정된 것이라 하여도 의원들의 원내표결시 강제성을 띠는 것이 바람직한가에 대해서도 역시 신중한 검토가 필요하다.[13] 원내에서 다루어지는 사안마다 당론이 필요하지는 않을 것으로 보며, 주요 사안의 경우에 당내 다양한 의견들을 조정하고 원내 전략 수립 차원에서 사전에 당론을 의원총회에서 결정할 수도 있을 것이다. 또한 의원총회에서 사전에 당론을 정하지 않은 사안이라 하여도 원내 전략상 필요한 경우 원내대표와 정책위의장을 포함한 원내정당 지도부와 해당 사안과 관련된 국회 상임위원회의 위원장 또는 간사의원을 비롯한 관련 의원들이 참여하는 원내정당의 정책조정 회의 등을 통해 일정한 사전 조율은 가능할 것이다. 그리고 이처럼 의원총회나 원내 지도부에서 사전에 정해지거나 조율된 당의 입장은 의원들의 표결시 중요한 고려사항이 될 것이며, 입장을 달리하는 의원들의 경우에는 상당한 압력으로 작용하게 될 수도 있을 것이다.[14] 하지만 이

13_ 이와 관련해서 김민전(2005a)은 의원총회에 의해 당론을 사전에 정하고 국회의 공식적인 심의에 들어가는 현재의 국회 운영방식은 원내정당화의 취지에 맞지 않기 때문에 이를 국회 위원회의 회의나 본회의와 같은 국회의 공식적 회의가 중심이 되는 운영방식으로 바꿀 것을 제안하고 있으며, 원내교섭단체 대표회담 중심의 국회운영 역시 정당민주화가 상당히 이루어진 상황에서는 비효율적일 뿐만 아니라 오히려 교착의 가능성을 높이고 있다고 보고 있다.

14_ 사전에 정해지거나 조율된 당의 입장이 의원들의 표결시 차지하게 될 비중은 조건부 정당정부(conditional party government) 이론에서 거론되는 것처럼 당소속 의원들의 정책선호도에 있어 동질성이 강하거나 또는 상대당 의

경우에도 국회의 공식적인 심의에 앞서 사전에 정해진 당론에 의해 의원들의 표결이 강제되는 것은 바람직하지 않다고 본다.

원내정당과 의원들의 원외정당으로부터의 자율성을 확보하기 위한 방안과 관련해서는 2001년 말 정당개혁이 시작된 이후 주요 정당들이 추진하여 온 바 있는 원내정당과 의원들의 자율성 강화에 역점을 둔 원내정당화의 실태를 먼저 살펴볼 필요가 있다. 2001년 말 이후 주요 정당들이 모두 원내정당화를 주장하고 있고 원내정당이 정책, 입법, 정당 간 협상 등에 있어 이전보다 중요한 역할을 하고 있는 것은 사실이다. 하지만 아직도 원내정당의 정책역량이 부족하고 원외대표를 포함한 원외정당 지도부의 직접 선출 및 의원들의 원외당직 겸직으로 원외의 중앙당이 강한 위상을 갖고 있어 원내정당화 주장에도 불구하고 실제 운영은 여전히 중앙당 중심 정치의 틀을 벗어나고 있지 못하다. 그 결과 정당의 인력과 자원 배분이 중앙당 중심으로 이루어지고 있고, 업무의 상당 부분이 중앙당과 원내정당 간에 중복되어 있으며, 당의 운영이나 정책결정에 있어 혼선이 야기되는 등의 문제가 있다. 이러한 문제를 극복하기 위해서는 원내정당 중심의 정당운영이 제대로 정착될 수 있도록 중앙당과 원내정당 간의 역할과 권한을 보다 명확히 하고 정당 내 인적·물적 자원의 효율적인 배분을 통하여 원내정당의 정책역량을 더욱 강화시킬 필요가 있다.

원내정당이 자율성을 확보하고 의원들이 원내에서 자율성을 갖

원들과의 이질성이 클수록 높아질 것이다(Aldrich and Rhode 2000, 248쪽).

고 정책개발 및 입법활동에 전념할 수 있도록 하기 위해서 상향식 후보 선출을 더욱 제도화해 나가고, 보다 장기적으로는 원외대표를 포함한 원외당직을 의원들이 겸직하는 것을 금지할 필요가 있다. 이와 관련하여 원외정당 중심으로 치러지는 각종 선거, 특히 대통령 선거로 인한 치열한 정당 간 경쟁이 집권당과 반대당 간의 대결적인 관계를 지속시키는 주요 요인으로도 작용할 수 있다는 점을 고려할 필요가 있다. 실제로 민주화 이후 국회의 운영이 특히 대통령 선거가 임박하면서 정당을 장악하고 있던 정당지도자들 간의 대통령 선거를 둘러싼 경쟁에 의해 크게 영향을 받아온 바 있다.

따라서 대통령 예비후보나 원외대표 등이 국회 내 정당 간 협력적 관계 유지에 미치는 부정적 영향을 최소화하기 위하여 지금처럼 의원이 원외당직을 겸직하는 경우에도 원외대표를 포함한 원외정당의 선출직 지도부 구성원들은 지도부직을 사퇴한 이후 일정 기간 대통령후보 경선에 나설 수 없도록 제도화할 필요가 있다. 이는 전국 대의원 대회에서 직접 선출되어 강화된 위상을 갖고 있는 원외대표 등이 바로 대통령 후보 경선에 나설 경우 유력한 후보가 될 가능성이 높아짐에 따라 당내 영향력이 과도하게 강해질 수 있어 원내정당의 자율성을 확보하고 민주적인 정당운영을 정착시키는 일이 쉽지 않다고 보기 때문이다.[15]

15_ 원외대표를 비롯한 선출직 원외 지도부 구성원들이 지도부직을 사퇴한 이후 일정 기간 대통령 후보 경선에 나설 수 없도록 하는 것은 대통령 후보 선출을 위한 당내경선의 공정성 확보를 위해서도 필요하다. 하지만 경선에서 정당의 대통령 후보로 일단 선출된 다음에는 선거운동 기간 중 효율적인

생산적인 국회운영을 위해 의원들의 자율성이 강조된다 해도 대통령-국회 관계의 안정성을 확보하기 위해서는 일정 수준의 정당규율이 유지되는 것이 필요하다. 이와 관련하여 정당민주화 이후 원내정당의 지도부가 의원들의 자율성을 존중하면서도 당내 다양한 의견들을 조정해냄으로써 내부합의를 도출할 수 있는 리더십을 발휘하는 일이 더욱 중요해지고 있다. 하지만 정당민주화 이후 생겨난 리더십 공백을 대체하여 이러한 리더십을 발휘할 만한 원내 지도부는 아직 형성되지 못하고 있는 실정이다. 따라서 정당운영이 보다 안정적으로 이루어지도록 원내정당의 지도부를 강화할 필요가 있으며, 이를 위하여 원내 지도부의 임기는 정당이 위기상황에 처한 비상시기가 아닌 한 보장되는 것이 바람직하다. 이와 같은 안정적인 원내 지도부의 형성은 집권당과 반대당 지도부 간에 지속적인 관계가 형성되는 것을 보다 용이하게 함으로써 상호 신뢰관계를 구축해 가는 데에도 도움이 될 수 있을 것이다.

집권당과 반대당 의원들의 경우에도 확보된 자율성을 생산적인 국회운영을 위해 제대로 활용하기보다는 집권당의 경우에는 대통령에 추종하려는 관성에서, 반대당의 경우에는 대통령의 국정운영에 대한 무조건적인 대결지향적 관성에서 벗어나지 못하고 있는 실정이다. 이제는 어느 정도 자율성이 확보된 상황에서 집권당과 반대당 의원들도 국회 상임위와 본회의에서 정당 소속원으로서의 책무

선거운동이 치러질 수 있도록 한시적으로 원외대표를 대통령 후보가 지명할 수도 있을 것이다.

못지않게 입법부의 구성원이라는 인식을 갖고 행동하는 것이 중요하다.

6. 결론

민주화된 지 20여 년이 지났음에도 가장 중요한 민주적 정치제도인 국회와 국회를 주무대로 활동하는 정당이 갈등 해소와 사회통합이라는 본연의 역할을 제대로 수행해내지 못하고 정치적 교착과 파행이 반복되는 국회운영이 지속되고 있는 실정이다. 더욱이 문제는 이러한 파행적인 국회운영이 대통령의 소속 정당이 국회의 소수당인 분점정부뿐 아니라 대통령의 정당이 다수당인 단점정부에서도, 그리고 정당의 구조와 운영이 민주화된 최근에도 지속되고 있다는 점이다. 파행적인 국회운영을 생산적인 국회운영으로 전환시키는 일은 이제 민주주의의 공고화를 위해 더 이상 미룰 수 없는 과제이며, 이를 위해서 시급한 것은 대통령과 국회 관계가 재정립되는 일이다. 이 문제를 해결하기 위해서는 무엇보다도 집권당의 대통령에 대한 종속적인 관계를 청산하는 방향으로 제도와 관행의 변화가 필요하며, 국회 내 집권당과 반대당 간의 협력적인 관계를 형성해 가는 일 역시 중요하다.

집권당의 대통령에 대한 종속적 관계 청산은 곧 집권당 및 집권당 의원들의 자율성이 확보됨을 의미하며, 집권당뿐 아니라 반대당 의원들의 자율성 확보는 이들 정당들이 상호 협력적 관계를 형성하는 데 중요한 토대를 이룬다. 대통령 역시 집권당의 지지를 조직화하면서도 집권당의 자율성 확보를 지원함으로써 집권당뿐 아니라 반대당과도 협력적 관계를 유지해 나가는 것이 중요하다. 이러한 대통령의 국회 내 정당들과의 폭넓은 협력관계는 생산적 국회운영을 이루어내는 데에도 도움이 될 뿐만 아니라 대통령이 원하는 정책의제의 입법화를 위한 다수 지지연합의 구성이 집권당의 지지만으로는 이루어질 수 없는 경우가 많기 때문에 대통령의 입법적 리더십 제고를 위해서도 필요하다. 또한 국회에서의 협력적인 정치의 실현을 위해서는 원내정당과 의원들이 정당의 원외조직으로부터 자율성을 확보하는 것도 중요하다. 이는 국회 밖의 선거를 중심으로 한 대결적인 정치로부터 지나치게 영향을 받을 경우 국회 안에서 협력적인 정치가 원활하게 이루어지는 것이 쉽지 않기 때문이다.

결론적으로 생산적인 국회운영을 이루어낼 수 있을 것이냐의 문제는 우선 무엇보다도 가장 중요한 입법자로서 입법과정 등 국회운영에 지대한 영향력을 행사할 수 있는 대통령과 정당들과의 관계를 국회에서 협력적인 정치를 촉진하는 방향으로 재정립해낼 수 있느냐에 달려 있다고 본다. 또한 국회 내 협력적인 정치를 이루어내는 데 중요한 원내정당과 원외정당 간의 관계를 어떻게 설정해 가느냐도 생산적인 국회운영 실현에 크게 영향을 미칠 수 있다. 결국 생산적인 국회운영을 실현할 수 있는 방안들을 모색하는 데 있어 가장 중요하게 고려되어야 할 사항은 어떻게 하면 국회 내 정당 간에, 그리고 의원 간에 합리적인 토의를 통한 절충과 타협이 이루어지는 데, 또는 국회 내 정당 간, 의원 간 소모적인 대결구도를 생산적인 협력구도로 전환시키는 데 도움이 될 수 있느냐라고 할 수 있다.

참고문헌

강원택. 1998. "유권자의 이념적 성향과 투표행태: 15대 대통령 선거를 중심으로." 이남영 편, 『한국의 선거 II』. 서울: 푸른길.

강원택. 2001. "한국정치에서 이원적 정통성의 갈등해소에 대한 논의: 준대통령제를 중심으로." 『국가전략』 7권 3호, pp. 29–50.

강원택. 2002. "정당의 민주적 제도화를 위한 개선방안에 관한 연구." 한국의회발전연구회 연구보고서.

강원택. 2003. "바람직한 선거제도의 개혁방안." 『한국정당학회보』 2권 2호, pp. 5–21.

곽진영. 2000. "권력구조와 정당체계의 운영." 박효성 · 이종찬 외. 『한국권력구조 논쟁 2』. 서울: 풀빛.

곽진영. 2001. "한국 정당체계의 민주화: 정당–국가관계를 중심으로." 『의정연구』 7권 1호, pp. 34–60.

곽진영. 2002. "정당쇠퇴론에 대한 대안적 설명 틀로서의 거버넌스: 이론적 논의." 『한국정당학회보』 창간호, pp. 65–88.

곽진영. 2003. "국회–행정부–정당관계의 재정립: 분점정부 운영의 거버넌스." 『의정연구』 9권 2호, pp. 161–195.

김만흠. 1997. 『한국정치의 재인식: 민주주의 지역주의 지방자치』. 서울: 풀빛.

김민전. 1999. “민주주의 공고화를 위한 국회개혁.” 『계간 사상』 여름호, pp. 113-135.

김민전, 2003. “정치자금제도의 개선방향.” 한국정당학회 세미나 발표논문 (2003. 1. 17).

김민전. 2005a. “원내 파행방지와 민주적 국회운영을 위한 개선방향.” 참여연대 의정감시센터 토론회 발표논문(2005. 1. 19).

김민전. 2005b. “국회개혁의 성과와 방안.” 한국정치학회 춘계학술회의 발표 논문(2005. 5. 19).

김용호 · 강원택. 1998. “국회의원 선거제도 개혁의 기본조건과 대안의 검토.” 한국정치학회 편. 『21세기 한국의 국가전략』.

김용호. 1998. “정당의 민주적 개혁.” 아태재단 주최 세미나 발표 논문.

김용호. 2001. 『한국 정당정치의 이해』. 서울: 나남.

김용호. 2004. “17대 총선과 대통령-국회 관계에 대한 전망: 제도적 접근법.” 한국정치학회 춘계학술회의 발표 논문(2004. 3. 19).

김재한. 1999. “한국의 이념 성향과 선거정치: 1998년 지방선거를 중심으로.” 조중빈 편. 『한국의 선거 III』. 서울: 푸른길.

김주찬 · 이시원. 2005. “정책결정 과정에서의 야당의 영향력 연구.” 『의정연구』 11권 1호, pp. 27-59.

모종린 · 전용주. 2004. “후보경선제, 본선경쟁력, 그리고 정당민주화: 2002년 지방선거를 중심으로.” 『한국정치학회보』 38집 1호, pp. 233-253.

박명호. 2005. “참여정부 시기 국회와 행정부 관계.” 한국정치학회 춘계학술회의 발표 논문(2005. 5. 19).

박상훈. 2001. “한국의 유권자는 지역주의에 의해 투표하나: 제16대 총선의 사례.” 『한국정치학회보』 35집 2호, pp. 113-134.

박상훈. 2006. “민주화 20년, 한국 민주주의의 방향 전환이 필요한 이유.” 『황해문화』 53호, pp. 35-56.

박찬욱. 2000, “정치개혁의 방향과 과제.” 세종연구소 편. 『21세기 한국의 국가전략』.

박찬표. 2002a. “한국 정당민주화의 과제: 정당민주화인가 탈정당화인가.” 『정당의 민주화에 관한 각국 사례 비교』 의회발전연구회 연구보고서.

박찬표. 2002b.『한국 의회정치와 민주주의』. 서울: 오름.
소순창. 1999. "한국 지방선거에서 나타난 무당파층의 실증분석: 특징과 전망." 조중빈 편.『한국의 선거 III』. 서울: 푸른길.
심지연 · 김민전. 2002. "정치자금제도의 투명성, 민주성 확보방안." 한국정치학회 춘계학술회의 발표논문.
안순철. 2001. "한국정치의 제도적 개혁과 조화: 의원내각제, 다정당체계, 비례대표제,"『국가전략』7권 4호, pp. 5-27.
오승용. 2004. "한국 분점정부의 입법과정 분석: 13대-16대 국회를 중심으로."『한국정치학회보』38집 1호, pp. 167-192.
이갑윤. 1999.『한국의 선거와 지역주의』. 서울: 오름.
이숙종. 1996. "정치적 성향과 투표행태." 세종연구소 편.『제15대 총선분석』.
이준한. 2004. "노무현 대통령 시기의 대통령과 국회 관계."『의정연구』10권 1호, pp. 93-113.
이현우. 2002. "국회발전과 국회의장 권한."『의정연구』8권 1호, pp. 32-53.
이현출. 1997.『정당과 민주주의: 한국 정당의 당내 민주주의를 중심으로』. 서울: 오름.
이현출. 2000. "무당파층의 투표행태: 16대 총선을 중심으로."『한국정치학회보』33집 4호, pp. 137-160.
이현출. 2005. "정당개혁과 지구당 폐지."『한국정당학회보』4권 1호, pp. 91-120.
임성호. 1998. "한국 의회민주주의와 국회제도 개혁방안."『의정연구』4권 2호, pp. 112-137.
임성호. 2003, "원내정당화와 정치개혁,"『의정연구』9권 1호, pp. 133-166.
장성훈. 2004. "한국 분점정부의 운영과 결과: 의회운영 결과에 대한 경험적 분석을 중심으로."『한국정당학회보』3권 2호, pp. 225-253.
장 훈. 2001. "대통령제 정부의 신화와 현실: 분점정부와 정치개혁."『계간사상』여름호, pp. 7-25.
장 훈. 2003. "지역주의 경쟁의 전환을 위한 제도개혁의 모색: 대결에서 합의와 수용의 민주주의로."『한국정당학회보』2권 2호, pp. 85-112.
전진영. 2006. "국회의원의 갈등적 투표행태 분석: 제16대 국회전자표결을 중심으로." 『한국정치학회보』 40집 1호, pp. 47-70.

정보통신부. 2005. 『유 · 무선 통신서비스 가입자수 통계』.

정영태. 1993. "계급별 투표행태를 통해 본 14대 대선." 이남영 편. 『한국의 선거 I』. 서울: 나남.

정진민. 1992. "한국 선거에서의 세대요인." 『한국정치학회보』 26집 1호, pp. 145-167.

정진민. 1994. "정치세대와 14대 국회의원 선거." 『한국정치학회보』 28집 1호, pp. 257-274.

정진민. 1996. "미국 정당정치의 변화: 뉴딜연합의 약화를 중심으로." 『한국정치학회보』 30집 1호, pp. 199-222.

정진민. 1998. 『후기산업사회 정당정치와 한국의 정당발전』. 서울: 한울.

정진민. 1999a. "전후 미국 정당기반 재편과 정당체계의 변화." 『한국정치학회보』 32집 4호, pp. 223-241.

정진민. 1999b. "한국 정당정치의 환경변화와 개혁방향." 『국가전략』 5권 2호, pp. 279-299.

정진민 · 황아란. 1999. "민주화 이후 한국의 선거정치: 세대요인을 중심으로." 『한국정치학회보』 33집 2호, pp. 115-134.

정진민. 2000. "1980년대 이후 미국 정당정치의 변화: 세대요인을 중심으로." 『한국정치학회보』 34집 1호, pp. 237-254.

정진민. 2001. "민주화 이후 한국 정당체계의 변화: 정당체계 재편성 가능성을 중심으로." 『의정연구』 7권 2호, pp. 201-221.

정진민. 2004. "17대 국회의원 선거에서의 상향식 공천제도와 예비후보 등록제." 『한국정당학회보』 3권 2호, pp. 5-18.

조기숙. 2000. 『지역주의 선거와 합리적 유권자』. 서울: 나남.

조정관. 2001. "한국 대의제 민주주의의 질적 고양을 위하여." 『의정연구』 7권 1호, pp. 6-33.

조흥식. 1998. "헌법공학의 성공사례." 박기덕 편. 『민주주의와 정치제도: 체제수행능력을 중심으로』. 서울: 세종연구소.

조희연. 2007. "민주화 이후의 민주주의의 복합적 갈등과 위기에 대한 새로운 접근을 위하여: 총론적 프레임." 『동향과 전망』 69호, 봄호, pp. 11-50.

중앙선거관리위원회. 2000.『제16대 국회의원 선거 투표율 분석』.

중앙선거관리위원회. 2002.『정치관계법 개정의견』.

진영재. 1998. "대통령 선거에서 부동표의 성격과 측정: 개념과 방법론의 경험적 논의." 이남영 편.『한국의 선거 II』. 서울 : 푸른길.

최영진. 2001. "제16대 총선과 한국 지역주의 성격."『한국정치학회보』 35집 1호, pp. 149-165.

최장집, 2003. "한국 민주주의의 제도 디자인." 연세대학교 국가관리연구원 개원기념 학술회의 발표논문(2003.11.28).

최장집. 2005.『민주화 이후의 민주주의』개정판. 서울: 후마니타스.

최정원. 2004. "법안발의 제도와 국회 입법과정의 정치역학." 한국정치학회 편.『한국 의회 정치와 제도개혁』. 서울: 한울.

한국인터넷진흥원. 2005a.『2005 하반기 정보화 실태조사 최종보고서』.

한국인터넷진흥원. 2005b. http ://isis.nida.or.kr/sub05/sub05_04_02.jsp.

황아란. 2006. "정당경쟁과 한국 지방선거의 구조화."『한국과 국제정치』 22권 2호, pp. 1-28.

Abramson, Paul and Ronald Inglehart. 1992. "Generational Replacement and Value Change in Eight West European Societies." *British Journal of Political Science* 22, pp. 183-228.

Abramson, Paul. 1975. *Generational Change in American Politics.* Lexington: Lexington Books.

Aldrich, John. 1995. *Why Parties? The Origin and Transformation of Political Parties in America.* Chicago: University of Chicago Press.

Aldrich, John and Richard Niemi. 1996. "The Sixth American Party System: Elecoral Change. 1952-1992." in Stephen Craig (ed.) *Broken Contract.* Boulder: Westview, pp. 87-109.

Aldrich, John and David Rhode. 2000. "The Consequences of Party Organization in the House: The Role of the Majority and Minority Parties in Conditional Party Government." in Jon Bond and Richard Fleisher (eds.) *Polarized Politics: Congress and the President in a Partisan Era.* Washington D.C.: CQ Press, pp. 31-72.

Andeweg, Rudy and Lia Mijzink. 1995. "Beyond the Two-body Image: Relations between Ministers and MPs." in Herbert Doring (ed.) *Parliaments and Majority Rule in Western Europe*. New York: St. Martin's.

Andres, Gary, Patrick Griffin, and James Thurber. 2000. "Contemporary Presidency: Managing White House-Congressional Relations." *Presidential Studies Quarterly* 30, pp. 553-563.

Andres, Gary. 2005. "Polarization and White House-Legislative Relations: Causes and Consequences of Elite-level Conflict." *Presidential Studies Quarterly* 35, pp. 761-770.

Beck, Paul. 1984. "The Dealignment Era in America." in Russell Dalton et al. (eds.) *Electoral Change in Advanced Industrial Democracies*. Princeton: Princeton University Press.

Bowler, Shaun. 2000, "Parties in Legislature: Two Competing Explanations." in Russell Dalton and Martin Wattenberg (eds.) *Parties without Partisans: Political Change in Advanced Industrial Democracies*. New York: Oxford University Press, pp. 157-179.

Brady, David. 1988. *Critical Elections and Congressional Policy Making*. Stanford: Stanford University Press.

Burnham, Walter Dean. 1970. *Critical Elections and the Mainsprings of American Politics*. New York: Norton.

Burnham, Walter Dean. 1996. "Realignment Lives: The 1994 Earthquake and Its Implications." in Colin Campbell et al. (eds.) *The Clinton Presidency*. Chatham: Chatham House, pp. 363-395.

Campbell, Angus, Philip Converse, Warren Miller, and Donald Stokes. 1960. *The American Voter*. New York: Wiley.

Chung, Jin Min. 1996. "A Generational Analysis of the 1992 Presidential Election in Korea." *Korean Social Science Journal* 22, pp. 145-164.

Chung, Jin Min. 2000. "Interpersonal Trust and Participation in Party Politics in Korea: A Generational Approach." *International Studies Review* 3, pp. 45-57.

Clubb, Jerome, William Flanigan, and Nancy Zingale. 1980. *Partisan Real-*

ignment: Voters, Parties, and Government in American History. Beverly Hills: Sage.

Cox, Gary and Scott Morgenstern. 2001. "Latin America's Reactive Assemblies and Proactive Presidents." *Comparative Politics* 33, pp. 171–189.

Craig, Stephen and Stephen Bennett. (eds). 1997. *After the Boom: The Politics of Generation X*. Lanham: Rowman.

Dalton, Russell. 1984. "Cognitive Mobilization and Partisan Dealignment in Advanced Industrial Democracies." *Journal of Politics* 46, pp. 264–284.

Dalton, Russell, Ian McAllister, and Martin Wattenberg. 2000. "The Consequences of Partisan Dealignment." in Russell Dalton and Martin Wattenberg (eds.) *Parties without Partisans: Political Change in Advanced Industrial Democracies*. New York: Oxford University Press, pp. 37–63.

Dalton, Russell. 2002. *Citizen Politics: Public Opinion and Political Parties in Advanced Industrial Democracies*. 3rd ed. New York: Seven Bridge Press.

Dalton, Russell, Susan Scarrow, and Bruce Cain. 2004. "Advanced Democracies and the New Politics." *Journal of Democracy* 15, pp. 124–138.

Davis, James. 1995. *The American Presidency: A New Perspective*. Westport: Praeger Publishers.

Duverger, Maurice. 1980. "A New Political System Model: Semi-Presidential Government." *European Journal of Political Research* 8, pp. 165–187.

Erikson, Robert and Kent Tedin. 1995. *American Public Opinion*. 5th ed. Boston: Allen and Bacon.

Evans, Geoffrey and Pippa Norris. 1999. *Critical Elections: British Parties and Voters in Long-term Perspective*. London: Sage.

Farrell, David and Paul Webb. 2000. "Political Parties as Campaign Organizations," in Russell Dalton and Martin Wattenberg (eds.) *Parties without Partisans: Political Change in Advanced Industrial Democracies*. New York : Oxford University Press, pp. 102–128.

Flanagan, Scott. 1982. "Changing Values in Advanced Industrial Societies." *Comparative Political Studies* 14, pp. 403–444.

Flanagan, Scott. 1987. "Value Change in Industrial Societies." *American Political*

Science Review 81, pp. 1303–1318.

Fleisher, Richard and Jon Bond. 2000. "Partisanship and the President's Quest for Votes on the Floor of Congress." in Jon Bond and Richard Fleisher (eds.) *Polarized Politics: Congress and the President in a Partisan Era*. Washington, D.C.: CQ Press, pp. 154–185.

Groeling, Tim and Samuel Kernell. 2000. "Congress, the President, and Party Competition via Network News." in Jon Bond and Richard Fleisher (eds.) *Polarized Politics: Congress and the President in a Partisan Era*. Washington, D.C.: CQ Press, pp. 73–95.

Hopkin, Jonathan. 2001. "Bringing the Members Back In: Democratizing Candidate Selection in Britain and Spain." *Party Politics* 7, pp. 343–361.

Horowitz, Donald. 1993. "Comparing Democratic Systems." in Larry Diamond and Marc Plattner (eds.) *The Global Resurgence of Democracy*. Baltimore: Johns Hopkins University Press, pp. 127–133.

Huntington, Samuel. 1993. *The Third Wave: Democratization in the late twentieth century*. Norman: University of Oklahoma Press.

Hyman, Herbert. 1959. *Political Socialization*. New York: Free Press.

Inglehart, Ronald. 1977. *The Silent Revolution: Changing Values and Political Styles among Western Publics*. Princeton: Princeton University Press.

Inglehart, Ronald. 1990. *Culture Shift in Advanced Industrial Society*. Princeton: Princeton University Press.

Inglehart, Ronald. 1997. *Modernization and Postmodernization: Cultural, Economic, and Political Change in 43 Societies*. Princeton: Princeton University Press.

Iversen, Torben. 1994. "The Logics of Electoral Politics: Spatial, Directional, and Mobilizational Effects." *Comparative Political Studies* 27, pp. 155–189.

Jones, David and Monika McDermott. 2004. "The Responsible Party Government Model in House and Senate Elections." *American Journal of Political Science* 48, pp. 1–12.

Katz, Richard. 1990. "Party as Linkage: a Vestigial Function." *European Journal of Political Research* 18, pp. 143–161.

Katz, Richard and Peter Mair. 1995. "Changing Models of Party Organization and Party Democracy: The Emergence of the Cartel Party." *Party Politics* 1, pp. 5–28.

Katz, Richard and Peter Mair. 1996. "Cadre, Catch–All, or Cartel? A Rejoinder." *Party Politics* 2, pp. 525–534.

Katz, Richard and Peter Mair. 2002. "The Ascendency of the Party in Public Office: Party Organizational Change in Twentieth–Century Democracies," in Richard Gunther, Jose Montero, and Juan Linz (eds.) *Political Parties: Old Concepts and New Challenges*. New York: Oxford University Press, pp. 113–135.

Keniston, Kenneth. 1969. "Moral Development, Youthful Activism and Modern Society." *Youth and Society* 1,pp. 110–127.

Keniston, Kenneth. 1970. "Youth: A New Stage of Life." *American Scholar* 39, pp. 631–654.

Kernell, Samuel. 1997. *Going Public: New Strategies of Presidential Leadership*. Washington, D.C.: CQ Press.

Key, V.O. 1955. "A Theory of Critical Elections." *Journal of Politics* 17, pp. 3–18.

Key, V.O. 1959. "Secular Realignmant and the Party System." *Journal of Politics* 21, pp. 198–210.

Key, V.O. 1964. *Politics, Partics, Pressure Groups*. New York: Crowell.

Key, V.O. 1966. *The Responsible Electorate*: Rationality *in Presidential Voting* 1936–1960. Cambridge: Harvard University Press.

King, Anthony. 1976. "Modes of Executive–Legislative Relations." *Legislative Studies Quarterly* 1, pp. 11–36.

Klingemann, Hans–Dieter, Richard Hofferber, and Ian Budge. 1994. *Parties, Policies and Democracy*. Boulder: Westview.

Krehbiel, Keith. 1998. *Pivotal Politics: A Theory of U.S. Lawmaking*. Chicago: University of Chicago Press.

Ladd, Everett. 1989. "The 1988 Elections: Continuation of the Post–New Deal System." *Political Science Quarterly* 104, pp. 1–18.

Lambert, Allen. 1972. "Generations and Change: Toward a Theory of Generations as a Force in Historical Process." *Youth and Society* 4, 21–45.

Lardeyret, Guy. 1993. "The Problem with PR." in Larry Diamond and Marc Plattner (eds.) *The Global Resurgence of Democracy*. Baltimore: Johns Hopkins University Press, pp. 159–164.

LeLoup, Lance and Steven Shull. 1999. *The President and Congress: Collaboration and Combat in National Policymaking*. Boston: Allyn and Bacon.

Lijphart, Arend. 1999. *Patterns of Democracy: Government Forms and Performance in Thirty–Six Countries*. New Haven: Yale University Press.

Linz, Juan, 1993. "The Perils of Presidentialism." in Larry Diamond and Marc Plattner (eds.) *The Global Resurgence of Democracy*. Baltimore: Johns Hopkins University Press, pp. 108–126.

Linz, Juan, 1994. "Presidential or Parliamentary Democracy: Does It Make a Difference?" in Juan Linz and Arturo Valenzuela (eds.) *The Failure of Presidential Democracy*. Baltimore: Johns Hopkins University Press, pp. 3–87.

Mainwaring, Scott, 1993. "Presidentialism, Multipartism, and Democracy: The Difficult Combination." *Comparative Political Studies* 26, pp. 198–228.

Mainwaring, Scott and Matthew Schugart. 1997. "Juan Linz, Presidentialism, and Democracy: A Critical Appraisal," *Comparative Politics* 29, pp. 449–471.

Mair, Peter. 1991. "Electoral Markets and Stable States." in Michael Moran and Maurice Wright (eds.) *The Market and the State*. New York: St. Martin's.

Mair, Peter. 1994, "Party Organizations: From Civil Society to the State," Richard Katz and Peter Mair (eds.) *How Parties Organize: Change and Adaptation in Party Organizations in Western Democracies*. London: Sage, pp. 1–22.

Manin, Bernard, Adam Przeworski, and Susan Stokes. 1999. "Introduction." in Adam Przeworski, Susan Stokes, and Bernard Manin (eds.) *Democracy, Accountability, and Representation*. New York: Cambridge University Press.

Mannheim, Karl. 1952. "The Problem of Generations." in P. Kecskemeti (ed.) *Essays on the Sociology of Knowledge*. New York: Oxford University Press.

Marshall, Bryan, Brandon Prins, and David Rohde. 1952. "Majority Party Leadership, Strategic Choice, and Committe Power: Appropriation in the House, 1995–98." in William Bianco (ed.) Congress on Display, Congress at Work. Ann Arbor: University of Michigan Press, pp. 69–99.

Mule, Rosa. 1997. "Explaining the Party–Policy Link: Established Approaches and Theoretical Developments," *Party Politics* 3, pp. 493–512.

Norpoth, Helmut. 1987. "Under Way and Here to Stay: Party Realignment in the 1980s." *Public Opinion Quarterly* 51, pp. 376–391.

Norris, Pippa. 2003. "Preaching to the Converted? Pluralism, Participation and Party Websites," *Party Politics* 9, pp. 21–45.

Norton, Philip. 1998. *Parliaments and Governments in Western Europe.* London: Frank Cass.

O'Connor, Karren and Larry Sabato. 2007. *American Government: Continuity and Change.* New York: Pearson.

Ornstein, Norman, Thomas Mann, and Michael Malbin. 2000. *Vital Statistics on Congress, 1999–2000.* Washington D.C. AEI Press.

Pennings, Paul. 1998. "Party Responsiveness and Socio–Economic Problem Solving in Western Democracies." *Party Politics* 4, pp. 393–404.

Pennings, Paul and Reuven Hazan. 2001, "Democratic Candidate Selection: Causes and Consequences." *Party Politics* 7, pp. 267–275.

Petrocik, John. 1981. *Party Coalitions: Realignment and the Decline of the New Deal System.* Chicago: University of Chicago Press.

Polsby, Nelson. 1975. "Legislatures." in Fred Greenstein and Nelson Polsby (eds.) *Handbook of Political Science.* Boston: Addison–Wesley.

Powell, Bingham. 1989. "Constitutional Design and Citizen Electoral Control." *Journal of Theoretical Politics* 1, pp. 123–155.

Puhle, Hans–Jurgen. 2002, "Still the Age of Catchallism? Volksparteien and Parteienstaat in Crisis and Re–equilibration." in Richard Gunther, Jose Montero, and Juan Linz (eds.) *Political Parties: Old Concepts and New Challenges.* New York: Oxford University Press, pp. 58–83.

Quade, Quentin. 1993. "PR and Democratic Statecraft." in Larry Diamond and

Marc Plattner (eds.) *The Global Resurgence of Democracy.* Baltimore: Johns Hopkins University Press, pp. 165–170.

Reichley, A. James. 1999. "The Future of the American Two–Party System after 1996." in John Green and Daniel Shea (eds.) *The State of the Parties: The Changing Role of Contemporary American Parties.* 3rd ed. Lanham: Rowman and Littlefield, pp. 13–26.

Rieselbach, Leroy. 1995. *Congressional Politics: The Evolving Legislative System.* Boulder: Westview Press.

Rintala, Marvin. 1979. *The Constitution of Silence: Essays on Generational Themes.* Westport: Greenwood.

Rommele, Andrea. 2003. "Political Parties, Party Communication and New Information and Communication Technologies." *Party Politics* 9, pp. 7–20.

Ryder, Norman. 1965. "The Age Cohort as a Concept in the Study of Social Change." *American Sociological Review* 30, pp. 843–861.

Samuels, David. 2002. "Presidentialized Parties: The Separation of Powers and Party Organization and Behavior." *Comparative Political Studies* 35, pp. 461–483.

Sartori, Giovanni. 1976, *Parties and Party Systems.* New York: Cambridge University Press.

Sartori, Giovanni. 1997. *Comparative Constitutional Engineering: An Inquiry into Structures, Incentives and Outcomes.* 2nd ed. New York: New York University Press.

Scarrow, Susan, Paul Webb, and David Farrell. 2000. "From Social Integration to Electoral Contestation: The Changing Distribution of Power within Political Parties." in Russell Dalton and Martin Wattenberg (eds.) *Parties without Partisans: Political Change in Advanced Industrial Democracies.* New York: Oxford University Press, pp. 129–156.

Shugart, Matthew and John Carey. 1992. *Presidents and Assemblies: Constitutional Design and Electoral Dynamics.* Cambridge: Cambridge University Press.

Shugart, Matthew and Stephan Haggard. 2001. "Institutions and Public Policy in Presidential Systems." in Stephan Haggard and Mathew McCubbins (eds.) *Presidents, Parliaments, and Policy.* New York: Cambridge University Press, pp. 64–104.

Sinclair, Barbara. 2000. "Hostile Partners: The President, Congress, and Lawmaking in the Partisan 1990s." in Jon Bond and Richard Fleisher (eds.) *Polarized Politics: Congress and the President in a Partisan Era.* Washington D.C.: CQ Press, pp. 134–153.

Smith, Steven. 2002. "Postive Theories of Congressional Parties." in Gerhard Loewenberg, Peverill Squire, and D. Roderick Kiewiet (eds.) *Legislatures: Comparative Perspectives on Reprsentative Assemblies.* Ann Arbor: University of Michigan Press, pp. 224–244.

Stepan, Alfred and Cindy Skach. 1993. "Constitutional Frameworks and Democratic Consolidation: Parliamentarianism versus Presidentialism." *World Politics* 46, pp. 1–22.

Strom, Kaare. 1990a. "A Behavioral Theory of Comparative Political Parties." *American Journal of Political Science* 34, pp. 565–598.

Strom, Kaare. 1990b. *Minority Government and Majority Rule.* New York: Cambridge University Press.

Strom, Kaare. 2000. "Delegation and Accountability in Parliamentary Democracies." *European Journal of Political Research* 37, pp. 261–289.

Sundquist, James. 1983. *Dynamics of the Party System: Alignment and Realignment of Political Parties in the United States.* Washington D.C.: Brookings Institution.

Teorell, Jan. 1999. "A Deliberative Defence of Intra–Party Democracy." *Party Politics* 5, pp. 363–382.

Thies, Michael. 2000. "On the Primacy of Party in Government: Why Legislative Parties Can Survive Party Decline in the Electorate." in Russell Dalton and Martin Wattenberg (eds.) *Parties without Partisans: Political Change in Advanced Industrial Democracies.* New York: Oxford University Press, pp. 238–260.

Tuchfarber, Alfred, et al. 1995. "The Republican Tidal Wave of 1994: Testing Hypotheses about Realignment, Restructuring, and Rebellion." *PS: Political*

Science & Politics(December), pp. 689-696.

Wolinetz, Steven. 2002. "Beyond the Catch-All Party: Approaches to the Study of Parties and Party Organization in Contemporary Democracies." in Richard Gunther, Jose Montero, and Juan Linz (eds.) *Political Parties: Old Concepts and New Challenges.* New York: Oxford University Press, pp. 136-165.

색인

[ㅇ]

[ㅈ]

[ㅊ]

[ㅋ]

[ㅌ]

[ㅍ]

[ㅎ]

지은이 _ **정진민**

서울대학교 외교학과를 졸업하고 미국 Syracuse대학에서 정치학 석사 및 박사 학위를 취득하였다. 외무부 조약국, 아주국, 미주국, 주오스트리아 대사관 등에서 근무하였고, 한림대학교 정치외교학과 교수와 미국정치연구회장, 한국정당학회장 등을 역임하였으며, 현재 명지대학교 정치외교학과 교수로 재직 중이다. 주요 저서 및 논문으로는 『후기산업사회 정당정치와 한국의 정당발전』, 「1980년대 이후 미국 정당정치의 변화 : 세대 요인을 중심으로」, 「Electoral Volatility and Democratic Consolidation in New Democracies」, 「Party-System Change in Post-Democratization Korea」, 「문화적 쟁점과 미국 정당의 지지기반 변화」 등이 있다.

한국의 정당정치와 대통령제 민주주의

초판1쇄 / 2008년 3월 20일
2쇄 / 2011년 8월 25일

지은이 **정진민**
펴낸이 **여국동**
펴낸곳 **도서출판 인간사랑**
인 쇄 **백왕인쇄**

출판등록 1983. 1. 26. / 제일 3호

(411-815) 경기도 고양시 일산구 백석동 1178-1
TEL (031)901-8144, 907-2003
FAX (031)905-5815
e-mail/igsr@yahoo.co.kr / igsr@naver.com

정가 15,000원

ISBN 978-89-7418-242-7 93340

※ 잘못된 책은 교환해 드립니다.